可再生能源研究成果系列

可再生能源统计与核算研究

Renewable Energy
Statistics and Accounting Research

胡润青　任东明　刘建东 / 著

中国经济出版社
CHINA ECONOMIC PUBLISHING HOUSE
·北 京·

图书在版编目（CIP）数据

可再生能源统计与核算研究/胡润青，任东明，刘建东著．--北京：中国经济出版社，2020.12

ISBN 978-7-5136-6407-3

Ⅰ.①可… Ⅱ.①胡… ②任… ③刘… Ⅲ.①再生能源-能源统计-研究 Ⅳ.①F426.2

中国版本图书馆 CIP 数据核字（2020）第 245032 号

责任编辑 姜 静
责任印制 马小宾
封面设计 任燕飞工作室

出版发行 中国经济出版社
印 刷 者 北京柏力行彩印有限公司
经 销 者 各地新华书店
开　　本 710mm×1000mm 1/16
印　　张 20.75
字　　数 320 千字
版　　次 2020 年 12 月第 1 版
印　　次 2020 年 12 月第 1 次
定　　价 78.00 元
广告经营许可证 京西工商广字第 8179 号

中国经济出版社 **网址** www.economyph.com **社址** 北京市东城区安定门外大街 58 号 **邮编** 100011
本版图书如存在印装质量问题，请与本社销售中心联系调换（联系电话：010-57512564）

本书研究团队

研究指导单位：

国家能源局新能源和可再生能源司

国家统计局能源统计司

研究资助单位：

中国政府/世界银行/全球环境基金“中国可再生能源规模化发展项目”（CRESP 项目）

研究负责人：

胡润青

研究组成员：

胡润青　任东明　刘建东　孙培军

焦有梅　蔺　一　窦克军　刘　坚

杨光曦　郝　波　郭志强　葛　慧

Adrian Whiteman　Tobias Rinke

执笔人：

胡润青　任东明　刘建东　孙培军

焦有梅　蔺　一　窦克军　刘　坚

Adrian Whiteman　Tobias Rinke

序

近年来我国可再生能源技术、产业和市场快速发展，可再生能源在全社会用电量和一次能源消费量中的比重不断提高，可再生能源将逐渐从能源供应的增量替代向存量替代发展。可再生能源开发利用方式也从以风光发电为主，扩展到太阳能供热、地热、生物质供热、生物燃料等多种技术的多样化应用发展。

可再生能源的统计核算能够及时准确地反映可再生能源开发、加工转换、配送和消费状况，是国家制定可再生能源政策、能源政策以及应对气候变化政策的重要科学依据。2020年9月，习近平主席在第七十五届联合国大会一般性辩论上宣布：中国将提高国家自主贡献力度，采取更加有力的政策和措施，二氧化碳排放力争于2030年前达到峰值，努力争取2060年前实现碳中和。“3060目标”的提出以及可再生能源的更大规模发展和多样化应用，使可再生能源相关能源量统计核算的重要性日益凸显。

目前，我国可再生能源电力的统计核算体系已相对完善，水电、风电、太阳能发电、生物质发电等各种可再生能源电力均已被纳入现行能源统计体系，但仍存在可再生能源电力的能源量核算方法与国际核算方法不一致的问题，给国际交流和数据比较造成了一些障碍。

非电可再生能源在供热、燃料等方面具有较大发展潜力，但由于多数非电可再生能源项目为用户自建自用，属于非商品化能源，具有规模小且分散的特征，统计核算较为困难。近年来，可再生能源供热快速发展，规模持续扩大，在替代燃煤、减少污染和减少碳排放中的作用日益增大，已成为不可忽视的能源供应来源。目前我国非电可再生能源统计体系尚处于起步阶段，亟待建立非电可再生能源统计核算制度并纳入国家能源统计体系。

《可再生能源统计与核算研究》是国内外可再生能源专家和统计专家合作完成的可再生能源统计研究专著。该书全面梳理了我国的能源统计制度和可再生能源统计现状，分析了可再生能源统计面临的问题和挑战，开展了分品种的可再生能源统计核算方法研究，完成了可再生能源统计核算方法的研究并提出了政策建议；针对可再生能源统计的薄弱环节，完成了非电可再生能源统计体系的设计；系统地介绍了国际上非电可再生能源的统计核算方法，以及欧盟可再生能源的统计核算方法，完成了国内外比对研究。

希望该书的出版能促进统计领域和可再生能源领域的协同，为能源管理、统计管理和政策研究制定人员提供技术支持和决策参考，促进可再生能源全面纳入国家统计体系，推动我国能源全面绿色、低碳、可持续发展。

国家能源局法制和体制改革司副司长

2020 年 12 月

前　言

本书的研究包括两个阶段。2017 年至 2018 年开展的第一阶段研究是非电可再生能源数据统计工作方案研究与设计。非电可再生能源是指除电力以外的可再生能源，包括可再生能源热力（太阳能供热、生物质能供热、地热能供热等）、气体燃料（生物质沼气、生物质天然气等）和液体燃料（生物燃料乙醇、生物柴油等）。多数非电可再生能源项目规模小、自建自用，缺少稳定、可计量、可核查的数据来源，其统计上报制度和核算方法等各个环节都亟待研究和建立。太阳能热水系统、沼气、地源/空气源热泵等户用、小型可再生能源项目从生产端到消费端都很难纳入国家的统计体系，是可再生能源统计的难点和薄弱环节。研究团队通过大量的调研、资料收集和整理，研究分析非电可再生能源在数据收集、指标体系、调查报表制度、统计核算方法等各个环节的现状和问题，既包括非电可再生能源统计的总体问题和难点，也包括各种技术的统计难点；研究设计了非电可再生能源统计体系，以期将非电可再生能源纳入国家能源统计体系。2019 年开始的第二阶段研究拓展至所有可再生能源的统计与核算研究。在第一阶段研究的基础上，开展了可再生能源电力的统计核算研究，包括等效替代法和当量法两种能源核算方法的影响；深入研究分析国际可再生能源统计的制度和核算方法，包括联合国统计署等国际机构的能源统计准则，以及欧盟可再生能源统计核算方法等；完成了包括电力和非电力的全品种的可再生能源统计与核算研究。

本书共有十章，第一章为能源统计制度，第二章为可再生能源的定义和品种，第三章为可再生能源的发展现状，第四章为可再生能源的统计现状，第五章为可再生能源统计面临的问题和挑战，第六章为可再生能源技术统计研究，第七章为可再生能源的统计核算方法研究，第八章为非电可再生能源统计体系的研究设计，第九章为国际非电可再生能源统计研究，第十章为欧盟可再生能源统计指标和计算方法。

本书是由国家发展和改革委员会能源研究所牵头负责，联合国际可再生能源署（IRENA）、北京市计科能源新技术开发公司、山西省统计局、中节能咨询有限公司、北京嘉澍咨询公司等多家国内外研究机构合作完成的研究成果。研究团队包括可再生能源和统计两个领域的专家和研究人员。研究组成员有胡润青、任东明、刘建东、孙培军、焦有梅、蔺一、窦克军、刘坚、杨光曦、郝波、郭志强、葛慧、Adrian Whiteman、Tobias Rinke。作为研究负责人，胡润青负责本书的总体设计、工作协调、书稿起草和审阅。书稿执笔人有：胡润青、任东明、刘建东、孙培军、焦有梅、蔺一、窦克军、刘坚、Adrian Whiteman、Tobias Rinke。

本书的研究撰写得到了国家能源局新能源和可再生能源司、国家统计局能源统计司、国际可再生能源署、国家发展和改革委员会能源研究所的领导和专家的指导与帮助，得到了北京市统计局、农业农村部科技教育司、农业农村部生态与资源保护总站、住房和城乡建设部科技与产业化发展中心、德国国际合作公司（GIZ）等合作单位的支持和帮助。课题组的调研工作得到了能源和统计两个领域的政府主管部门、行业协会，以及可再生能源生产和消费企业的大力支持和帮助，这些单位参加调研、座谈和技术研讨，提供了丰富、翔实的基础资料和研究建议。在此对提供支持和帮助的单位和同仁表示衷心的感谢！

本书的第一阶段研究得到了国家能源局/世界银行及全球环境基金“中国可再生能源规模化发展项目”（CRESP）的经费支持，是 CRESP“非电可再生能源数据统计工作方案研究及设计”课题的产出之一；感谢 CRESP 项目办公室和世界银行专家团队的一贯信任和支持。

可再生能源统计与核算研究尚处于起步阶段，可再生能源技术种类众多，不同品种可再生能源的统计条件有很大的差异；同时，研究涉及可再生能源和统计两个领域，研究难度颇大。课题组虽然开展了大量的调研、座谈和研究工作，投入了大量精力，但受时间和研究水平所限，研究成果难免有所疏漏，不足之处，请专家、同仁、读者批评指正。

作　者
2020 年 12 月

目　录

第一章　能源统计制度

第二章　可再生能源的定义和品种

第四章 可再生能源的统计现状

表目录

图目录

第一章

能源统计制度

Energy Statistic Regulation

第一节　国家统计制度和要求

一、国民经济行业分类

目前我国执行的国民经济行业分类标准是2017年修订颁布的，即《国民经济行业分类》(GB/T 4754—2017)。该标准明确规定了全社会经济活动的分类与代码，适用于统计、规划、财政、税收、工商等国家宏观管理中对经济活动的分类，并用于信息处理和信息交换，是经济管理和统计工作的基础性分类。该标准规定，当前行业共分为20个门类、97个大类、473个中类、1 381个小类。与2011年版标准比较，门类没有变化，大类增加了1个，中类增加了41个，小类增加了286个。

二、一套表统计调查制度

为全面了解和反映工业、建筑业、批发和零售业、住宿和餐饮业、房地产开发经营业、规模以上服务业等国民经济行业调查单位生产经营全过程，为各级政府制定政策和规划、进行经济管理与调控提供依据，我国实施一套表统计调查制度，要求纳入统计调查的企业定期（每月）通过联网直报平台网报送数据。

（一）统计范围及调查单位确定

统计范围及调查单位包括：规模以上工业、有资质的建筑业、限额以上批发和零售业、限额以上住宿和餐饮业及全部房地产开发经营业等国民经济行业法人单位及所属的产业活动单位，规模以上服务业法人单位，其他有5 000万元以上在建项目的法人单位，以及工业生产者价格统计调查样本法人单位。国民经济分行业目录见表1-1。

表 1-1　国民经济分行业目录（门类和工业大类）

A　农、林、牧、渔业	39　计算机、通信和其他电子设备制造业
B　采矿业	40　仪器仪表制造业
06　煤炭开采和洗选业	41　其他制造业
07　石油和天然气开采业	42　废弃资源综合利用业
08　黑色金属矿采选业	43　金属制品、机械和设备修理业
09　有色金属矿采选业	D　电力、热力、燃气及水生产和供应业
10　非金属矿采选业	44　电力、热力生产和供应业
11　开采专业及辅助性活动	45　燃气生产和供应业
12　其他采矿业	46　水的生产和供应业
C　制造业	E　建筑业
13　农副食品加工业	47　房屋建筑业
14　食品制造业	48　土木工程建筑业
15　酒、饮料和精制茶制造业	49　建筑安装业
16　烟草制品业	50　建筑装饰、装修和其他建筑业
17　纺织业	F　批发和零售业
18　纺织服装、服饰业	G　交通运输、仓储和邮政业
19　皮革、毛皮、羽毛及其制品和制鞋业	53　铁路运输业
20　木材加工及木、竹、藤、棕、草制品业	54　道路运输业
21　家具制造业	55　水上运输业
22　造纸和纸制品业	56　航空运输业
23　印刷和记录媒介复制业	57　管道运输业
24　文教、工美、体育和娱乐用品制造业	58　多式联运和运输代理业
25　石油、煤炭及其燃料加工业	59　装卸搬运和仓储业
26　化学原料和化学制品制造业	60　邮政业
27　医药制造业	H　住宿和餐饮业
28　化学纤维制造业	I　信息传输、软件和信息技术服务业
29　橡胶和塑料制品业	J　金融业
30　非金属矿物制品业	K　房地产业
31　黑色金属冶炼和压延加工业	L　租赁和商务服务业
32　有色金属冶炼和压延加工业	M　科学研究和技术服务业
33　金属制品业	N　水利、环境和公共设施管理业
34　通用设备制造业	O　居民服务、修理和其他服务业
35　专用设备制造业	P　教育
36　汽车制造业	Q　卫生和社会工作
37　铁路、船舶、航空航天和其他运输设备制造业	R　文化、体育和娱乐业
	S　公共管理、社会保障和社会组织
38　电气机械及器材制造业	T　国际组织

（二）统计内容

统计内容包括：调查单位基本情况、从业人员及工资总额、财务状况、生产经营情况以及能源和水消费、固定资产投资、研发活动、信息化和电子商务交易情况等。

（三）统计原则

辖区内规模以上工业、限额以上批发和零售业、限额以上住宿和餐饮业、房地产开发经营业、规模以上服务业、其他有5 000万元以上在建项目的法人单位和工业生产者价格统计调查样本法人单位按照在地原则进行统计，有资质的建筑业法人单位按照注册地原则进行统计。

统计报表制度中的单位调查部分严格执行“法人经营地”统计原则，即各法人单位按照实际生产经营地向所在地政府统计机构报送统计数据；产业活动单位由其归属法人单位进行统计；若一个法人单位有两个或两个以上经营地（办公地），按法人总部所在地报统计数据。

（四）数据采集

（1）调查单位采取联网直报方式，严格按照一套表统计调查制度分行业报表规定的调查内容、上报时间独立自行报送数据，具体要求详见分行业报表。

（2）一套表统计调查制度采用统一的统计分类标准和编码，统计机构和调查单位必须严格执行，不得自行更改。

（3）按照《统计法》的要求，为保障源头数据质量，做到数出有据，调查单位应该设置原始记录、统计台账，建立健全统计资料的审核、签署、交接和归档等管理制度。

（4）一套表统计调查制度分行业报表中所有指标数据原则上按月（季）度日历天数统计上报。

（五）数据处理

在数据处理软件中，各级统计机构在规定的时间内采取分级、分专业审核、验收和汇总的方式进行数据处理，具体要求详见分行业报表。

（六）数据发布

根据数据调查频率，按月度、季度、半年、年度等频率通过国家统计局外网、新闻发布会、统计公报、统计年鉴或其他统计资料等形式对公众发布。

三、三次产业划分规定

根据《国民经济行业分类》（GB/T 4754—2011），国家统计局印发了三次产业划分的规定，以便反映我国三次产业的发展情况，满足国民经济核算、服务业统计及其他统计调查对三次产业划分的需求。

第一产业是指农、林、牧、渔业（不含农、林、牧、渔服务业）。

第二产业是指采矿业（不含开采辅助活动），制造业（不含金属制品、机械和设备修理业），电力、热力、燃气及水生产和供应业，建筑业。

第三产业即服务业，是指除第一产业、第二产业以外的其他行业。

四、“四上”企业划分标准

“四上”企业是现阶段我国统计工作实践中对达到一定规模、资质或限额的法人单位的一种通俗称谓，包括规模以上工业，有资质的建筑业和全部房地产开发经营业，限额以上批发业、零售业、住宿和餐饮业，规模以上服务业法人单位。各行业规模（限额）标准见表 1-2。

表 1-2　各行业规模（限额）标准

行业	规模（限额）标准
工业	年主营业务收入 2 000 万元及以上
建筑业	建筑业总承包、专业承包和劳务分包资质
批发业	年主营业务收入 2 000 万元及以上
零售业	年主营业务收入 500 万元及以上
住宿和餐饮业	年主营业务收入 200 万元及以上
房地产开发经营业	全部
服务业	年营业收入 1 000 万元及以上或年末从业人员 50 人及以上服务业法人单位，包括：交通运输、仓储和邮政业，信息传输、软件和信息技术服务业，租赁和商务服务业，科学研究和技术服务业，水利、环境和公共设施管理业，教育，卫生和社会工作，以及物业管理、房地产中介服务等行业；年营业收入 500 万元及以上或年末从业人员 50 人及以上服务业法人单位，包括：居民服务、修理和其他服务业，文化、体育和娱乐业

第二节　能源的分类和品种

能源，指从自然界能够直接取得或通过加工、转换取得热、动力、光、磁等有用能的各种资源，包括：原煤、原油、天然气、水能、核能、风能、太阳能、地热能、生物质能等一次能源，一次能源通过加工、转换产生的洗煤、焦炭、煤气、电力、热力、成品油等二次能源和同时产生的其他产品，其他化石能源、可再生能源和新能源。

一、能源的分类

（一）一次能源和二次能源

一次能源，指以天然形式存在，没有经过加工和转换的能源资源，如原煤、原油、天然气、水能、核能、风能、太阳能等。

二次能源，指以人类活动的特定需求为目的，经由加工转换装置所生产的能源产品，如电力、煤气、焦炭、蒸汽及各种石油制品等。

二次能源主要由一次能源加工转换生成，同时也包括由一种二次能源加工转换成另一种二次能源。电力生产方式分为火力发电、水力发电、风力发电、核能发电、太阳能发电、地热发电等。电力属于二次能源，但为了简化统计计量和计算方法，通常将水电、风电、核电、太阳光电、地热电等作为一次能源统计。

（二）化石能源和非化石能源

化石能源亦称化石燃料，指可以作为能源使用的化石，是由上古时期遗留下来的动植物遗骸在地层下经过上万年的演变形成的能源，如煤炭（由植物体转化）、石油和天然气（由动物体转化）等。

非化石能源，指除煤炭、石油、天然气等经长时间地质变化形成，只供一次性使用的能源类型外的能源，包括当前的新能源及可再生能源，如核能、风能、太阳能、水能、生物质能、地热能、海洋能等。

（三）燃料型能源和非燃料型能源

燃料型能源，指能够通过燃烧在短时间内剧烈氧化释放出大量热量的能源，如煤炭、石油、天然气、泥炭、生物质等。

非燃料型能源，指燃料型能源以外的其他不可燃烧的能源，如电力、热力、太阳能、水能、风能、地热能、海洋能等。

（四）固体能源、液体能源和气体能源

固体能源，指在自然状态或特殊储存条件（温度、压力）下，呈现固

态的能源，如煤炭、焦炭、生物质等。

液体能源，指物质形态为液态（具有体积但形态不固定）的可燃性物质，主要是碳氢化合物，如原油、汽油、煤油、柴油、燃料油、液化天然气、炼厂干气等。

气体能源，指物质形态为气态（没有固定的体积和形状）的可燃性物质，一般含有低分子的碳氢化合物、氢和一氧化碳等可燃气体，并常含有二氧化碳等不可燃气体，如沼气、焦炉煤气等。

（五）可再生能源和非可再生能源

可再生能源，指自然环境为人类持续不断提供的有用能量的物质，其产生和使用具有持续不断或循环往复的自然特征，如水能、风能、太阳能、地热能、海洋能、生物质能等。《中华人民共和国可再生能源法》第二条规定："本法所称可再生能源，是指风能、太阳能、水能、生物质能、地热能、海洋能等非化石能源。通过低效率炉灶直接燃烧方式利用秸秆、薪柴、粪便等，不适用本法。"

非可再生能源，指不可再生的化石类能源（矿物燃料），如煤炭、石油、天然气等。

（六）清洁能源和非清洁能源

清洁能源，指天然气、水能、风能、太阳能、地热能、海洋能、核能及由此产生的电力、动力、热力等。

非清洁能源，指在消费过程中排放大量温室气体、有害气体和有损环境的液体、固体废弃物的能源，如煤炭、石油等。

（七）常规能源和新能源

常规能源也称传统能源，指目前在技术上成熟、经济上合理、已经多年被人类大规模开采、采集和广泛使用的能源，如煤炭、石油、天然气、火电、水能、薪炭材、农作物秸秆和其他柴草等。

新能源又称非常规能源，指常规能源（传统能源）以外、刚开始开发利用或正在积极研究、有待推广使用的其他各种能源形式，如太阳能、地热能、风能、海洋能和部分生物质能等。相对于传统能源而言，新能源普遍具有污染小、储量大的特点，对于解决当今世界严重的环境污染问题和资源（特别是化石能源）枯竭问题具有重要意义。

常规能源和新能源是相对的概念。一些新能源随着利用技术的成熟和生产、采集成本的降低而多年被广泛使用，即应在不久的将来将其视作常规能源，如核电。

（八）终端能源和加工转换能源

所谓终端，指能源消费环节的最后一个环节，是相对于能源加工转换过程而言的。终端能源消费就是指能源消费环节的最后一个环节的能源消费，包括直接用作燃料、原材料、动力的各种能源消费，即各种未经过加工转换的一次能源直接消费，以及经过加工转换的各种二次能源的消费。

能源加工转换，指为了特定的用途，将一种能源（一般为一次能源），通过一定的工艺，加工或转换成另外一种能源（二次能源）。

能源加工是能源的物理形态的变化，比如用蒸馏的方式将原油炼制成汽油、煤油、柴油等石油制品，用筛选、水洗的方式将原煤洗选成洗煤，以焦化的方式将煤炭高温干馏成焦炭，以气化的方式将煤炭气化成煤气，等等。采用这些方法，能源在加工前后均未发生质的变化。

能源转换，是能源的能量形态和化学形态的变化。比如，经过一定的工艺过程，将煤炭、重油等转换为电力和热力，将热能转换为机械能，将机械能转换为电能，将电能转换为热能等；又如，经过裂化，将重质石油转换成轻质石油。转换前后的物质具有不同的化学结构和化学性质。

二、能源的品种

（一）能源生产品种

现在执行的国家统计局《能源统计报表制度》中，能源生产统计品种为 27 个，具体为：原煤、洗精煤（用于炼焦）、其他洗煤、煤制品、原油、天然气、煤制天然气、液化天然气、原油加工量、汽油、煤油、柴油、润滑油、燃料油、石脑油、溶剂油、石蜡、液化石油气、石油焦、石油沥青、炼厂干气、其他石油制品、焦炭、发电量（火力发电、水力发电、核能发电、风力发电、太阳能发电、其他能发电等）、煤气、生物乙醇、生物柴油。其中，水力发电、风力发电、太阳能发电等一次电力，以及生物乙醇和生物柴油属于可再生能源。

（二）能源消费品种

能源消费统计品种为35个，具体为：原煤、洗精煤（用于炼焦）、其他洗煤、煤制品、焦炭、其他焦化产品、焦炉煤气、高炉煤气、转炉煤气、发生炉煤气、天然气、液化天然气、煤层气、原油、汽油、煤油、柴油、燃料油、液化石油气、炼厂干气、石脑油、润滑油、石蜡、溶剂油、石油焦、石油沥青、其他石油制品、热力、电力、煤矸石（用于燃料）、城市生活垃圾（用于燃料）、生物燃料、余热余压、工业废料（用于燃料）、其他燃料。

第三节　能源统计制度和管理

一、能源统计制度

《能源统计报表制度》是政府统计行政机构依据《中华人民共和国统计法》，针对能源统计报表内容、报表实施范围、报表实施单位、调查方式和调查对象、统计报告期、报告方式、报告时间等事项制定的政府行政文件。与其他专业报表制度相同，《能源统计报表制度》的内容主要包括：法律依据，调查目的，政府行文机构对文件受理机构（下级政府部门、企业、事业和其他单位）的总体要求，以及报表目录，调查表式，与报表调查、上报相关的其他具体事项等。

能源统计报表分为基层报表和综合报表两类，各类又分为年报和定期报表。

现行的能源统计基层报表主要有：能源生产企业能源产品生产、销售与库存报表；使用能源的工业企业能源购进、消费与库存报表，以及能源加工转换与回收利用报表；非工业用能企业（单位）能源消费报表；用能企业单位产品能耗报表；等等。

能源统计综合报表是与上述基层报表的表式相同的，以一定行政区域、行业（部门）领域为综合统计对象的统计报表，包括行政区域间能源流向统计报表、能源平衡表和其他能源统计核算报表等。

根据我国对规模以上企业的定义和规定，能源统计报表的统计范围包括：

①各行业规模（限额）以上法人单位；②填报后续表的金融业产业活动单位；③纳入能源统计范围的公共机构；④规模以下工业重点耗能单位；⑤规模（限额）以下重点耗煤单位；⑥各行业规模（限额）以下法人样本单位。

二、能源统计制度相关规定

（一）能源统计执行的行业分类

目前执行的国民经济行业分类标准是2017年修订颁布的，即《国民经济行业分类》（GB/T 4754—2017），与能源生产直接相关的类别主要是D电力、热力、燃气及水生产和供应业，见表1-3。

表1-3　电力、热力、燃气及水生产和供应业分类

代码				类别名称	说明
门类	大类	中类	小类		
D				电力、热力、燃气及水生产和供应业	本门类包括44~46大类
	44			电力、热力生产及供应业	
		441		电力生产	
			4411	火力发电	不包括既发电又提供热力的活动
			4412	热电联产	指既发电又提供热力的活动
			4413	水力发电	指通过建设水电站、水利枢纽、航电枢纽等工程，将水能转换成电能的生产活动
			4414	核力发电	指利用核反应堆中重核裂变所释放出的热能转换成电能的生产活动
			4415	风力发电	
			4416	太阳能发电	
			4417	生物质能发电	指主要利用农业、林业和工业废弃物甚至城市垃圾等原料，采取直接燃烧或气化等方式的发电活动
			4419	其他电力生产	指利用地热能、潮汐能、温差能、波浪能及其他未列明的能源的发电活动
		442	4420	电力供应	指利用电网出售给用户电能的输送与分配活动，以及供电局的供电活动
		443	4430	热力生产和供应	指利用煤炭、油、燃气等能源，通过锅炉等装置生产蒸汽和热水，或外购蒸汽、热水进行供应销售、供热设施的维护和管理的活动，包括利用地热和温泉供应销售的活动

续表

代码				类别名称	说明
门类	大类	中类	小类		
D	45			燃气生产和供应业	
		451		燃气生产和供应业	指利用煤炭、油、燃气等能源生产燃气，或外购液化石油气、天然气等燃气并进行输配，向用户销售燃气的活动，以及对煤气、液化石油气、天然气输配及使用过程中的维修和管理活动
			4511	天然气生产和供应业	
			4512	液化石油气生产和供应业	
			4513	煤气生产和供应业	
		452	4520	生物质燃气生产和供应业	指利用农作物秸秆、林木废弃物、食用菌渣、禽畜粪便等生物质资源，转化为可燃性气体能源
	46			水的生产和供应业	

资料来源：《国民经济行业分类》（GB/T 4754—2017）

与 2011 年版的《国民经济行业分类》（GB/T 4754—2011）相比，新标准增加了 2 个中类、6 个小类，细化完善了电力生产和燃气生产的分类，此次修订后可以通过国家能源统计直报平台获得生物质能发电和生物质燃气的翔实数据。修订的主要内容包括两项：①细化了 441 电力生产的分类，增加了两个小类（4412 热电联产和 4417 生物质能发电）；②细化了 45 燃气生产和供应业的分类，增加了两个中类（451 燃气生产和供应业，452 生物质燃气生产和供应业）。451 燃气生产和供应业下设三个小类，即 4511 天然气生产和供应业，4512 液化石油气生产和供应业，4513 煤气生产和供应业。

但是，水的生产和供应的分类仍然缺失，可再生能源热力仍没有法定的统计分类和统计渠道。

（二）分行业的能源统计报表要求

目前工业行业执行的能源生产、能源消费、能源加工转换与回收利用报表以及主要耗能工业企业单位产品能耗报表，报送的要求分别是辖区内规模以上（指年主营业务收入在 2 000 万元及以上的工业法人企业）及年综合能源消费量 1 万吨标准煤及以上的工业企业；非工业行业执行的重点耗能单位能源消费报表，报送要求是辖区内年综合能源消费量 1 万吨标准煤及以上的有关行业的法人单位。上述报表的报送均要求通过国家统计局网络平台自主报送。

三、能源统计调查方法

能源统计调查方法是指搜集调查对象原始资料的方法，主要有全面调查、非全面调查，统计报表制度和专门调查等。

按照不同的分类标准，主要有以下几类调查方法：

（一）按调查对象包括的范围不同分类

（1）全面调查。

全面调查，是对被调查对象中所有的单位全部进行调查，其主要目的是取得全面、系统、完整的总量资料。

普查，是专门组织的、一般用来调查在一定时点上社会经济现象数量的全面调查。

（2）非全面调查。

非全面调查是对被调查对象中一部分单位进行调查，如重点调查、典型调查、抽样调查和非全面统计报表等。

重点调查，是指在全体调查对象中选择一部分重点单位进行调查，以取得统计数据的一种非全面调查方法。如为了掌握工业企业能源消费情况，可选择煤炭、电力、化工、石油等重点行业的工业企业进行调查。

典型调查，是根据调查目的和任务，在对所研究的现象总体进行初步分析的基础上，有意识地选取若干具有代表性的单位进行调查和研究，借以认识事物发展变化的规律。如要研究煤炭企业的经济效益问题，可在同行业中选择一个或几个经济效益突出的单位作为典型进行调查等。

抽样调查，是按照随机原则从总体中抽取部分调查单位作为样本进行观察研究，并根据这部分单位的调查结果推算总体数量特征的一种调查方式，如城乡居民能源消费调查等。

非全面统计报表，是依据调查目的和标志，选择一部分调查单位，按照统一规定的表格形式、统一的报送程序和报表时间，自下而上提供基础统计资料，是一种具有法律性质的报表，如非工业重点耗能企业能耗调查等。

（二）按登记时间是否连续分类

（1）经常性调查。

经常性调查，是随着调查对象在时间上的发展变化，而随时对变化的情况进行连续不断的登记。其主要目的是获得事物全部发展过程及其结果的统计资料。

（2）一次性调查。

一次性调查，是间隔一定时间而进行的调查，一般间隔时间相当长，如一年以上，它是对事物在一定时点上的状态进行的登记，如循环经济资源产出率调查等。一次性调查的主要目的在于获得事物在某一时间点上的水平、状态的资料。

（三）按调查的组织方式不同分类

（1）统计报表制度。

统计报表制度，是按照国家统一规定的调查要求与文件（指标、表格形式、计算方法等）自下而上地提供统计资料的一种报表制度。

（2）专门调查。

专门调查，是为了某一特定目的而专门组织的统计调查，包括普查、抽样调查、重点调查、典型调查等。

第四节　能源统计指标和核算

一、能源统计基本架构

我国能源统计专业起步较晚，长期以来，能源统计分散在工业、物资、外贸、商业、固定资产投资、城市公用事业等各有关专业统计报表中。20 世纪 80 年代初，以编制能源平衡表（包括地区能源平衡表）为标志，才建立起了比较完整的能源统计体系。1982 年，国家统计局设立专门的能源统计机构。1986 年，建立能源统计制度。2006 年，为加强节能工作，制定了单位 GDP 能耗统计指标体系，建立和完善了国家及地方能源统计制度，对节能进展情况进行监测，每年定期公布省（自治区、直辖市）节能工作和节能目标完成情况。2008 年，国家统计局成立能源统计司，加强能源和节能统计工作。目前，能源统计的任务主要包括：能源建设、生产、销售、库存、进出口、消费调查统计，重点耗能企业能源购进、消费统计，主要耗能产品综合能耗调查统计，地区和全国能源平衡表编制，能源效率、能源经济效益、能源环境统计等。

我国能源统计由于涉及面广且对国民经济影响大，除统计机构外，许多相关部委、行业协会以及科研机构和学术团体也进行能源生产、消费、运销、耗能设备和器具、能源效率、能源技术经济、可再生能源、能源环境等专业调查统计，以及统计分析和预测。如交通运输能源消费由交通运输部、中国铁路总公司、中国民用航空总局调查，能源进出口由海关总署调查，等等。

经过多年努力，我国能源统计形成了以国家政府统计部门为主，相关部委、行业协会为重要补充的统计工作体系，为全面完成能源统计各项任务发挥了积极作用。

二、能源统计指标

（一）能源统计基础指标

能源统计基础指标涵盖了反映能源供应、加工转换、输配和消费各个过程的基础性统计指标。主要有：

（1）一次能源供应统计指标。主要包括生产量、进口量（调入量）、出口量（调出量）、装机容量等指标。

（2）能源加工转换统计指标。主要包括能源加工转换投入量、能源加工转换产出量、能源加工转换效率、能源加工转换损失量、能源加工转换损失率等指标。

（3）能源流转统计指标。主要包括能源产品销售量、能源库存量、能源价格等指标。

（4）能源消费统计指标。包括终端消费量、中间消费量等指标。

（二）能源经济效益指标

能源经济效益是指投入能源与产出成果的比较。能源经济效益体现在能源系统的整个过程，存在于任何经济形态之中，可以从多方面、多层次反映能源系统流程各个领域的投入与产出情况，以及能源合理有效的利用程度。能源经济效益指标主要有宏观能源经济效益指标和微观能源经济效益指标。

（1）宏观能源经济效益指标。该指标反映全社会国民经济的效益情况。主要包括单位国内生产总值综合能耗、人均综合能源消费量、人均生活用能量、能源利用效率等指标。

（2）微观能源经济效益指标。该指标反映基层企业、单位等微观主体能源经济效益的情况。主要包括单位产品产量综合能源消耗量、单位产品产量单项能源消耗量、单位可比产品能源消耗量等指标。

（三）可再生能源统计指标

可再生能源主要是指生物质能、水能、风能、太阳能、地热能等，从供应和消费两个环节反映新能源、可再生能源发展状况。主要统计指标包括产量、进口量、出口量、消费量等。

三、能源统计品种及统计范围规定

（一）能源生产品种及统计范围规定

1. 能源生产统计品种

能源生产统计品种目录见表 1-4。

表 1-4　能源生产统计品种目录

能源名称	计量单位
原煤	吨
洗精煤（用于炼焦）	吨
其他洗煤	吨
煤制品	吨
原油	吨
天然气	万立方米
煤制天然气	万立方米
液化天然气	吨
原油加工量	吨
汽油	吨
煤油	吨
柴油	吨
润滑油	吨

续表

能源名称	计量单位
燃料油	吨
石脑油	吨
溶剂油	吨
石蜡	吨
液化石油气	吨
石油焦	吨
石油沥青	吨
炼厂干气	吨
其他石油制品	吨
焦炭	吨
发电量	万千瓦时
#火力发电	万千瓦时
水力发电	万千瓦时
核能发电	万千瓦时
风力发电	万千瓦时
太阳能发电	万千瓦时
其他发电	万千瓦时
煤气	万立方米
生物乙醇	吨
生物柴油	吨

2. 能源生产品种统计范围规定

原煤：指煤矿生产的、经过验收符合质量标准的原煤，即从毛煤中选出规定粒度的矸石（包括黄铁矿等杂物）并且绝对干燥灰分在40%以下的原煤。绝对干燥灰分虽在40%以上，但经有关部门批准开采，并有消费需求的劣质煤，亦应计入原煤产量。原煤分为无烟煤、烟煤、褐煤，烟煤又分为炼焦烟煤和一般烟煤两种。原煤不包括石煤、泥煤（泥炭）和伴随原煤生产过程而采出的煤矸石。

洗精煤（用于炼焦）：指原煤经洗选加工后，灰分较低、热值较高的用于炼焦的洗选煤产品，一般为炼焦选煤厂洗选产出。用于炼焦的洗精煤灰分较低，一般不超过12. 5%。

其他洗煤：指除用于炼焦的洗精煤以外的其他洗选煤产品。

煤制品：指以原煤为原料制成的各种煤制品，包括水煤浆、型煤、煤粉等。

原油：指各种碳氢化合物的复杂混合物，通常呈暗褐色或者黑色液态，少数呈黄色、淡红色、淡褐色。原油产量计算方法有两种：正算法和倒算法。正算法，是从生产角度出发，按生产工艺过程计算原油产量的方法。倒算法，是从销售的角度出发，根据销售量和自用量及期末、期初库存差倒算出原油产量的计算方法。其计算公式为：原油商品量=原油产量-生产自用量-原油损耗量。

天然气：指以气态碳氢化合物为主的各种气体的混合物，由有机物质经生物化学作用分解而成，或与石油共存于岩石的裂缝和空洞中，或以溶解状态存在于地下水中；主要成分为甲烷（占85%~95%），还有乙烷、丙烷、丁烷等，是一种优质燃料和化工原料。天然气分为常规天然气和非常规天然气。

煤层气：指储存在煤层中以甲烷为主要成分、以吸附在煤基质颗粒表面为主、部分游离于煤孔隙中或溶解于煤层水中的烃类气体，是煤的伴生矿产资源，属非常规天然气。

煤制天然气：指以煤为原料，经过加压气化后，脱硫提纯制得的含有可燃组分的气体。

液化天然气：指液体状态的天然气，由气态天然气在一定温度和压力条件下液化而成，无毒、无色、无味，在-161℃下的密度约为425千克/立方米。

原油加工量：指直接进入蒸馏装置及二次加工装置加工的原油量。

汽油：将直馏汽油和二次加工（如催化裂化、加氢裂化、催化重整和经精制的热裂化、焦化等）汽油按不同比例调和，加入适量抗氧防胶剂及金属钝化剂，必要时加入适量的抗爆剂（如加入抗爆剂还要加入着色剂）而制成。

煤油：包括灯用煤油、航空煤油。

灯用煤油：指由常减压装置蒸馏的直馏煤油或二次加工经加氢精制的不含裂化组分的适宜馏分，主要用于点灯照明和各种燃料器。

航空煤油：按国家规定的鉴定程序所通过的原料及生产工艺条件，由蒸馏装置的直馏煤油或经加氢裂化、加氢精制生产的组分，单独或复合加入必要的、有利于改进与提高航空煤油质量的添加剂制成。主要用于航空涡轮发动机燃料，根据所适用的工作环境温度及发动机型号分为不同牌号。

柴油：指直馏柴油和经过精制的二次加工（如催化裂化、加氢裂化、热裂化、加氢精制等）的焦化的柴油，以不同比例调和而成的成品油。

润滑油：指以原油经常减压蒸馏装置和二次加工所得的馏分油为原料，经糠醛精制和溶剂脱蜡或压榨脱蜡，再经白土或加氢精制工艺得到润滑油基础油，加入清净、分散、抗氧、抗腐、抗泡等添加剂调合而成。

燃料油：包括船用燃料油、重油或其他燃料油。燃料油分为商品燃料油和自用燃料油。商品燃料油指企业作为商品销售的燃料油；自用燃料油指企业用作燃料和化肥、化工原料的自用油。

石脑油：属一部分石油轻馏分的泛称；用途不同，馏程亦不同。馏程自初馏点至220℃左右，主要用作重整和化工原料。其中70~145℃馏分称轻石脑油，是生产芳烃的重整原料；70~180℃馏分称重石脑油，用作生产高辛烷值汽油。用作溶剂时，称作溶剂石脑油；来自煤焦油的芳香族溶剂油也称作重石脑油或溶剂石脑油。

溶剂油：指以蒸馏装置的直馏汽油组分或催化重整的抽余油为原料，经精制、分馏而制成，按馏分不同分为不同牌号，用途也不同。

石蜡：指从石油、页岩油或其他沥青矿物油的某些馏出物中提取出来的烃类混合物，主要成分是固体烷烃，无臭无味，为白色或淡黄色半透明固体。

液化石油气：亦称液化气或压缩汽油，是炼油精制过程中产生并回收的气体在常温下经加压而成的液态产品。主要成分是丙烷、丁烷、丙烯、丁烯，主要用作石油化工原料，脱硫后可直接用作燃料。

石油焦：指以原油经常减压装置蒸馏所得的渣油，或以重油为原料、经焦化装置生产而得。主要用于制造石墨电极、碳素、碳化硅、碳化钙等产品，也可直接作为冶炼、铸煅工艺的燃料。

石油沥青：指由原油经常减压装置蒸馏直接获得的渣油制品，也可以用减压渣油作为原料并经过氧化，溶剂脱出的沥青再经适度氧化或调合而成。

炼厂干气：指炼油厂炼油过程中产生并回收的非冷凝气体（也称蒸馏气），主要成分为乙烯、丙烯和甲烷、乙烷、丙烷、丁烷等，主要用作燃料和化工原料。

其他石油制品：指石油加工过程中除汽油、煤油、柴油、燃料油、液化石油气、炼厂干气、石脑油、润滑油、石蜡、溶剂油、石油焦、石油沥青以外的其他炼油产品。

焦炭：指将各种经过洗选的煤炭按一定比例配合后，在隔绝空气的高温炭化室内经过热解、缩聚、固化、收缩等复杂的物理化学过程形成的固体燃料。

发电量：指电厂（发电机组）在报告期内生产的电能量。它是发电机组经过对一次能源的加工转换而生产出的有功电能数量，即发电机实际发出的有功功率（千瓦）与发电机实际运行时间的乘积。

火力发电：指利用煤炭、燃油、燃气、生物质等燃料燃烧时产生的热能，通过火电动力装置转换成电能的发电方式，包括燃煤发电，燃气发电，燃油发电，余热、余压、余气发电，生物质发电等。

水力发电：指利用水位落差，配合水轮发电机产生电力的一种发电方式，也就是将水的势能转为水轮机的机械能，再以机械能推动发电机产生电能，包括抽水蓄能发电。

核能发电：指利用原子反应堆中核燃料（例如铀）缓慢裂变所释放的热能产生蒸汽驱动汽轮机再带动发电机发电的一种发电方式。

风力发电：指把风的动能转变成机械能，再把机械能转化为电能的发电方式。

太阳能发电：指先将太阳光或能转化为热能，再将热能转化成电能或者直接将太阳能转换成电能的发电方式，主要包括太阳能光伏发电和太阳能光热发电。

太阳能光伏发电：是利用太阳能电池直接将太阳能转换成电能的发电方式。

太阳能光热发电：是指利用大规模阵列抛物或碟形镜面收集太阳热能，通过换热装置提供蒸汽，结合传统汽轮发电机的工艺发电的方式。

其他发电：指不属于上述各类的发电形式。

煤气：指煤、焦炭、半焦等固体燃料与燃料油等液体燃料干馏或气化所产生的可燃气体。包括焦炉煤气、高炉煤气、发生炉煤气等。

焦炉煤气：指炼焦过程中，煤炭经高温干馏后，在产出焦炭和其他焦化产品的同时产生的可燃性气体，是炼焦产品的副产品。

高炉煤气：指炼铁过程中从高炉炉顶逸出的可燃性气体，是炼铁过程的副产品。

发生炉煤气：指燃料在煤气发生炉中气化得到的可燃性气体。依据所用气化剂，发生炉煤气分为空气煤气、混合煤气、水煤气、半水煤气、油煤气等。

生物乙醇：指以淀粉质、糖质为原料，经发酵、蒸馏制得乙醇，脱水后，再添加变性剂（车用无铅汽油）变性的燃料乙醇，也称为变性燃料乙醇。

生物柴油：指以油料作物如大豆、油菜、棉、棕榈等，野生油料植物和工程微藻等水生植物油脂以及动物油脂、餐饮垃圾油等为原料油，通过酯交换或热化学工艺制成的可代替石化柴油的再生性柴油燃料。

（二）能源消费品种及统计范围规定

1. 能源消费统计品种

能源消费统计品种目录见表 1-5。

表 1-5　能源消费统计品种目录

能源名称	计量单位
原煤	吨
洗精煤（用于炼焦）	吨
其他洗煤	吨
煤制品	吨
焦炭	吨
其他焦化产品	吨
焦炉煤气	万立方米
高炉煤气	万立方米
转炉煤气	万立方米
发生炉煤气	万立方米
天然气	万立方米
液化天然气	吨
煤层气	万立方米
原油	吨
汽油	吨
煤油	吨
柴油	吨
燃料油	吨

续表

能源名称	计量单位
液化石油气	吨
炼厂干气	吨
石脑油	吨
润滑油	吨
石蜡	吨
溶剂油	吨
石油焦	吨
石油沥青	吨
其他石油制品	吨
热力	百万千焦
电力	万千瓦时
煤矸石（用于燃料）	吨
城市生活垃圾（用于燃料）	吨
生物燃料	吨标准煤
余热余压	百万千焦
工业废料（用于燃料）	吨
其他燃料	吨标准煤

2. 能源消费品种统计范围规定

具体品种范围规定同生产产品规定。除此之外，明确了对现实中具体几种产品加工转换计算的相关规定。

天然气：企业购入天然气，添加一些其他成分后，又以天然气为产品进行销售，这种情况下不作加工转换计算，天然气消费量只计算加工过程中的损失部分（如果没有损失，则消费量为“0”）。

成品油：企业购入某种成品油，添加一些其他成分后，又以这种成品油为产品进行销售（购入和销售的产品在统计上为同名称的产品），这种情况下不作加工转换计算，其消费量只计算加工过程中的损失部分（如果没有损失，则消费量为“0”）。但是企业购入某种成品油，经过某种生产工艺加工成另外一种产品，比如将重油加工成汽油、煤油等轻质油或其他石油制品，这种情况应视作加工转换，并按照能源加工转换的统计规定，填报相应产品的投入量和产出量。

热力：指可提供热源的热水、蒸汽。在统计上要求外供热力作为产量统计，外购热力作为消费统计，自产自用和生产过程中处于中间环节消费的热力不统计。

热力的计算：蒸汽和热水的热力计算，与锅炉出口蒸汽、热水的温度和压力有关。

计算方法：

第一步：确定锅炉出口蒸汽和热水的温度和压力，在焓熵图（表）查出对应的每千克蒸汽、热水的热焓。

第二步：确定锅炉给水（或回水）的温度和压力，同样在焓熵图（表）查出对应的每千克给水（或回水）的热焓。

第三步：求第一步和第二步查出的热焓之差，再乘以蒸汽或热水的数量（按流量表读数计算），所得值即为热力的量。

如果企业不具备上述计算热力的条件，可参考下列方法估算：

第一步：确定锅炉蒸汽或热水的产量。产量=锅炉的给水量-排污等损失量。

第二步：确定蒸汽或热水的热焓。热焓的确定分以下几种情况。

（1）热水：假定出口温度为90℃，回水温度为20℃，闭路循环系统每千克热水的热焓按20千卡计算，开路供热系统每千克热水的热焓按70千卡计算。

（2）饱和蒸汽：压力为1~2.5千克/平方厘米、温度为127℃以下时，每千克蒸汽的热焓按620千卡计算；压力为3~7千克/平方厘米、温度为135~165℃时，每千克蒸汽的热焓按630千卡计算；压力为8千克/平方厘米、温度为170℃以上时，每千克蒸汽的热焓按640千卡计算。

（3）过热蒸汽：压力为150千克/平方厘米。200℃以下，每千克蒸汽的热焓按650千卡计算；220~260℃，每千克蒸汽的热焓按680千卡计算；280~320℃，每千克蒸汽的热焓按700千卡计算；350~500℃，每千克蒸汽的热焓按750千卡计算。

第三步：根据确定的热焓，乘以产量，所得值即为热力的量。

对于中小企业，若以上条件均不具备，那么当锅炉的功率在0.7兆瓦左右时，1吨/小时的热水或蒸汽按相当于60万千卡的热力计算。

余热余压：指企业生产过程中释放出来多余的副产热能、压差能，这些副产热能、压差能在一定的经济技术条件下可以回收利用。余热余压回收利用主要来自高温气体、液体、固体的热能和化学反应产生的热能。

煤矸石（用于燃料）：煤矸石是采煤过程和洗煤过程中排放的固体废物，是一种在成煤过程中与煤层伴生的含碳量较低、比煤坚硬的黑灰色岩石，可用作工业企业能源消费的燃料。

城市生活垃圾（用于燃料）：城市生活垃圾是指城市中的单位和居民在日常生活及生活服务中产生的废弃物，可用作工业企业能源消费的燃料。

工业废料（用于燃料）：工业废料是工业生产过程中产生的废品（如工业废渣、工业废气等），可用作工业企业能源消费的燃料。

生物燃料：泛指由生物质组成或萃取的固体、液体或气体燃料，如沼气、薪柴、生物乙醇、生物柴油等。

其他燃料：指除上述能源消费品种以外的用于工业企业能源消费的燃料。

四、能源统计数据来源渠道

能源生产和能源消费调查统计，由政府统计部门对规模以上工业企业进行调查；交通运输有关数据由交通运输部、中国铁路总公司、中国民用航空总局调查；居民生活能源消费由国家统计局住户调查办公室调查；能源进出口由海关总署调查。

五、能源标准量的折算方法

（一）燃料热值

燃料热值亦称燃料发热量，指单位质量（指固体或液体）或单位体积（指气体）的燃料完全燃烧，燃烧产物冷却到燃烧前的温度（一般为环境温度）所释放出来的热量。燃料热值有高位热值与低位热值两种。

高位热值是指燃料在完全燃烧时释放出来的全部热量，即在燃烧生成物中的水蒸气凝结成水时的发热量，也称毛热。

低位热值是指燃料完全燃烧，其燃烧产物中的水以蒸汽状态存在时的发热量，也称净热。

各国对燃料热值的选择不同，一些国家采用高位热值，如日本、美国等。我国是按低位热值换算的。煤和石油高、低位热值相差约5%，天然气和煤气高、低位热值相差近10%。

（1）当量热值。亦称理论热值（或实际发热值），是指某种能源一个度量单位本身所含热量。

（2）等价热值。指加工转换产出的某种二次能源与相应投入的一次能源的当量，即获得一个度量单位的某种二次能源所消耗的、以热值表示的一次能源量，也就是消耗一个度量单位的某种二次能源，等价于消耗了以热值表示的一次能源量。

$$等价热值=\frac{二次能源具有的能量}{加工转换效率}=\frac{加工转换投入的一次能源量具有的能量}{加工转换的二次能源产量}$$

（3）实际平均热值。亦称平均发热量，指相同品种、不同品质能源的实测发热量的加权平均值。

实际平均热值的计算：

$$Q=\frac{\sum Q_iE_i}{\sum E_i}$$

其中：Q 为某种能源实际平均热值（千卡／千克）；Q_i 为某种第 i 批次（或第 i 等级品质）能源实测低位热值（千卡／千克）；E_i 为某种第 i 批次（或第 i 等级品质）能源实物量（千克）；$\sum Q_iE_i$ 为某种能源的总热量（千卡）；$\sum E_i$ 为某种能源的实物总量（千克）。

（4）热值的计量。热值的计量单位有焦耳和卡。

焦耳：功、能、热的国际制单位。焦耳的定义是：1 牛顿的力（1 牛顿=1 千克·米/秒^2）作用于质点，使其沿力的方向移动 1 米距离所做的功称为 1 焦耳。在电学上，1 安培电流在 1 欧姆电阻上，在 1 秒内所消耗的电能称为 1 焦耳。1 焦耳=1 牛顿·米=1 瓦特·秒。

卡：1 克纯水在标准气压下温度升高 1℃所需要的热量称为 1 卡。在测量热量时有不同的环境温度标准，因此热量单位分为 20℃卡、15℃卡。20℃卡是指在标准气压下，1 克纯水温度从 19.5℃升高至 20.5℃所需要的热量。同理，15℃卡是指在标准气压下，1 克纯水温度从 14.5℃升高至 15.5℃所需要的热量。我国目前使用的有 20℃卡、国际蒸气表卡、热化学卡。国际蒸汽表卡是指 15℃卡，由于它是在 1956 年伦敦第五届国际蒸汽大会上确定的，所以叫国际蒸汽表卡。热化学卡是人为规定的卡。

固体或液体燃料的发热量单位：千卡/千克或千焦耳/千克。

气体燃料的发热量单位：千卡/标准立方米或千焦耳/标准立方米。

（5）热值的换算。我国热量通常是用卡来计量的。如果用焦耳表示热量，则需要将卡换算成焦耳。换算关系：

1 20℃卡 = 4. 181 6 焦耳

1 国际蒸汽表卡 = 4. 186 8 焦耳

1 热化学卡 = 4. 184 0 焦耳

（二）标准能源的规定和折算

标准能源指将不同品种、不同品质的能源按照规定的标准换算成同一热值标准计量单位的能源量。由于煤、油、燃气等各种能源质量不同，所含热值不同，为了各种能源的求和、对比和分析，必须将其换算成标准能源，比如通常使用的标准煤（煤当量）、标准油（油当量）。

1. 标准煤

标准煤亦称煤当量，指具有统一规定的标准热值的一种能源标准计量单位。我国规定每千克标准煤的热值为 7 000 千卡。把不同品种、不同品质的能源按各自不同的热值，以 7 000 千卡为一个计量单位换算成标准燃料，即为标准煤。

折标准煤系数的计算：

$$E_c = \frac{Q}{7\ 000}$$

其中：E_c 为某种能源折标准煤系数（千克标准煤/千克）；Q 为某种能源实际平均热值（千卡/千克）；7 000 为标准煤热值（千卡/千克标准煤）。

2. 标准油

亦称油当量，指具有统一规定的标准热值的一种能源标准计量单位。目前国际上没有统一的油当量标准，我国采用的每千克标准油热值为 10 000 千卡。把不同品种、不同品质的能源按各自不同的热值，以 10 000 千卡为一个计量单位换算成标准燃料，即为标准油。

折标准油系数的计算：

$$E_c = \frac{Q}{10\ 000}$$

其中：E_c 为某种能源折标准油系数（千克标准油/千克）；Q 为某种能源实际平均热值（千卡/千克）；10 000 为标准油热值（千卡/千克标准油）。

3. 标准能源折算

将实物量能源（以实物量单位计量）折算为标准量能源（以标准量单

位计量），需要根据能源数量（实物量），并采用或参考其折标准量系数进行计算。计算公式：

$$E_e = E_p \cdot E_c$$

其中：E_e 为某种能源标准量（标准煤或标准油）；E_p 为某种能源实物数量；E_c 为某种能源折标准量系数（折标准煤系数或折标准油系数）。

统计中需要特别注意不同数量级单位的转换和变化，比如：克、千克、吨，升、立方米，卡、千卡、焦耳、千焦、百万千焦等。

（三）主要能源品种的折标准煤参考系数

各种能源折标准煤参考系数见表 1-6。

表 1-6　各种能源折标准煤参考系数

能源名称	平均低位发热量	折标准煤参考系数
原煤	—	—
其中：1. 无烟煤	6 000 千卡/千克以上	0. 942 8 千克标准煤/千克
2. 炼焦烟煤	6 000 千卡/千克以上	0. 9 千克标准煤/千克
3. 一般烟煤	4 500~5 500 千卡/千克	0. 714 3 千克标准煤/千克
4. 褐煤	2 500~3 500 千卡/千克	0. 428 6 千克标准煤/千克
洗精煤（用于炼焦）	6 000 千卡/千克以上	0. 9 千克标准煤/千克
其他洗煤	2 500~6 000 千卡/千克	0. 464 3~0. 9 千克标准煤/千克
煤制品	3 000~5 000 千卡/千克	0. 528 6 千克标准煤/千克
焦炭	约 6 800 千卡/千克	0. 971 4 千克标准煤/千克
焦炉煤气	4 000~4 300 千卡/立方米	0. 571 4~0. 614 3 千克标准煤/立方米
发生炉煤气	约 1 250 千卡/立方米	0. 178 6 千克标准煤/立方米
重油催化裂解煤气	约 4 600 千卡/立方米	0. 657 1 千克标准煤/立方米
重油热裂解煤气	约 8 500 千卡/立方米	1. 214 3 千克标准煤/立方米
焦炭制气	约 3 900 千卡/立方米	0. 557 1 千克标准煤/立方米
压力气化煤气	约 3 600 千卡/立方米	0. 514 3 千克标准煤/立方米
水煤气	约 2 500 千卡/立方米	0. 357 1 千克标准煤/立方米
天然气	7 700~9 300 千卡/立方米	1. 10~1. 33 千克标准煤/立方米
液化天然气	约 12 300 千卡/千克	1. 757 2 千克标准煤/千克
煤层气	约 7 700 千卡/立方米	1. 11 千克标准煤/立方米
原油	约 10 000 千卡/千克	1. 428 6 千克标准煤/千克
汽油	约 10 300 千卡/千克	1. 471 4 千克标准煤/千克

续表

能源名称	平均低位发热量	折标准煤参考系数
煤油	约 10 300 千卡/千克	1. 471 4 千克标准煤/千克
柴油	约 10 200 千卡/千克	1. 457 1 千克标准煤/千克
燃料油	约 10 000 千卡/千克	1. 428 6 千克标准煤/千克
液化石油气	约 12 000 千卡/千克	1. 714 3 千克标准煤/千克
炼厂干气	约 11 000 千卡/千克	1. 571 4 千克标准煤/千克
石脑油	约 10 500 千卡/千克	1. 5 千克标准煤/千克
润滑油	约 9 900 千卡/千克	1. 414 3 千克标准煤/千克
石蜡	约 9 550 千卡/千克	1. 364 8 千克标准煤/千克
溶剂油	约 10 270 千卡/千克	1. 467 2 千克标准煤/千克
石油焦	约 7 640 千卡/千克	1. 091 8 千克标准煤/千克
石油沥青	约 9 310 千卡/千克	1. 330 7 千克标准煤/千克
其他石油制品	约 9 800 千卡/千克	1. 4 千克标准煤/千克
煤焦油	约 8 000 千卡/千克	1. 142 9 千克标准煤/千克
粗苯	约 10 000 千卡/千克	1. 428 6 千克标准煤/千克
热力（当量）	—	0. 034 1 千克标准煤/百万焦耳
电力（当量）	860 千卡/千瓦时	0. 122 9 千克标准煤/千瓦时
高炉煤气	约 900 千卡/立方米	0. 128 6 千克标准煤/立方米
转炉煤气	约 1 900 千卡/立方米	0. 271 4 千克标准煤/立方米
煤矸石（用于燃料）	约 2 000 千卡/千克	0. 285 7 千克标准煤/千克
城市生活垃圾（用于燃料）	约 1 900 千卡/千克	0. 271 4 千克标准煤/千克
余热余压	—	0. 034 1 吨标准煤/百万千焦
工业废料（用于燃料）	约 3 000 千卡/千克	0. 428 5 千克标准煤/千克
燃料甲醇	约 5 426 千卡/千克	0. 775 1 千克标准煤/千克
生物乙醇	约 6 500 千卡/千克	0. 928 6 千克标准煤/千克
生物柴油	约 10 200 千卡/千克	1. 457 1 千克标准煤/千克
氢气	约 142 000 千焦耳/千克	4. 851 2 千克标准煤/千克
		0. 436 1 千克标准煤/立方米
沼气	5 500~5 800 千卡/立方米	0. 785 7~0. 828 6 千克标准煤/立方米
蔗渣（干）	约 3 500 千卡/千克	0. 500 0 千克标准煤/千克
树皮	约 2 700 千卡/千克	0. 385 7 千克标准煤/千克
玉米棒	约 4 600 千卡/千克	0. 657 1 千克标准煤/千克

续表

能源名称	平均低位发热量	折标准煤参考系数
薪柴（干）	约 3 000 千卡/千克	0. 428 6 千克标准煤/千克
稻壳	约 3 200 千卡/千克	0. 457 1 千克标准煤/千克
锯末刨花	约 2 700 千卡/千克	0. 385 7 千克标准煤/千克

注：此表平均低位发热量用千卡表示，如需换算成千焦耳，只需乘以 4. 181 6 即可。

六、非电能源相关问题

（一）热力的统计和核算

国家统计局发布的《能源统计报表制度》中，热力的概念是可提供热源的热水、蒸汽。在统计上规定外供热力作为产量统计，外购热力作为消费统计，自产自用热力不统计。这个规定说明：一是作为生产工艺当中消耗的中间产品的热力没有统计产出量；二是自产自用的热力没有统计产出量。

但在能耗核算当中，生产这部分热力消耗掉的其他能源已经计入能源消费总量中。如要以热力计算，那么就需要对生产热力消耗掉的其他能源进行扣减。生产热力消耗的能源品种主要是原煤、其他洗煤、燃气、燃油及其他燃料，通过锅炉燃烧生产热力、蒸汽供使用。

（二）可再生能源用于供热

各种可再生能源用于生产热力且热力是商品能源的，已经被纳入《能源统计报表制度》，具体是由规模以上法人工业企业实施的“能源购进、消费与库存”调查表和全社会能源平衡表纳入，只不过这部分热力的投入量没有体现出是哪一种可再生能源品种，而是均归入“其他能源”目录。

现行《能源统计报表制度》对热力的统计规定是，单位自产自用的热力可以只统计生产热力消费的能源量，而不统计热力的生产量和消费量（两者相等）。据此估计，非商品热力的生产也有使用可再生能源品种的，只是没有列出具体统计项目。还有可再生能源用于供暖的，如地热在区域内供暖的，相关地区统计部门在编制年度能源平衡表时大多也进行了估算计入，同样也被归入“其他能源”目录。

（三）国内外热力在终端能源占比差异分析思路

对于“国外热力在终端能源中的占比在 45%左右，而我国只有 5%”

这种情况，具体可从以下几个方面考虑分析：一是具体分析对比国和中国对于热力的概念和统计范围、口径是否一致；二是对国外和中国的产业结构占比进行具体分析，结构不同，对热力的需求也不同；三是对中国的非商品热力，即自产自用的热力进行分析估算，计入热力总量后再进行对比。实际中有一部分热力是作为中间产品使用的，需按行业（主要在工业行业的制造业）做抽样调查来分析推算。另一部分是自产自用，主要集中在北方地区用于冬季取暖，可通过质监系统存量锅炉运行情况和对能源平衡表中终端能源消费部分的原煤、其他洗煤、煤制品、燃气、燃油、其他能源等品种的分析，确定哪些品种有多大量用于这部分消费，折成热力计算对比。

（四）可再生能源用于其他消费

据调研，生物柴油和生物乙醇已有部分作为石油制品销售给油品经销商，从而进入了消费环节，这部分已经被纳入油品消费统计中。同样，可再生能源作为燃料（生物沼气、生物天然气）进入各产业、行业以及居民生活消费中的部分，在实际统计中，也在能源平衡表中进行了统计。

比如，北京市统计局依据当地工作需要建立了第二、第三产业一定规模以上企业单位的可再生能源统计调查，这些数据也成为国家编制全国能源平衡表的可再生能源部分的重要数据支撑。

（五）电量的能源标准量折算方法

我国能源消费长期以来以煤为主，标准能源也是以标准煤来折算。目前在基层统计中，每个能源品种都是以当量值（能源品种本身具有的热量）来折算标准量；在综合核算地区能源消费总量时，电则以等价值（发一度电消耗的标准煤量）来折算，其余品种不变。以等价值核算的能源消费总量和以当量值核算的能源消费总量的差额等于报告期的发电标准煤耗和当量值折标系数之差再乘以报告期用电总量。

第二章

可再生能源的定义和品种

Renewable Energy Definition and Types

第一节　中国可再生能源的定义和品种

一、中国《可再生能源法》中的定义

可再生能源，指自然环境中可不断再生、永续利用的能源，其产生和使用具有持续不断或循环往复的自然特征。可再生能源最大的特点是取之不尽、用之不竭。由于可再生能源的“可再生性”，其开发利用是无限的。

2006 年 1 月 1 日开始实施的《中华人民共和国可再生能源法》（以下简称《可再生能源法》）用于对可再生能源开发利用管理行为的规范，其中与可再生能源定义相关的条款主要有：

“第二条　本法所称可再生能源，是指风能、太阳能、水能、生物质能、地热能、海洋能等非化石能源。水力发电对本法的适用，由国务院能源主管部门规定，报国务院批准。通过低效率炉灶直接燃烧方式利用秸秆、薪柴、粪便等，不适用本法。”

“第三十二条　本法中下列用语的含义：（一）生物质能，是指利用自然界的植物、粪便以及城乡有机废物转化成的能源。……（三）能源作物，是指经专门种植，用以提供能源原料的草本和木本植物。（四）生物液体燃料，是指利用生物质资源生产的甲醇、乙醇和生物柴油等液体燃料。”

二、明确的可再生能源品种和技术

根据《可再生能源法》的定义，目前我国可再生能源品种和应用技术明确包括以下内容：

风能：风力发电。

太阳能：太阳能光伏发电、太阳能热发电、太阳能供热。

水能：水力发电，包括大型水电站、小水电。

生物质能：是指利用自然界的植物、粪便以及城乡有机废物转化成的能源。不包括通过低效率炉灶直接燃烧方式利用秸秆、薪柴、粪便等。能源作物，是指经专门种植，用以提供能源原料的草本和木本植物。生物液体燃料，是指利用生物质资源生产的甲醇、乙醇和生物柴油等液体燃料。

地热能：地下热水、浅层地温能。

海洋能：潮汐能、波浪能、海洋温差能等。

三、尚不明确的可再生能源品种和技术

《可再生能源法》对可再生能源做了外延式的界定，对可再生能源的具体技术种类并没有详尽、明确的规定，目前一些应用较为广泛的技术能否纳入可再生能源统计尚不明确，急需细化定义。

（一）空气源热泵技术

浅层地温能热泵技术，包括地源热泵技术和水源热泵技术，通常被认定为地热能的应用技术。

但空气源热泵技术是否是可再生能源技术尚存较大的争议。一方认为，空气源热泵技术的能源来源于空气的温度，空气的温度来源于太阳，取之不尽用之不竭，是可再生能源。另一方认为，如果空气源热泵技术属于可再生能源技术，那么电空调技术也是可再生能源技术，其能源均来自空气。

（二）被动太阳能房

被动太阳能房，是通过适当的建设设计，使建筑具有更好的采光、采暖、保温性能，大幅度降低建筑的供暖制冷单位能耗。其能源来源是太阳能，其对建筑供暖和制冷的效果与太阳能热水供暖制冷的效果类似。

（三）农用温室大棚

农用温室大棚是应用非常广泛的技术，其能源来源是太阳能，尚不明确能否被纳入可再生能源技术。

（四）生物柴油

利用生物质资源生产的生物柴油是生物液体燃料的一种，是可再生能源。但生物柴油既可用于能源燃料，亦可用于工业生产原料。从目前的应

用现状看，主要用作工业生产原料。那么，其在可再生能源应用量的统计中该如何考虑和计算？

第二节　国际可再生能源的定义和品种

一、联合国统计委员会的定义

联合国统计委员会定期更新发布《国际能源统计工作建议》（IRES），指导世界各国的能源统计工作。IRES 涵盖能源统计工作框架中的各个方面，包括基本概念、定义和分类、数据来源、数据收集、能源平衡、数据质量、统计宣传和发布等。

IRES 关注的是整个能源体系的统计核算。其能源品种分十大类，包括煤炭、泥煤及其制品、油页岩/油砂、天然气、石油、生物燃料、垃圾、电力、热力、核燃料及其他（见表 2-1）。IRES 明确，所有的生物燃料，以及部分的垃圾、电力和热力均是可再生的。

表 2-1　IRES 能源品种分类

				能源名称	一次能源 P/二次能源 S	可再生能源 R/非可再生能源 NR
0				煤炭		NR
1				泥煤及其制品		NR
2				油页岩/油砂		NR
3				天然气		NR
4				石油		NR
5				生物燃料	P	R
	51			固体生物燃料	P	R
		511		木质燃料、剩余物及副产品	P	R
			5111	木质颗粒	P	R
			5119	其他	P	R
		512	5120	甘蔗渣	P	R
		513	5130	动物粪便	P	R
		514	5140	黑液	P	R

续表

				能源名称	一次能源 P/ 二次能源 S	可再生能源 R/ 非可再生能源 NR
		515	5150	其他有机材料和废弃物	P	R
		516	5160	木炭	S	R
	52			生物液体燃料	P	R
		521	5210	生物汽油	P	R
		522	5220	生物柴油	P	R
		523	5230	生物航油	P	R
		529	5290	其他	P	R
	53			生物质气	P	R
		531		厌氧发酵沼气	P	R
			5311	垃圾填埋气	P	R
			5312	污水污泥沼气	P	R
			5319	其他的厌氧发酵沼气	P	R
		532	5320	生物热解气	P	R
6				垃圾	P	
	61	610		工业垃圾	P	NR
	62	620		城市垃圾	P	R/NR
7	70	700	7000	电力	P/S	R/NR
8	80	800	8000	热力	P/S	R/NR
9				核燃料及其他		

IRES 对生物燃料有明确的定义和分类，但对于其他可再生能源品种并没有详细的定义和界定。

可再生能源既有一次能源，也有二次能源。IRES 明确界定了各种可再生能源品种属于一次能源还是二次能源。

纳入一次能源的可再生能源品种包括：①生物燃料（不含木炭）；②垃圾；③一次可再生能源热力，不含生物燃料燃烧供热；④一次可再生能源电力，包括水电、风电、太阳能光伏发电、海洋能发电。

纳入二次能源的可再生能源品种包括：①木炭；②二次可再生能源热力，含生物燃料燃烧产生的热力；③二次可再生能源电力，包括生物燃料燃烧发电、地热能发电、太阳能热发电；④其他，包括一次/二次可再生能源生产的所有其他能源产品。如表 2-2 所示。

表 2-2 IRES 可再生能源的一次/二次能源产品分类

能源品种	一次能源产品	二次能源产品
生物燃料	除木炭外的所有生物燃料，含固体生物燃料、生物液体燃料、生物质气	木炭
垃圾	可再生部分	—
热力	除生物燃料燃烧产生的热力外的所有一次可再生能源热力	二次可再生能源热力，含生物燃料燃烧产生的热力
电力	一次可再生能源电力，包括水电、风电、太阳能光伏发电、海洋能发电	二次可再生能源电力，包括生物质发电、地热能发电、太阳能热发电
其他	—	其他，包括一次/二次可再生能源生产的所有其他能源产品

二、国际可再生能源署（IRENA）的定义

（一）可再生能源的基本定义

可再生能源资源包括两大类：一是来自自然界的能量（包括热能、辐射能、动能），二是生物质燃料的化学能。

可再生能源统计的范畴包括电力、热力和燃料，只包括主动生产的可再生能源。

可再生能源统计的范畴不包括：①直接利用的动能：风车、水车；②被动产生的能源：被动太阳能房、温室大棚；③制冷：空调；④不做能源用途的行动或产品：食物自然干燥、植物种植。

（二）可再生能源统计的能源品种

根据国际可再生能源署的可再生能源统计办法，可再生能源包括可再生能源热力和生物质燃料等一次可再生能源，以及可再生能源产生的二次能源。

一次可再生能源包括：①可再生能源热力：太阳能、地热能、环境能（Ambient Heat）等；②生物质燃料：生物质固体燃料、生物质气体燃料（沼气）、生物液体燃料。

太阳能：聚光太阳能热力系统、太阳能热水系统（无盖板集热器、平板集热器、真空管集热器）、太阳能灶等。

地热能：从地下抽取的热水或热力。

环境能：通过热泵从周边环境（土地、空气或水）中提取的低品位热力，周边环境只是相对热一些。

生物质能：固体燃料（能源作物、农林废弃物、城市生活垃圾）、气体燃料（垃圾填埋气、禽畜养猪场沼气、厌氧沼气、热解气化气）、液体燃料。用途多，可发电、供热、作为交通燃料。

在 IRENA 的统计体系中，生物质固体燃料的统计品种包括：木质燃料、能源作物、林业废弃物、黑液、秸秆、蔗渣、谷壳、其他农业废弃物、其他原始生物质固体燃料（动物粪便）、生物质木炭和生物质颗粒燃料和压块。

二次可再生能源包括：①商业化的热力；②生物质炭化产品；③生物质压块和颗粒燃料。

三、欧盟的定义

（一）基本情况

欧盟的可再生能源发展目标为：到 2020 年，可再生能源在终端能源消费总量中的比重达到 20%。为监测报告各个成员国可再生能源的发展情况，从 2004 年开始，欧盟统计局每两年公开发布可再生能源统计报告，公布欧盟及其成员国取得的进展，评估实现目标的可能性。

欧盟已建立了较为完整、完善的可再生能源统计制度，公布了一系列的法令文件来规范可再生能源统计工作，包括促进可再生能源应用的欧盟 2009/28 号法令（Directive 2009/28/EC）、关于能源统计的欧盟 1009/2008 号文件（Regulation 1009/2008）和 2017 年 11 月修订的欧盟 2017/2010 号文件（Regulation 2017/2010）。

欧盟法令针对不同的可再生能源技术和品种，给出了非常明确的统计口径和计算方法。可再生能源利用量按照终端能源消费量，分电力、供热制冷和交通用能三大类进行统计。

（二）品种和定义

根据欧盟的法令，可再生能源是指可再生的非化石能源，包括风能、太阳能、空气热能、地热能、水热能、海洋能、水能、生物质能、填埋气、污水处理厂气体、沼气。欧盟明确通过热泵技术从空气、土壤和水中捕获的热能量应计入可再生能源量。

水能：水力发电，不包括抽水蓄能电站所发的电力。

空气热能：指蕴藏在周边环境空气中的热能。

地热能：指蕴藏在地球的土壤、岩石中的热能。

水热能：指蕴藏在地表水中的热能。

生物质能：指农业（包括农作物种植和禽畜养殖业）、林业以及渔业和水产养殖业等行业生产过程中产生的可降解的生物性产品和废弃物等，以及工业和城市生活垃圾中可降解的部分产生的能量。

生物液体燃料（Bioliquids）：指由生物质资源生产的、不用于交通能源用途的液体燃料，其用途包括发电和供热制冷。

生物交通燃料（Biofuels）：指由生物质资源生产的、用于交通能源的液体和气体燃料。

通过被动能源系统提供的热能，包括通过建筑设计降低的能源消费量以及非可再生能源提供的被动热能，不被纳入可再生能源统计。

（三）对技术进步和能源效率的要求

欧盟非常重视可再生能源的技术进步及其对温室减排的贡献，并非所有的可再生能源资源提供的能源量都可计入可再生能源终端能源量。欧盟要求：

生物质能：生物质能源系统效率达到一定水准，才能被纳入可再生能源量的统计范畴。民用和商用领域的生物质能系统效率要达到85%以上，工业领域要到70%以上。

热泵供热：只有系统效率高于45.5%的热泵系统才能被纳入可再生能源供热量的统计范畴。这也就意味着，电力驱动热泵系统的SPF要高于2.5、热力驱动热泵系统的SPF要高于1.15。

太阳能热利用：必须采用通过认证的太阳能集热产品和系统。

生物质交通燃料和生物液体燃料：只有满足可持续发展条件（温室气体减排率高于要求）的产品才能被纳入可再生能源量的统计范畴。生物质交通燃料和生物液体燃料的温室气体减排率，2009年要求达到35%以上，2017年要求达到50%以上，2018年要求达到60%以上。欧盟从2012年开始，每两年重新评估一次各种生物质交通燃料和生物液体燃料技术的可持续发展情况，从而确定哪些技术可被纳入可再生能源量的统计核算范畴。

第三节　国内外定义的主要差异

一、水电

中国可再生能源统计中，水电的统计范畴是全口径的，包括大型水电和小水电，也包括抽水蓄能电站。

欧盟的可再生能源量是按照终端能源消费量统计的，其水力发电量中不包括抽水蓄能电站的发电量。

二、生物质能的直接燃烧

中国：只统计先进的生物质能直接燃烧利用技术，包括生物质锅炉、生物质成型燃料、农林剩余物发电/热电联产等；不包括“通过低效率炉灶直接燃烧方式利用秸秆、薪柴、粪便等”，明确将能效低且污染环境的传统生物质燃料方式排除在《可再生能源法》的适用范围之外。

欧盟：只统计高效的生物质能直接燃烧利用。民用和商用领域的生物质能系统效率要达到85%以上、工业领域要到70%以上，才能被纳入可再生能源统计。

国际可再生能源署：生物质能的统计范畴包括生物质的所有利用方式，包括低效率炉灶的直接燃烧，传统的生物质能直接燃烧占到生物质能利用总量的2/3。

三、热泵技术

中国：目前地源/水源热泵系统属于浅层地温能的一种应用方式，已被纳入可再生能源的统计范畴，但空气源热泵系统是否应被纳入可再生能源的统计范畴尚不明确。

欧盟：明确热泵技术是一种可再生能源技术，明确提出地热能、水热能、空气热能的概念，并明确通过热泵技术从土壤、水体和空气中提取的能源属于可再生能源。但同时要求只有系统效率高于45.5%的热泵系统才能被纳入可再生能源供热量的统计范畴。这也就意味着，电力驱动热泵系统的SPF要高于2.5、热力驱动热泵系统的SPF要高于1.15。

国际可再生能源署：明确热泵系统是一种可再生能源技术，应被纳入可再生能源的统计范畴。热泵系统的定义是：利用热泵技术，将周边环境（土地、空气或水）中的热能（环境能，Ambient Energy）提取出来，提供可再生能源热力。

四、被动能源活动

应用较广泛的被动能源系统主要有被动太阳能房、温室大棚、风车、食物自然风干晾晒等。

中国：对被动太阳能房、温室大棚等是否应被纳入可再生能源统计均没有明确的规定。

欧盟：明确被动能源系统不被纳入可再生能源统计，通过建筑设计降低的建筑能源消费量不被纳入可再生能源的统计。

国际可再生能源署：可再生能源量只统计主动能源活动产生的能源量。被动的能源活动不被纳入可再生能源的统计范畴，包括被动太阳能房、温室大棚。

五、一次能源和二次能源的区分

中国：没有明确的一次、二次可再生能源划分规定。按照现行的能源统计口径，可再生能源发电包括水电、风电、太阳能光伏发电、生物质发电，均按照一次电力、以等价热值法核算一次能源消费量。生物质固体燃料已被纳入能源统计品种，是一次能源。太阳能热能、地热能尚未被纳入能源统计品种，未明确是一次能源还是二次能源。

联合国统计委员会：有明确的可再生能源一次/二次能源划分标准。

六、生物液体燃料

中国：明确规定生物燃料乙醇、生物柴油、生物甲醇等生物液体燃料均应被纳入可再生能源的统计范畴。但同时，我国也明确生物质能发展要遵循可持续发展原则，不与人争粮、不与粮争地，不支持用粮食（包括玉米等）大规模生产乙醇。目前，燃料乙醇的生产原料仍主要是玉米，对于这是否是可持续的发展方向，尚有争论。

欧盟：非常重视可再生能源交通燃料的发展，提出了2020年可再生能源在交通燃料中占比要达到10%的欧盟发展目标。但同时也规定，生物交通燃料和生物液体燃料技术只有满足可持续发展的要求，才能被纳入可再生能源的统计范畴。

国际可再生能源署：生物液体燃料是可再生能源，应被纳入可再生能源的统计范畴。

第四节　总体思路和建议

一、存在的问题

需明确界定或重新定义可再生能源。可再生能源品种多，应用领域广泛，随着技术和市场的快速发展，对可再生能源需要明确界定或重新定义。例如，“被动太阳能房”“空气源热泵”“温室大棚”等是否算作可再生能源？“生物天然气”、“地热能”（Geothermal Energy）、“水热能”（Hydrothermal Energy）、“空气热能”（Aerothermal Energy）、“环境能”（Ambient Energy）的定义是什么？“生物柴油”既可以用作能源，也可以用作生产原料，其可再生能源量的统计口径是什么？“燃料乙醇”的生产原料如何界定？

二、总体思路和建议

总体思路：我国可再生能源的定义应尽量与国际社会保持一致，以保持与国际社会的可比性。到2020年，可再生能源在能源消费总量中的占比达到15%是我国向国际社会承诺的发展目标，全球很多国家都设定了可再生能源的发展目标，可再生能源是全球气候变化谈判中重要的议题和指标，因此可再生能源的定义应尽量与国际社会保持一致。

根据可再生能源技术和市场发展现状，依据国际标准，结合中国实情，征求了各方面专家的意见，提出如下对可再生能源品种及其定义的建议：

（一）可再生能源的基本定义不变

我国的《可再生能源法》明确，可再生能源是指自然环境中可不断再生、永续利用的能源，其产生和使用具有持续不断或循环往复的自然特征。可再生能源包括风能、太阳能、水能、生物质能、地热能、海洋能。

（二）明确可再生能源统计范畴是主动的能源生产活动

根据国际可再生能源署的定义，可再生能源利用量统计的是主动行为带来的可再生能源量。温室大棚、风车、食品晾晒等都是非主动的能源生产活动，不纳入可再生能源统计。被动太阳能房和节能建筑是通过建筑设计来降低建筑的能源消耗量，其降低的能源消费量并未计入能源消费总量中，不应纳入可再生能源统计。

建议明确我国可再生能源的统计范畴是主动生产的可再生能源，非主动能源生产活动，不纳入可再生能源统计。

可再生能源的统计范畴不包括：①通过低效率炉灶直接燃烧方式利用秸秆、薪柴、粪便等；②被动活动产生的能源，如被动太阳能房、温室大棚；③直接利用的动能，如风车、水车；④不做能源用途的活动或产品，如食物自然干燥、植物种植。

（三）进一步明确细化统计的范畴

需要进一步明确细化的可再生能源种类主要是太阳能、地热能。

太阳能：建议统计范围不包括太阳能房、温室大棚、被动建筑等非主动的能源活动。

地热能：建议明确将土壤热能、水体热能和空气热能纳入地热能的统计范畴，并明确土壤热能、水体热能、空气热能的定义和统计范围。我国通常将土壤热能和水体热能统称为浅层低温能，通过使用热泵技术，浅层低温能有较为广泛的应用，空气热能的应用则刚刚起步，尚未明确是否将其纳入统计体系。国际可再生能源署和欧盟均明确，地热能包括地下热水和周边能；按照低温热能蕴藏的主体，周边能可分为土壤热能、水体热能和空气热能。

第五节　各可再生能源品种的定义建议

一、可再生能源

可再生能源，是指自然环境中可不断再生、永续利用的能源，其产生和使用具有持续不断或循环往复的自然特征。

可再生能源包括风能、太阳能、水能、生物质能、地热能、海洋能。生物质能资源包括农林剩余物、城市生活垃圾、禽畜养殖场粪便、能源作物。地热能资源包括地热水资源和周边热能，周边热能又分为土壤热能、水体热能、空气热能。

可再生能源的统计范畴是主动生产的可再生能源。不包括：①通过低效率炉灶直接燃烧方式利用秸秆、薪柴、粪便等；②被动活动产生的能源，例如被动太阳能房、温室大棚；③直接利用的动能，例如风车、水车；④不做能源用途的活动或产品，例如食物自然干燥、植物种植。

二、水能

目前水能的能源利用方式只有水力发电。水力发电简称“水电”，指利用水位落差，配合水轮发电机产生电力的一种发电方式。也就是将水的势能转为水轮机的机械能，再以机械能推动发电机产生电能。水力发电可分为大中型水电站、小水电和抽水蓄能电站三类。

（1）大中型水电站：装机容量大于5万千瓦。

（2）小水电：装机容量小于5万千瓦。

（3）抽水蓄能电站：利用电力负荷低谷时的电能抽水至上水库，在电力负荷高峰期再放水至下水库发电。

三、风能

目前风能的能源利用方式只有风力发电。风力发电简称“风电”，指经由风力发电机组，将自然风的动能转变成机械能，再把机械能转化为电能的发电方式。风力发电可分为风电场和分布式风电两类。

（1）风电场：大型、集中的风力发电场，装机容量大，所产生的电力并入电网。

（2）分布式风电：小规模的风力发电系统，装机容量小，位于用电负荷中心附近，所产生的电力以本地消纳为主，余量并入当地配电网。

四、太阳能

太阳能技术包括光伏发电、太阳能热发电、太阳能供热以及太阳灶等其他应用。

（一）光伏发电

光伏发电，指利用太阳能光伏电池，将太阳光能转化成电能的发电方式。光伏发电的规模可大可小，既可以是万千瓦、十万千瓦级的大型光伏电站，也可以是千瓦级至几百千瓦级的屋顶光伏发电系统，还可是几十瓦级的便携光伏电源系统。根据光伏发电项目的规模及其并网的电压等级，我国光伏发电可分为光伏电站和分布式光伏发电两大类。

（1）光伏电站：接入中高压电网、所发电力全部并入电网的光伏发电项目。

（2）分布式光伏发电：以10千伏及以下电压等级接入电网，且单个并网点总装机容量不超过6兆瓦的光伏发电项目。

光伏产品包括光伏路灯、光伏照明、光伏充电等离网的光伏电池产品。

（二）太阳能热发电（CSP）

太阳能热发电，也称聚焦型太阳能热发电（Concentrating Solar Power，CSP），指通过大量反射镜以聚焦的方式收集太阳直射光的热能，通过换热装置提供蒸汽，以蒸汽驱动汽轮机发电的方式。根据太阳能采集反射镜的种类，太阳能热发电可分为槽式、塔式、菲涅尔式、碟式四大类。

（三）太阳能供热

太阳能供热系统，指利用太阳能集热装备吸收太阳辐射，加热工质，产生中低温的热水或热介质，为民用热水、工业热水、建筑供暖、制冷机/空调提供热源的供热装置。

按照集热系统的种类，可分为平板集热系统、真空管集热系统、聚焦型集热系统。采用平板集热器、真空管集热器的太阳能热水系统的热水温度多为中低温（<100℃），多用于民用热水、工业热水、建筑供暖。采用槽式、菲涅尔式等聚焦集热器的太阳能热水系统的热水温度可达 150℃以上，可用于空调制冷。

按照供热系统的规模，可分为户用太阳能热水器、集中热水系统。

按照供热系统的用途，可分为太阳能热水系统、太阳能供暖系统、太阳能空调制冷系统。

（四）太阳灶

太阳灶，指通过集热、聚光装置获取太阳辐射能，用以加热、烹饪食物的装置。

五、生物质能

按照能源品种分类，生物质利用技术可分为生物质固体燃料、生物质气体燃料和生物液体燃料。其中固体燃料是一次能源，气体燃料和液体燃料都是二次能源。

按照终端用能品种分类，生物质能利用可分为生物质发电、生物质供热、生物质交通燃料。生物质发电和供热均可采用多种生物质固体燃料和气体燃料，固体燃料包括农林剩余物、城市垃圾以及加工形成的生物质成型燃料（颗粒燃料、压块燃料、木炭），气体燃料包括沼气、生物质气、生物天然气等。

（一）生物质固体燃料

生物质固体燃料，指可直接燃烧的固体生物质资源，包括农作物剩余物、林业剩余物、城市生活垃圾等一次能源燃料，也包括加工处理产生的生物质颗粒燃料、生物质压块燃料、生物质木炭等二次能源燃料。

（1）农业剩余物：可直接燃烧发电、气化发电、供热。包括农作物秸秆以及农产品加工所产生的谷壳、玉米芯、甘蔗渣等加工剩余物。

（2）林业剩余物：可直接燃烧发电、气化发电、供热。包括林业采伐剩余物、加工剩余物、灌木林平茬剩余物等。

（3）城市生活垃圾：可直接燃烧/焚烧发电、供热，也可利用垃圾填埋后厌氧发酵产生的垃圾填埋气燃烧发电、供热。

（4）生物质颗粒燃料：指由秸秆、稻草、稻壳、花生壳、玉米芯、油茶壳、棉籽壳等农林剩余物经过加工产生的颗粒状固体燃料。颗粒燃料比重大、体积小，便于储存和运输，可用于发电、燃烧供热。

（5）生物质压块燃料：指生物质原料通过专用设备压制成的块状固体生物燃料。块状燃料比重大、体积小，便于储存和运输，可用于发电、燃烧供热。

（6）生物质木炭：指生物有机材料（生物质）在缺氧或绝氧环境中，经高温热裂解后生成的固态产物。既可作为高品质能源，也可作为土壤改良剂、还原剂、肥料缓释载体及二氧化碳封存剂等。

（二）生物质气体燃料

生物质气体燃料，指由生物质资源生产的可燃性气体燃料。包括沼气、垃圾填埋气、生物天然气、生物质燃气（热解气、气化气）等。生物质气体燃料，既可发电、供热，也可用作交通燃料。

（1）沼气：指以畜禽粪便、农作物秸秆、城镇生活垃圾、工业有机废水等有机物为原料，经厌氧发酵后产生的一种混合可燃性气体。其主要成分是甲烷（60%左右）和二氧化碳（40%左右）。

（2）垃圾填埋气：指生活垃圾填埋后，在填埋场内厌氧发酵后产生的一种混合可燃性气体。其主要成分是甲烷（30%～55%）和二氧化碳（30%～45%），是沼气的一种。

（3）生物天然气：指由生物质沼气、垃圾填埋气转化提纯，并达到城镇燃气质量标准的天然气。其主要成分是甲烷（90%以上）。

（4）生物质燃气：指以生物质资源为原料，在高温下热解或者气化分解产生的可燃性气体，包括热解气、气化气。其主要成分是氢气和一氧化碳。

（三）生物液体燃料

生物液体燃料，指以生物质为原料生产的液体燃料，目前包括生物乙醇和生物柴油。

（1）生物乙醇：指以淀粉质、糖质为原料，经发酵、蒸馏制得乙醇，脱水后，再添加变性剂（车用无铅汽油）变性的燃料乙醇，也称为变性燃料乙醇。生物乙醇可替代汽油，或与常规汽油掺混使用。

（2）生物柴油：指以油料作物如大豆、油菜、棉、棕榈等，野生油料植物和工程微藻等水生植物油脂以及动物油脂、餐饮垃圾油等为原料，通过酯交换或热化学工艺制成的一种生物液体燃料，其成分是脂肪酸低碳烷基酯。生物柴油可代替常规柴油，或与常规柴油掺混使用。

（四）生物质发电

生物质发电，指利用生物质燃料燃烧时产生的热能，通过火电动力装置转换成电能的发电方式。按照发电技术的种类，生物质发电可分为直燃发电和热电联产。

（1）生物质直燃发电：指利用生物质燃料燃烧时产生的热能，通过火电动力装置转换成电能的发电方式。

（2）生物质热电联产：指发电厂既生产电能，又利用汽轮发电机做过功的蒸汽对用户供热的生产方式，即同时生产电力和热力的工艺过程。以热电联产方式运行的火电厂称为热电厂。按照生物质燃料的品种，可分为农林剩余物发电、垃圾焚烧发电、生物质沼气发电、生物质气化发电。

1）农林剩余物发电：指利用农业和林业剩余物直接燃烧发电的方式。农业剩余物包括农作物秸秆以及农产品加工所产生的谷壳、玉米芯、甘蔗渣等加工剩余物。林业剩余物包括林业采伐剩余物、加工剩余物、灌木林平茬剩余物等。

2）垃圾焚烧发电：指把经过分类处理后燃烧值较高的垃圾进行高温焚烧，产生的热能通过发电动力装置转换成电能的发电方式。

3）生物质沼气发电：指燃烧生物质厌氧发酵产生的沼气，产生的热能通过发电动力装置转换成电能的发电方式。沼气包括禽畜粪便发酵产生的沼气、垃圾填埋产生的垃圾填埋气，以及沼气提纯后的生物天然气。

4）生物质气化发电：燃烧生物质原料气化后生成的生物质热解气，产生的热能通过发电动力装置转换成电能的发电方式。

按照生物质燃料在发电燃料中的构成比例，生物质发电可分为纯生物质发电和生物质混合燃烧发电。纯生物质发电，指发电燃料全部使用生物质能资源的直燃发电方式；生物质混合燃烧发电，也称生物质混燃发电，指生物质与其他燃料混合燃烧发电的方式。包括生物质/煤混合燃烧发电、生物质气体/燃气混合燃烧发电。

（五）生物质供热

生物质供热，指利用生物质燃料，通过生物质锅炉、生物质热电联产、节能灶具等设备，提供民用热水、工业热水、建筑供暖等供热服务。有多种生物质能资源可作为生物质供热的原料，包括农作物秸秆、林业废弃物、生物质成型燃料、生物质气体燃料、城市生活垃圾等。可分为：生物质热电联产供热、生物质锅炉供热和生物质节能灶具供热。

（1）生物质热电联产供热：指利用以生物质为原料的热电联产装置，在发电的同时提供热力。

（2）生物质锅炉供热：指生物质燃料在锅炉中直接燃烧，加热水，可用于生产民用热水、工业热水以及建筑供暖等。按照锅炉的规模，可分为生物质户用锅炉、生物质工业锅炉。

（3）生物质节能灶具供热：指通过高效的生物质节能灶具，提供炊事、热水和供暖的供热方式。低效率、直接燃烧农作物秸秆的灶具不纳入统计。

（六）生物质交通燃料

生物质交通燃料，是指由生物质资源生产的、用作交通能源的生物液体燃料和生物质气体燃料。目前可用作交通能源的生物液体燃料有生物乙醇、生物柴油，可用作交通能源的生物质气体燃料有沼气（含垃圾填埋气）、生物质气（生物热解气、生物气化气）、生物天然气等。

六、地热能

环境能（土壤热能、水体热能和空气热能）与地热能有部分重叠，建议将环境能纳入地热能的统计范畴。建议定义如下：

地热能，指地壳中和地球周边环境中蕴藏的天然热能，包括地热水能和环境能，环境能包括土壤热能、水体热能和空气热能。按照终端能源用途，地热能可分为地热能发电和地热能供热。按照地热资源的类型，地热能供热可分为水热型地热能供热和环境能热泵供热。

（一）地热能发电

地热能发电，指利用地下热能，通过换热装置提供蒸汽，蒸汽驱动汽轮机发电的方式。能够把地下热能带到地面，并用于发电的载热介质主要是天然蒸汽（干蒸汽和湿蒸汽）和地下热水。按照载热介质的温度，可以分为高温地热发电和中低温地热发电。

（二）水热型地热能供热

水热型地热能供热，指直接利用地下热水的热能，用于供暖、供热、供热水的方式。

（三）环境能热泵供热

环境能热泵供热，指通过热泵技术，利用周边环境（土壤、水体、空气）中蕴藏的低品位热能，提供建筑供热制冷服务的方式。

（1）环境能：指蕴藏在周边环境（土壤、水体、空气）中的低品位热能。周边热能包括地温热能、水热能、空气热能。

（2）地温热能：指蕴藏在地球的土壤、岩石中的低品位热能。

（3）水热能：指蕴藏在地表水中的低品位热能。

（4）空气热能：指蕴藏在周边大气环境中的低品位热能。

七、海洋能

（一）海洋能

海洋能，指蕴藏在海洋中的能量，包括潮汐能、波浪能和温差能。

（1）潮汐能：指蕴藏在海洋潮汐中的动能和势能。

（2）波浪能：指蕴藏在海洋波浪中的动能和势能。

（3）温差能：指海洋表层海水和深层海水之间的温差储存的热能。

（二）海洋能发电

海洋能发电，指利用海洋中蕴藏的能量发电。潮汐能、波浪能、温差能均可用于发电。我国目前只有潮汐能发电形式。

（三）潮汐能发电

潮汐能发电，指利用潮汐的动能和势能发电的方式。也就是在涨潮时将海水以势能的形式储存在水库内，在落潮时利用高、低潮位之间的落差放出海水，推动水轮机旋转带动发电机发电。

第六节　可再生能源的分类

一、按照能源资源品种分类

按照能源资源的品种，可再生能源可分为风能、太阳能、水能、生物质能、地热能、海洋能。生物质能资源可分为农业废弃物、林业废弃物、城市垃圾、禽畜粪便、能源作物。地热能可分为地热水能、环境能（土壤热能、水热能、空气热能）。海洋能可分为潮汐能、波浪能、温差能（见表 2-3）。

表 2-3　可再生能源分类及其用途（按照能源资源品种分类）

能源品种		终端用途			燃料种类		
		发电	热电联产	供热制冷	固体燃料	气体燃料	液体燃料
风能		√					
太阳能		√	√	√			
水能		√					
生物质能	农业废弃物	√	√	√	√	√	√
	林业废弃物	√	√	√	√	√	√
	城市垃圾	√	√	√	√	√	
	禽畜粪便	√	√	√		√	
	能源作物						√
地热能	地热水能	√	√	√			
	环境能			√			
海洋能	潮汐能	√					
	波浪能	√					
	温差能	√					

风能、水能、海洋能只能用于发电。太阳能、农业废弃物、林业废弃物、城市垃圾、禽畜粪便和地热水能的用途广泛，可用于发电、热电联产、供热制冷。周边热能只能用于供热制冷。能源作物的用途特殊，只用于生产生物燃料乙醇、生物柴油等液体燃料。

二、按照终端能源品种分类

按照可再生能源产品的终端用途，可再生能源可分为可再生能源发电、可再生能源供热、可再生能源交通燃料。

可再生能源发电，指利用可再生能源资源发出的电力。包括水力发电、风力发电、太阳能发电、生物质能发电、地热能发电、海洋能发电。

可再生能源供热，指利用可再生能源资源提供热水、热力、供暖、制冷等供热服务。太阳能、生物质能、地热能等可再生能源资源均可提供供热服务。可再生能源电力也可通过电加热技术生产热能，用于供热。由于可再生能源电力已纳入统计，可再生能源电力供热不重复统计计算。

可再生能源交通燃料，指以可再生能源资源生产的、用于提供交通能源的可再生能源产品，主要包括生物液体燃料（燃料乙醇、生物柴油）、生物质气体燃料（沼气、生物天然气、生物质气）。可再生能源电力也可为电动车辆提供能源。由于可再生能源电力已纳入统计，供交通工具用能的可再生能源电力不重复统计计算。

非电可再生能源，指除可再生能源电力以外的可再生能源，包括可再生能源供热和可再生能源交通燃料。

表 2-4 是理论的可再生能源及其技术种类（按照终端能源品种分类）。该表是根据全球可再生能源技术的发展应用现状进行梳理得到的，涵盖了各种可能的可再生能源利用技术。

表 2-4　理论的可再生能源及其技术种类（按照终端能源品种分类）

终端能源品种	资源类型	技术类型	
可再生能源发电	风力发电	风电场	—
		分布式风电	—
	太阳能发电	太阳能光伏发电	光伏电站
			分布式光伏
			光伏发电产品（庭院灯、光伏充电）
		太阳能热发电	—
	水力发电	大型水电站	
		小水电	
		抽水蓄能电站	

续表

终端能源品种	资源类型	技术类型	
可再生能源发电	生物质能发电	生物质直接燃烧发电	
			农林剩余物发电
			城市垃圾发电
		生物质热电联产发电	生物质气体燃料发电
		生物质煤炭耦合发电	
	地热能发电	高温地热发电	
		中低温地热发电	
	海洋能发电	潮汐能发电	
		波浪能发电	
		温差能发电	
可再生能源供热	太阳能供热	太阳能供热系统	户用系统
			大型工程系统
		太阳灶	—
	生物质能供热	生物质热电联产供热	—
		生物质锅炉供热	固体燃料锅炉
			气体燃料锅炉
	地热能供热	水热型供热	中深层地热供热
			浅层地下水供热
		热泵供热制冷	地源热泵
			水源热泵
			空气源热泵
可再生能源交通燃料	液体燃料	燃料乙醇	淀粉类
			糖类
			纤维素类
		生物柴油	废油转化
			动植物油脂转化
	气体燃料	沼气（交通用）	户用沼气
			沼气工程
			垃圾填埋气
		生物天然气	—
		生物质气（交通用）	生物质热解气
			生物质气化气

表 2-5 是中国可再生能源及其技术种类（按照终端能源品种分类）。该表是根据中国可再生能源技术的发展应用现状进行调整和梳理得到的，从实际应用的角度出发，涵盖了中国已有的主要可再生能源利用技术。

表 2-5　中国可再生能源及其技术种类（按照终端能源品种分类）

能源品种	二级分类（资源类型）	三级分类（利用技术）	四级分类
可再生能源发电	风力发电	风电场	—
		分布式风电	—
	太阳能发电	太阳能光伏发电	光伏电站
			分布式光伏
		太阳能热发电	—
	水力发电	—	—
	生物质能发电	生物质直接燃烧发电	农林剩余物发电
			城市垃圾发电
			沼气发电
		生物质热电联产发电	—
	地热能发电	—	
	海洋能发电	—	—
可再生能源供热	太阳能供热	中小型供热系统	—
		大型工程供热系统	—
		太阳灶	—
	生物质供热	生物质热电联产供热	—
		生物质锅炉供热	—
	地热能供热	水热型供热	中深层地热供热
			浅层地下水供热
		热泵供热制冷	地源热泵
			水源热泵
			空气源热泵
可再生能源交通燃料	液体燃料	燃料乙醇	
		生物柴油	
	气体燃料	沼气	
		生物天然气	
		生物质气	

三、按照市场交易类型分类

按照市场交易的类型，可再生能源可分为商品化可再生能源和非商品化可再生能源（见表 2–6）。

表 2–6 中国可再生能源及其技术种类（按照市场交易类型分类）

市场交易类型	能源产品种类	能源资源分类	利用技术
商品化可再生能源	可再生能源电力	风力发电	风电场
			分布式风电
		太阳能发电	太阳能光伏发电
			太阳能热发电
		水力发电	—
		生物质能发电	生物质直接燃烧发电
			生物质热电联产发电
		地热能发电	—
		海洋能发电	—
	可再生能源供热	太阳能供热	太阳能热水工程
		生物质能供热	生物质热电联产供热
			生物质锅炉供热
		地热能供热	中深层地热供热
	可再生能源交通燃料	生物液体燃料	燃料乙醇
			生物柴油
非商品化可再生能源	可再生能源电力	离网光伏发电	光伏发电产品
	可再生能源供热	太阳能供热	太阳能热水系统
			太阳灶
		生物质能供热	生物质锅炉供热
			生物质气供热（炊事等）
		地热能供热	水热型供热
			热泵供热（地源、水源、空气源）
	可再生能源交通燃料	生物质气体燃料	沼气（交通用）
			生物质气（交通用）

（一）商品化可再生能源

商品化可再生能源，指非自用、在能源市场上买卖交易、由可再生能源资源生产的能源产品。包括一次能源产品，也包括电力、热力、沼气等气体燃料及燃料乙醇等液体燃料等二次能源产品。从目前的市场情况看，商品化可再生能源有可再生能源电力、可再生能源供热和可再生能源交通燃料。

（1）可再生能源电力：指商品化交易的可再生能源电力。目前主要包括风电、太阳能发电、水电、生物质能发电、地热能发电、海洋能发电。除离网运行的光伏发电产品外，所有的可再生能源电力（包括集中式、分布式）均是商品化可再生能源。

（2）可再生能源供热：指规模化的、可计量并进行商品化交易的可再生能源供热。目前主要包括：太阳能热水工程、生物质热电联产供热、生物质锅炉供热、中深层地热供热等。

（3）可再生能源交通燃料：指商品化交易的用作交通能源的可再生能源。目前主要包括燃料乙醇和生物柴油。

（二）非商品化可再生能源

非商品化可再生能源，指以自用为主、没有市场交易行为的可再生能源，主要用于分布式可再生能源项目。多数可再生能源供热项目都是非商品化项目，用于炊事、户用热水、酒店宾馆热水、建筑供暖、工业热力等很多领域。可再生能源资源的分散性特性非常适合分布式应用模式和分散的能源需求，但是分布式项目能源数据收集难度大、成本高，如何开展分布式可再生能源统计工作是全球性的难题。目前非商品化可再生能源主要包括：

（1）可再生能源电力：离网、自用、无计量的可再生能源电力。目前只有光伏路灯、庭院灯、光伏充电等光伏发电产品的电力是非商品的电力。

（2）可再生能源供热：目前主要包括太阳能热水系统、太阳灶、生物质锅炉供热、生物质气供热（含炊事）、地热水热型供热、热泵供热等。其生产的热力自用，项目规模多为中小型，通常不安装热力计量装置，缺乏可再生能源供热量和可再生能源资源消耗量的计量统计数据。

（3）可再生能源交通燃料：指非商品化的、用作交通能源的可再生能源燃料。主要包括沼气、生物质气化气等生物质气体燃料。

第三章

可再生能源的发展现状

Renewable Energy Development Status

第一节　可再生能源

可再生能源发展已成全球共识。目前，碳减排、能源转型、非传统化石能源在能源系统中的比例增长已成全球共识。可再生能源对未来一次能源消费的贡献越来越大，与此同时，促进可再生能源及其他低碳能源技术成本降低和投资规模增大的措施在增加。近几年，很多国家已经发起了基于可再生能源的能源体系转型，朝着更加可持续的能源供应与消费体系转变。

中国能源结构调整步伐加快。随着我国经济发展进入新常态、能源结构调整加快，我国能源发展已进入从总量扩张向提质增效转变的全新阶段。当前和今后中国面临的紧迫任务是切实推动能源生产和消费革命，加快调整以化石能源为主的能源结构，进一步扩大清洁能源的开发利用规模，建设社会主义生态文明。

中国可再生能源发展迅猛。随着我国全面贯彻实施能源革命战略、不断完善可再生能源发展政策，这几年可再生能源产业继续保持快速稳步发展，技术路线和产业模式创新加快，装机规模和发电量创出新高，持续推动能源结构调整优化，非化石能源占比稳步提升（见图 3-1）。2017 年我国商品化可再生能源的供应总量（各类发电、供气和生物液体燃料）约合 5.4 亿吨标准煤，约占全部能源消费总量的 12%。可再生能源发电总装机容量从 2015 年的 5.0 亿千瓦增加到 2017 年底的 6.5 亿千瓦，在全国总发电装机容量中的比重从 2015 年的 33.1%增加到 2017 年的 36.6%；2017 年可再生能源总发电量为 16 979 亿千瓦时，在全部发电量中的比重也从 2015 年的 24.4%增加到 26.5%（见图 3-2）。风电、太阳能发电在内蒙古、甘肃、青海等地发电量中的比重均超过了 10%，成为当地重要的新增电源。

图 3-1　2005—2017 年中国可再生能源利用量（含非商品化可再生能源）

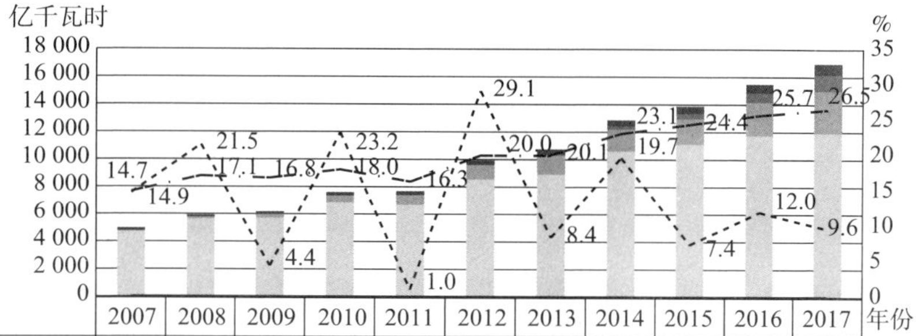

	2007	2008	2009	2010	2011	2012	2013	2014	2015	2016	2017
可再生能源发电量	4 870	5 918	6 176	7 611	7 690	9 926	10 760	12 879	13 833	15 490	16 979
生物质能发电	97	147	207	248	275	300	370	444	527	647	794
太阳能发电（并网）	0.606	0.84	1.704	5.184	17.604	41	84	233	385	674	1182
并网风力发电	57	114	249	490	715	1 028	1 383	1 599	1 853	2 420	3 057
水电	4 714	5 655	5 717	6 867	6 681	8 556	8 921	10 601	11 117	11 748	11 945
地热海洋能发电	1	1	1	1.46	1.46	1.46	1.5	1.5	1.5	1.5	1.5
可再生能源发电量年增长率	14.7	21.5	4.4	23.2	1.0	29.1	8.4	19.7	7.4	12.0	9.6
可再生能源发电量占总发电量比例	14.9	17.1	16.8	18.0	16.3	20.0	20.1	23.1	24.4	25.7	26.5

图 3-2　2007—2017 年中国可再生能源发电量

资料来源：中电联电力工业统计资料汇编，国家能源局

可再生能源数据统计亟须完善。可再生能源发展对我国的能源结构调整产生了重要作用，但是我国有关可再生能源的数据统计还不完善，尤其是非电可再生能源的数据统计缺口较大。目前我国可再生能源电力已被纳入统计口径，从发电端和电网层面建立了可靠的统计途径。完善的可再生能源电力统计一方面为了解可再生能源行业发展情况、评估可再生能源在一次能源消费中的贡献提供了清晰、量化的指标，另一方面为政府部门通过监管行业发展适时调整可再生能源政策提供了重要参考。而非电可再生能源目前尚未被纳入统计体系，随着非电可再生能源利用量日益增加，尤其在城镇化发展、替代燃煤、减少雾霾和污染中的作用日益增大，有必要完善非电可再生能源的统计，形成完善的可再生能源统计体系。

第二节　水能

水力发电是水能的主要利用方式，简称水电。

（一）技术

水力发电的基本原理是利用水位落差，配合水轮发电机产生电力，也就是将水的势能转为水轮的机械能，再以机械能推动发电机从而产生电力。水力发电具有技术成熟、成本低廉、运行灵活的特点，世界各国都把水电发展放在能源建设的优先位置。水电站按照集中水头的方式不同分为坝式、引水式和混合式三种基本方式。

（二）市场规模

我国河流众多、径流丰沛，蕴藏着丰富的水能资源。目前无论在水电装机容量、水电发电量还是在水电站建设规模、水电站建造技术水平等方面，中国都处于世界领先地位。经过多年发展，我国水电装机容量和年发电量已突破 3 亿千瓦和 1 万亿千瓦时，水电工程技术居世界先进水平，形成了规划、设计、施工、装备制造、运行维护等全产业链整合能力。我国水能资源总量、投产装机容量和年发电量均居世界首位，与 80 多个国家建立了水电规划、建设和投资的长期合作关系，是推动世界水电发展的主要力量。

截至 2017 年底，我国水电装机 3. 41 亿千瓦，同比增长 2. 7%。当年水电发电 11 945 亿千瓦时，同比增长 1. 7%。从新增水电装机分布看，云南和四川仍然是我国水电新增装机容量最大的区域。“十三五”时期全国新开工常规水电和抽水蓄能电站各6 000万千瓦左右，预计2020年水电总装机容量达到3.8亿千瓦，其中常规水电3.4亿千瓦，抽水蓄能4 000万千瓦，年发电量1.25万亿千瓦时。

第三节　风能

风力发电是风能的主要利用方式，简称风电。

（一）技术

风电是利用风力发电机组将风能转化为电能。风力发电机组利用气流所产生的空气动力使风轮旋转，将风能先转化为机械能，然后直接或通过齿轮箱增速驱动发电机产生电能。目前风电技术已经成熟，进入大规模开发阶段。

（二）市场规模

2017年，我国新增并网风电装机1 503万千瓦，累计并网装机容量达到1.64亿千瓦，占全部发电装机容量的9.2%。2017年风电发电量为3 057亿千瓦时，同比增长26.3%；风电发电量占我国全部发电量的比重达到4.8%，较2016年提高0.8个百分点。风电是我国继火电、水电之后的第三大电源。

从开发布局看，我国风电开始逐步向中东部和南方地区转移，中东部和南方地区新增并网装机占全国新增并网总装机的比例不断提高。但由于“十一五”和“十二五”期间“三北”为风电开发主要地区，累计装机中“三北”地区仍占据较大比例（2017年底为74.4%）。

第四节　太阳能

一、太阳能光伏发电

（一）技术

太阳能光伏发电是指采用太阳能光伏电池将光能转化成电能的发电方

式，其基本原理为利用半导体的光生伏特效应产生电流，从而达到发电的目的。

（二）市场规模

太阳能光伏发电市场“十二五”时期在国家政策的支持下得到了快速发展，保持了年均65%的增长率，到2017年底我国累计装机规模达到1.3亿千瓦。当年我国光伏发电新增装机5 306万千瓦，同比增长54%，占全国电力新增装机总量的40%。我国已连续多年成为世界上新增和累计装机规模最大的光伏发电市场。

二、太阳能热发电

（一）技术

太阳能热发电也称聚焦型太阳能热发电（Concentrating Solar Power, CSP），指通过大量反射镜以聚焦的方式将太阳能直射光聚集起来，加热工质，产生高温高压的蒸汽，以蒸汽驱动汽轮机发电。根据太阳能采集反射镜的种类，太阳能热发电可分为槽式、塔式、菲涅尔式、碟式四大类。

（二）市场规模

我国太阳能热发电目前处在规模化示范推广阶段，2017年我国太阳能热发电累计装机近3万千瓦，备案在建的光热电站20多座，总装机容量超过120万千瓦；开展前期工作的光热电站10多座，总装机容量超过60万千瓦。

三、太阳能供热

（一）技术

太阳能热利用的技术原理是利用太阳能集热器吸收太阳辐射能量，由太阳能集热器加热传热工质（或直接加热所需要的热水），然后由传热工质将热量传递到最终的热能应用需求，如供热水、工业用热、供暖、空调制冷等。

太阳能供热水，是利用太阳能集热器吸收太阳辐射能加热流经太阳能集热器的水或导热介质，从而加热储热水箱中的水，达到供热水的目的。

太阳能工业热利用，是指将太阳能热利用系统与常规化石能源系统相结合，利用太阳能集热系统为工业工艺用热所需要的热水或蒸汽提供预热，或提供热空气，再由常规能源将热水或空气加热到工艺所需要温度的太阳能热利用方式。

太阳能供热、采暖，是主要利用太阳能替代常规能源用于建筑冷暖负荷的用能需求，主要是通过加热水达到供能的目的。

太阳能空调技术，是利用太阳能集热系统为不同的制冷方式（如吸收或吸附式制冷、除湿式制冷等）提供热源，从而达到制冷的目的。

（二）市场规模

太阳能热利用技术成熟、应用广泛，在我国已经实现了市场化运营，截至 2017 年底，我国太阳能热利用累计热装机容量 334. 5 吉瓦热能（集热器面积 4. 78 亿平方米），约占全球累计安装量的 71%，是全球太阳能热利用应用规模最大的国家。但 2017 年新增量为 26. 6 吉瓦热能（集热面积 3 723 万平方米），同比下滑 5. 7%，连续第四年下滑，整个市场面临增长乏力的局面。

第五节　生物质能

生物质能资源品种多，利用方式也多样。生物质能资源可直接用于生物质发电、热电联产及生物质供热；可生产制备成生物质固体燃料（生物质颗粒燃料、生物质压块等）和生物质气体燃料（沼气、生物天然气等）后，用于发电、供热；也可生产制备生物液体燃料（生物燃料乙醇和生物柴油），作为车用燃料，直接替代汽油和柴油。

一、生物质发电和热电联产

（一）技术

生物质发电是指将生物质燃料燃烧产生的热能，通过火电动力装置转换成电能的生产活动。根据生产产品的类型，可分为直燃发电和热电联产。生物质直燃发电只生产电能。生物质热电联产在生产电能的同时，利用汽轮发电机做过功的蒸汽对用户供热，既发电也供热，其工艺流程见

图 3-3。生物质直燃发电和热电联产均可燃用农林剩余物、城市生活垃圾、垃圾填埋气和沼气等多种生物质资源。

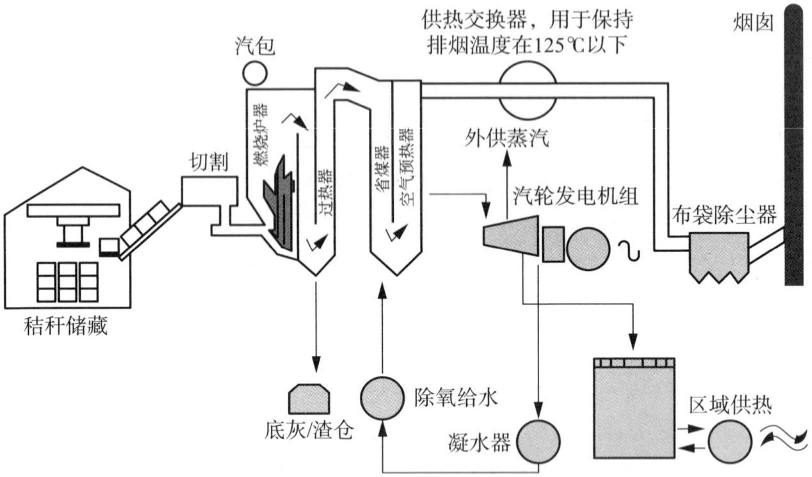

图 3-3　生物质热电联产项目生产工艺流程

国家鼓励生物质热电联产推广应用。与纯发电机制相比，农林生物质热电联产的综合热效率可提高 20%~25%，达到 45%以上。农林生物质热电联产适合作为城镇、小型工业园区或集聚区的集中供热热源。国家鼓励发展农林生物质热电联产，提高生物质资源利用效率，要求具备技术经济可行性条件的新建生物质发电项目实行热电联产，鼓励已建成运行的生物质发电项目根据热力市场和技术经济可行性条件实行热电联产改造。

生物质热电联产总体效率较高，技术成熟，具有良好的节能减排效果，已在瑞典、丹麦、德国等欧洲国家广泛应用。我国的生物质热电联产尚处于起步发展阶段，已建生物质电厂周边的热需求用户普遍不足，大多地区热力价格不足以平衡生物质能热力供应的经济成本，热电联产并未广泛应用。现有的生物质热电联产项目大部分为生物质直燃热电联产和垃圾焚烧发电热电联产项目，生物质混燃和沼气热电联产在欧洲发达国家应用较为普遍，我国由于缺乏有效计量装置、监管体系不完善、热力价格较低等，混燃发电热电联产尚未开展，沼气热电联产也未实现规模化应用。

（二）市场规模

到 2017 年，我国生物质发电累计并网装机容量达到 1 488.4 万千瓦，其中农林生物质发电714万千瓦、城市生活垃圾焚烧发电729万千瓦、沼气发电45.4万千瓦。我国生物质热电联产相对生物质发电发展滞后。2017年，我国新核准的生物质热电联产装机容量为194万千瓦，生物质热电联产总装机容量近400万千瓦。蔗渣热电联产是我国应用最广泛的生物质热电联产技术，蔗渣热电联产项目装机超过百万千瓦。广西是国内最大的制糖基地和蔗渣资源基地，也是国内生物质热电联产装机规模最大的地区。其他的生物质热电联产应用，主要集中在冬季供暖需求量大的东北和华北地区，以及经济发达、工业用热量大的江浙地区。在现有的生物质热电联产项目中，一些生物质电厂仅配置了热电联产机组，并未实施热电联供生产，其主要原因是当地热价偏低、原料供应不稳定等。

垃圾发电热电联产应用也处于起步阶段。在现有建成的224座垃圾焚烧发电厂中，仅有少部分具有条件的垃圾焚烧发电厂实现热电联产，且以工业供热为主，民用供热多采用流化床混烧燃煤锅炉。目前，全国垃圾焚烧热电联产项目仅为33个，占建成项目的比例不足15%。

二、生物质供热

生物质供热包括锅炉供热、生物质炉灶供热。按照《可再生能源法》的定义，国家鼓励的可再生能源应用不包括通过低效率炉灶直接燃烧方式利用秸秆、薪柴、粪便等。本部分着重介绍生物质锅炉供热。

（一）技术

生物质锅炉是指以生物质燃料为原料的供热锅炉。目前国内生物质锅炉主要有炉排锅炉和循环流化床锅炉。我国生物质锅炉的燃料以生物质成型燃料为主；燃用农作物秸秆的生物质锅炉在丹麦很多，在我国还很少。

生物质成型燃料锅炉系统主要由原料储存和上料系统、化学水处理系统、生物质锅炉、烟气除尘系统和控制系统组成，其工艺流程见图3-4。生物质原料含硫量低、挥发分高，因此，烟气中硫含量和氮氧化物的含量远低于燃煤和燃气锅炉。生物质锅炉烟气中飞灰含量较高，但生物质原料的飞灰亲水性好，采用水喷淋或水幕除尘效果好，目前生物质成型燃料锅炉的烟气颗粒物含量的平均水平和污染物排放总体水平已经优于同类燃煤锅炉。

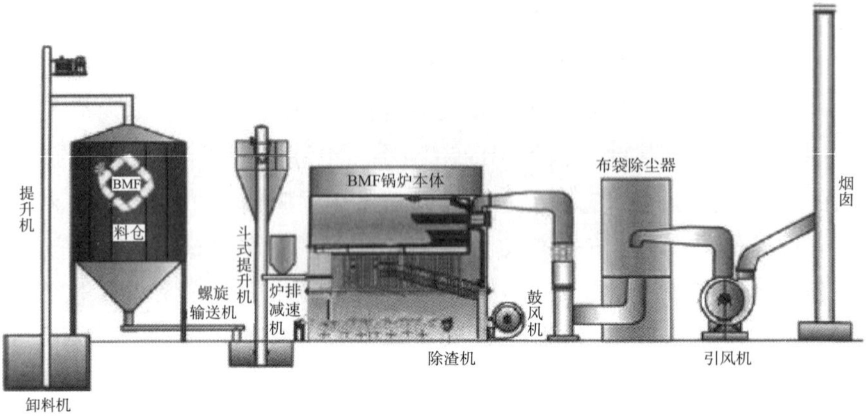

图 3-4　生物质成型燃料供热系统工艺流程

（二）市场规模

2017 年，我国生物质成型燃料的年利用量约 1 000 万吨。约 80%生物质成型燃料用于生物质锅炉供热，近 20%用于户用炊事/采暖炉。年消耗生物质成型燃料 800 万吨。民用生物质炉具保有量超过 1 000 万台，年消耗生物质成型燃料 200 万吨。华北和华东地区为我国生物质成型燃料主产区，产量占全国总产量的 60%以上。生物质成型燃料规模化应用市场主要集中在华东地区和广东省。

生物质锅炉供热布局灵活，适用范围广，主要用于替代城市燃煤锅炉供暖，也可用于农产品加工业（粮食、蔬菜、烟叶等烘干）、设施农业（温室）、养殖业等不同规模的区域供热，或用于医院、学校等公共建筑设施的热力供应，或为钢铁冶炼等工业企业生产提供热力，还可用于提供居民采暖、洗浴、生活用水等生活用能。目前运行中的项目最大规模为 80 蒸吨/小时，年消耗成型燃料 10 万吨，年供应蒸汽 50 万吨；在建项目最大规模为 120 蒸吨/小时，为工业园区集中供热。

三、生物质车用燃料

生物液体燃料和液化气体燃料均可用作车用燃料。生物液体燃料包括生物燃料乙醇和生物柴油，可直接替代汽油和柴油。生物质气体燃料液化后也可用作车用燃料，主要是生物质液化天然气。

与常规的化石燃料相比，使用生物质车用燃料可有效地减少温室气体排放，促进区域经济发展，提高能源自给率，减少能源进口的经济负担，提升面对能源供给突发事件的应对能力，保证国家能源安全。

（一）技术

1. 燃料乙醇

燃料乙醇是指以玉米、小麦等粮食作物和薯类、甘蔗、甜菜、甜高粱等非粮作物为原料，经过发酵、蒸馏制得乙醇，进一步脱水再经过不同形式的变性处理后，成为变性燃料乙醇。燃料乙醇一般通过发酵法生产，利用微生物的发酵作用将糖分或淀粉转化为乙醇，亦可将纤维素类物质降解为单糖后再发酵生产乙醇。按其成分不同，燃料乙醇的原料分为糖类、淀粉质和纤维素三种类型。

（1）糖类原料。包括甘蔗、甜菜和甜高粱茎秆等含糖作物，以及糖蜜等。甘蔗和甜菜等糖类原料在中国主要作为制糖工业原料，很少直接用于生产乙醇。甜高粱除了具备普通高粱的一般特点外，最大的区别是甜高粱成熟时茎秆中含有大量汁液，其中糖分含量很高，可转化为乙醇。糖蜜是制糖工业的副产品，内含相当数量可发酵性糖，经过适当的稀释处理和添加部分营养盐分即可用于乙醇发酵，是一种低成本、工艺简单的生产方式。

（2）淀粉质原料。包括甘薯、木薯和马铃薯等薯类和高粱、玉米、大米、谷子、大麦、小麦和燕麦等谷类。甘薯在中国栽培分布极为广泛，其适应性和抗旱性都很强，耐瘠、耐碱，对土壤的要求较低，是一种易于保高产的作物。中国南方地区盛产木薯，是乙醇生产的优质原料。谷类原料是人类的主要食粮，一般情况下不用或尽量少用。

（3）纤维素原料。包括农作物秸秆、林业加工剩余物、农产品初加工剩余物等，主要成分为纤维素、半纤维素和木质素，结构与淀粉有共同之处，都是葡萄糖的聚合物。使用纤维素原料通过发酵法生产乙醇被认为是基本发展方向之一，目前尚处于研发试点阶段。

2. 生物柴油

生物柴油是以动、植物油脂（如油菜、向日葵、大豆及棕榈油等）为原料，与低碳醇（甲醇、乙醇等）通过酯交换反应获得的一种生物燃料，即脂肪酸低碳烷基酯。它既可单独使用替代柴油，又可以一定比例（2%~30%）与柴油混合使用。生物柴油一般以20%的比例掺混到柴油中，称B20柴油。生产生物柴油所利用的原料资源有很多，主要包括以下几类：

（1）油料作物。包括草本油料，如大豆、油菜籽、葵花籽、蓖麻籽、棉籽等；木本油料，如油棕、小桐子、黄连木等；水生油料，如工程微藻等。

（2）废弃的动植物油。包括两种：一是从剩余饭菜中经过油水分离得到的油脂；二是地沟油，主要指在餐具洗涤过程中流入下水道中的油品。

生物柴油工艺流程见图3-5。

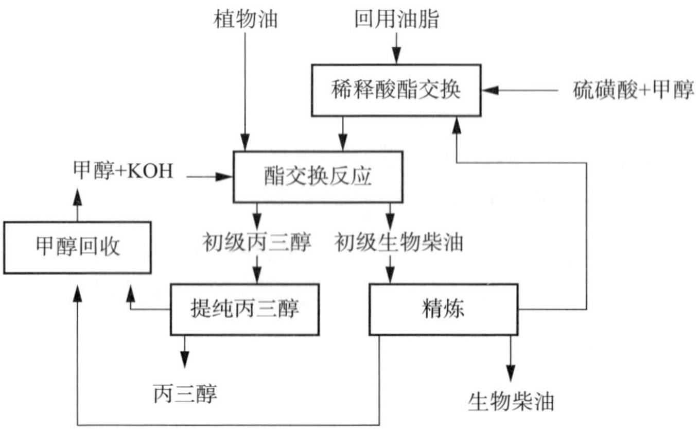

图3-5 生物柴油工艺流程

（二）市场规模

我国的生物燃料乙醇产业仍以陈化粮原料为主，四家以陈化粮作为原料生产燃料乙醇的国家定点企业分别是吉林燃料乙醇有限责任公司、中粮生化能源（肇东）有限公司、河南天冠燃料乙醇有限公司和中粮生物化学（安徽）股份有限公司，设计总产能为102万吨/年，在国家补贴等优惠政策激励下，四家企业通过技术改造，产能逐步扩大，到2016年，燃料乙醇总产量约为250万吨。

截至2016年底，国内燃料乙醇的定点生产企业增至六家，新增的均为非粮燃料乙醇项目，分别是山东以玉米芯为原料年产5万吨纤维素乙醇的示范项目和内蒙古以甜高粱为原料年产 3 万吨的非粮燃料乙醇项目。我国燃料乙醇主要在黑龙江、吉林、辽宁、河北、山东、安徽、河南、江苏、湖北、广西等 10 多个省区实行强制推广，以一定比例（10%～20%）与汽油混合使用。乙醇汽油已经形成了从生产、混配、储运到销售的完整产业体系。

我国生物柴油的生产原料是废弃油脂，属于循环经济发展范畴。目前生物柴油企业以民营企业为主，有 5 家企业在新三板挂牌。国有企业中，中海油投资建设的项目亏损严重，于 2015 年卖掉了南通生产厂，其海南厂处于停产状态。截至 2016 年，据不完全统计，我国生物柴油产能超过 200 万吨，产量约 80 万吨。按照销售口径统计，用于柴油调和的生物柴油占总产量的 2/3 左右，还有约 1/3 用于生产增塑剂等化工产品。

四、生物质气体燃料

生物质气体燃料按照原料和技术转化路径主要分为两类：一是沼气及生物天然气，通过生物质有机物厌氧发酵产生的沼气，经净化提纯后称为生物天然气；二是农林剩余物等纤维质原料的生物质，通过热解、气化产生的生物质气。

（一）技术

1. 沼气及生物天然气

规模化沼气利用是指采用规模化利用的方式有效消纳大中型沼气工程所产沼气的项目。沼气可为当地农户提供生活用燃气，可经压缩提纯后并入天然气管网，也可直接作为锅炉或窑炉的燃料或用于发电。

大中型沼气工程所产沼气的有效成分为甲烷，甲烷含量在 50%～55%，其余为氮气和二氧化碳，另有少量的硫化氢。沼气经过净化后是一种优质的燃气，燃气热值为 5 000～5 500 卡/立方米。沼气经过净化脱除水分和硫化氢，可以直接作为生活燃气，也可以采用压缩的方式将沼气中的二氧化碳和氮气分离，经压缩提纯后的沼气中甲烷的含量可达到 95%以上，与天然气的成分相同，可以直接并入天然气管网。

压缩提纯后的沼气并入天然气管网的方式主要有两种：一是通过管道直接将沼气输送到天然气管网，这种并网方式较为简单，但由于沼气工程一般建在大型畜禽养殖场附近，而养殖场为了防疫的需要，建设地均远离人口密集地，所以提纯后沼气直接并入天然气管网需要建设较长距离的管道，投资较高，而且管道建设在地形、地貌、用地等方面也存在不确定性。二是将压缩提纯后的沼气用压力罐车运送到天然气站，这种方式的适用性较好，但由于压力罐车运送沼气属于危险品运输，对专业性要求较高，同时对道路也有一定的要求。

2. 生物质气

生物质气化供气工程指以农作物秸秆、农产品加工剩余物、林业“三剩物”、废弃菌袋等生物质资源为原料，建设大型生物质气化（或干馏）工程，所产燃气可作为当地农户生活用燃气，可直接作为工业锅炉或窑炉的燃料，也可用于低热值内燃发电机组发电。

气化是以生物质为原料，以空气、水蒸气等为气化介质，在高温条件下通过热化学反应将生物质转化为可燃气体，主要可燃成分是 CO、H_2 等，称为生物质燃气。生物质干馏技术是将生物质原料在隔绝空气的环境中加热，产生生物质碳粉、木焦油、木醋液和燃气。生物质气化和生物质干馏均产生生物质燃气，所以工艺流程均包括燃气净化、压送、发电或供气等环节。

（二）市场规模

1. 沼气及生物天然气

近年来大中型沼气工程发展较快，截至 2015 年底，全国沼气用户数达到 4 193. 3 万户，受益人口达 2 亿人；由中央和地方投资支持建成各类型沼气工程 110 975 处，其中，中小型沼气工程 103 898 处、大型沼气工程 6 737处、特大型沼气工程 34 处、工业废弃物沼气工程 306 处，以秸秆为主要原料的沼气工程有 458 处、以畜禽粪污为主要原料的沼气工程有 110 517处。全国农村沼气工程总池容达到 1 892. 58 万立方米，年产沼气 22. 25 亿立方米，供气户数达到 209. 18 万户。

目前我国沼气工程以处理畜禽养殖场粪污为主，此类沼气工程大型项目比例较小，单项目池容在 1 000 立方米以上的沼气工程仅占沼气工程总量 5%左右。此外，还有少量处理工业有机废弃物的沼气工程，年产沼气约 3 亿立方米，以工业有机废弃物为原料的沼气工程一般规模较大，单项目规模大都在 2 000 立方米左右。河南天冠集团沼气工程以酒糟和酿造废液为原料生产沼气，规模达到日产沼气 50 万立方米，并铺设管道将其作为当地生活用燃气，是我国最大的沼气项目。

2. 生物质气

生物质气化燃气在我国应用较为广泛，主要用于农村居民炊事、工业供热、发电等领域。在民用方面，生物质气化燃气主要是通过生物质气化站为居民集中供气。

“十二五”期间，随着国家主管部门组织推广的绿色能源示范县建设的推进，生物质气化集中供气得到较快发展。同时，在《可再生能源“十二五”规划》中明确提出了推动生物质气化产业发展的有关内容，要求积极推动大中型生物质气化供气工程建设，实现生物质燃气商业化和产业化发展，促进生物质气化技术进步，提高设备效率和燃气品质，掌握兆瓦级内燃机组的技术和设备制造能力，完善生物质供气管网和服务体系建设等。

第六节　地热能

目前地热能利用方式主要包括地热能发电、供热和制冷。供热和制冷有两种方式：一是利用地下热水的水热型地热能供热，二是利用浅层地温能和环境能的热泵供热制冷技术。干热岩利用技术尚处于研发阶段。

一、地热能发电

（一）技术

地热发电的原理，跟火力发电类似，都是以热蒸汽驱动汽轮机（热能转为机械能）、发电机（机械能转为电能）进而发电。地热发电的热蒸汽来源于地下热水和热蒸汽，火力发电的热蒸汽来源于煤炭燃烧。

能够把地下热能带到地面，并用于发电的载热介质主要是天然蒸汽（干蒸汽和湿蒸汽）和地下热水。按照载热介质的温度，可以分为高温地热发电和中低温地热发电。

（二）市场规模

我国可用于地热发电的中高温地热资源主要分布在西藏、福建、云南等地区，但中温地热资源较多、高温地热资源较少。到 2018 年，我国仅建成了西藏羊八井地热发电项目，发电装机容量为 3 万千瓦。

我国自 20 世纪 70 年代起开始研究中低温地热发电，但技术进步有限，发电成本较高，建成的一些试点项目也都逐渐关停。目前我国开始重视增强型干热岩发电的资源勘探和技术研究工作，山东、青海、广东等省也开展了干热岩调查项目，力图查明地区干热岩的岩性构造和热物理特征，圈定干热岩分布范围，估算地热资源量，明确干热岩开发利用区划，为干热岩资源的开发利用提供依据。

二、水热型地热能供热

（一）技术

水热型地热水的温度正好符合冬季建筑供热的水温要求，可直接用于建筑供热。不同温度的中低温地热水应与散热器、风机盘管、地板辐射盘管等不同类型的散热末端相匹配。从供热系统防腐及寿命考虑，地热水建筑供热一般使用换热器与地热水进行热交换，使地热水与供热系统隔绝。

水热型地热供热是以地下热水作为热源的城市集中供热方式。地热水开采系统有不回灌和回灌两种：不回灌系统只设置开采井，抽出的地热水被送往用户，经利用后废弃；回灌系统设置开采井和回灌井，开采井抽出的水至用户处放出热量后再返回回灌井（见图 3-6）。按利用方式分为直接利用和间接利用两种：直接利用是把地热水直接引入热用户系统，供暖系统回水直接排放或再利用部分余热后排放。其优点是系统简单，基建费用少，但大量开采会导致地下水补给不足而使水位逐年下降，以及由于地热水中含有硫化氢等成分而对系统的管道和设备造成腐蚀。间接利用是通过表面式换热器，以地热水加热二次水，二次水进入热用户系统循环供热。其优点是排水回灌能保持地下含水层水位不下降，换热器后的用热系统的管道和设备不受腐蚀，从而可延长使用寿命并减少维修费用，但系统较复杂，基建投资较高。

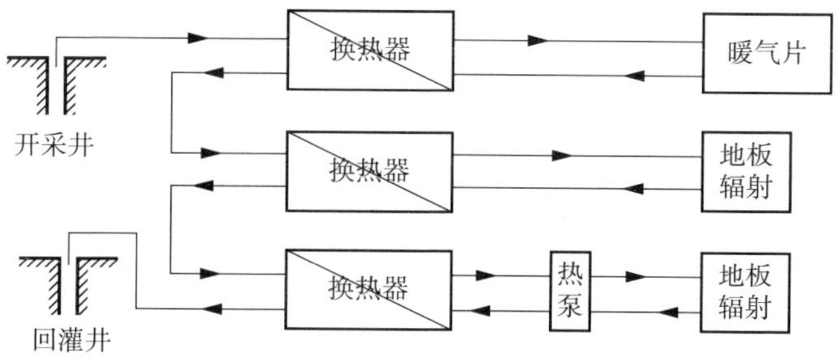

图 3-6　水热型地热工作原理

（二）市场规模

20 世纪 90 年代以来，中深层地热资源的直接利用开始用于北京、天津、陕西、河北、山东等地区的供暖、工农业用热及洗浴、旅游疗养等；近十年来，我国中深层地热资源利用得到了快速发展。地热供暖范围已扩展至辽宁、天津、黑龙江、河南、山西等十几个省份，供暖面积亦大幅增加。至 2015 年底，全国中深层地热供暖面积达到 1 亿平方米。到“十三五”末期，我国计划新增水热型地热供暖面积 4 亿平方米。

在地热资源丰富的地区，水热型地热供暖能力可达百万平方米级别，基本实现县级城市区域内集中供热全覆盖，例如河北省雄县、容城县，以及陕西省咸阳市等。同时，对油田的油井废水余热进行利用，或将废弃油井进行地热民用或者工业利用改造，也是一种新兴的较为经济的地热产业。

三、热泵供热制冷

（一）技术

热泵是一种能从自然界的土壤、水或空气中获取低品位热能，经过电力做功，输出高品位热能的装置，其工作原理见图 3-7。热泵供热，指通过热泵技术，利用周边环境（土壤、水体、空气）中蕴藏的低品位热能，提供供热制冷服务的供热方式。

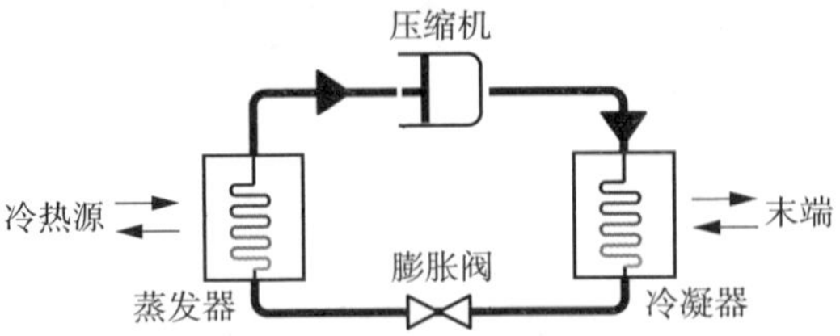

图 3-7　热泵机组工作原理

按照热源来源分类，热泵技术可分为地埋管地源热泵、地表水源热泵、地下水源热泵、空气源热泵四个技术类型。

1. 地埋管地源热泵技术

地埋管地源热泵以地下浅层岩土体为热源和热汇，通过地下换热器管中循环液（水或以水为主要成分的防冻液）的流动实现热泵系统与地下岩土体间的传热。地埋管地源热泵冬季吸收转移岩土体中蓄存的热量，可为建筑供热，夏季把建筑室内的热量转移传导至岩土体中，可为建筑供冷，其工作原理见图 3-8。

地表以下 20~100 米，岩土体温度基本恒定，不受季节和气候影响，这个特性对热泵保持良好性能和可靠运行非常有利，决定了地埋管地源热泵系统运行的稳定性和可靠性。地埋管地源热泵机组的能效系数一般在 3.8~5.0，理想的地埋管地源热泵系统能效系数（Coefficient of Performance，COP）应在 3 以上。

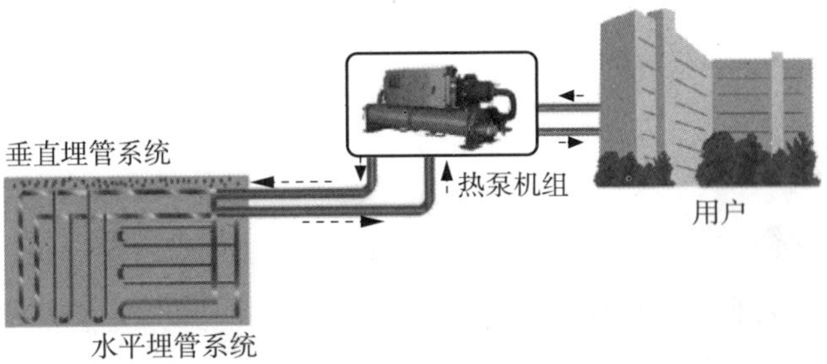

图 3-8　地源热泵工作原理

2. 地表水源热泵技术

以地表各类水体（如江水、河水、湖水、海水、池塘水、水库水、污水处理厂再生水、原生污水等）为热源和热汇，通过热泵吸收转移热量进行供热供冷的技术称为地表水源热泵技术，其工作原理见图 3-9。地表水源热泵分为海水源热泵、淡水源热泵及再生水源热泵（污水源热泵系统）。地表水源热泵要求水源的温度、水质、水量、水位适宜，水温与水量变化应与负荷特性相适应。

与室外空气比，地表水温度波动小，是理想的低位热源，与地埋管地源热泵系统和地下水源热泵系统比，地表水源热泵系统可以节省钻孔及打井费用。由于水的比热容大，在适宜的地表水源条件下，地表水源热泵在一定工况下能效很高，如果建筑物附近有合适的地表水体可以利用，地表水源热泵是最经济和最节能的热泵系统。设计良好的地表水源热泵系统，系统能效系数（COP）可达 3 以上。

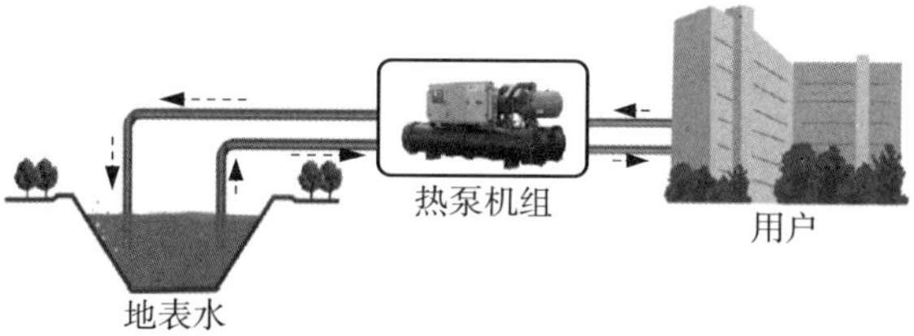

图 3-9　地表水源热泵机组工作原理

3. 地下水源热泵技术

以地下水源为热源和热汇，通过热泵吸收转移热量进行供热供冷的技术称为地下水源热泵技术，其工作原理见图 3-10。地下水源热泵系统要求凿井深度严格控制在第四纪浅表地层，不得深入到饮用水层，严格密闭地下水回路并做到 100%同层回灌，以防止氧化和污染地下水。

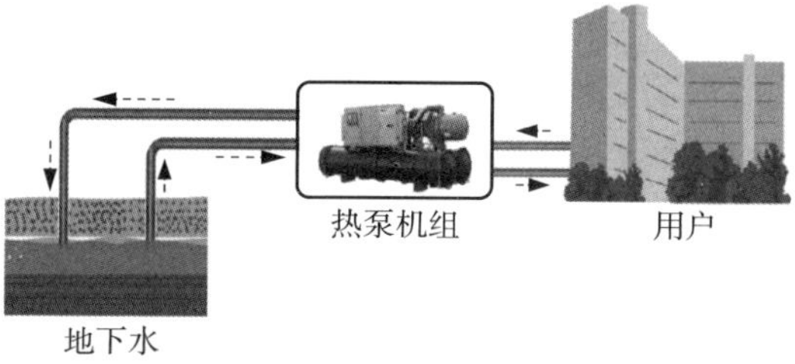

图 3-10　地下水源热泵机组工作原理

由于地下水温常年基本恒定，夏季比室外空气温度低，冬季比室外空气温度高，故而是理想的低位冷热源。相对于岩土体，水的比热容大，传热性能好，所以地下水源热泵的能效系数高，即消耗同样的电能，地下水源热泵会比地埋管地源热泵获得更多的热量或冷量。常规地下水源热泵机组能效系数都在 4 以上，系统能效系数（COP）在 3~4.5。

4. 空气源热泵技术

以空气中的热量为热源，利用逆卡诺循环原理能源驱动热泵机组，通过热泵系统中的工作介质进行相变循环，把空气中的低温热量吸收压缩升温后加以利用的技术称为空气源热泵技术，其工作原理见图 3-11。

空气源热泵系统在寒冷地区室外最低适用温度可达-15℃，可提供 40℃~45℃的热水，在夏季室外最高适用温度为 43℃，制冷温度可达 24℃。由于空气源热泵不受水源和建筑物所在地地理条件的限制，适用范围较为广泛，是目前发展最多和最成熟的一种热泵。相较于地源热泵与水源热泵，空气源热泵不需要安装地下埋管和回灌装置，不需要专用机房，建筑外墙面、层顶均可放置。系统初期投资较小，安装维护相对简单，系统运行平稳，综合能效系数（COP）可达到 3~4。

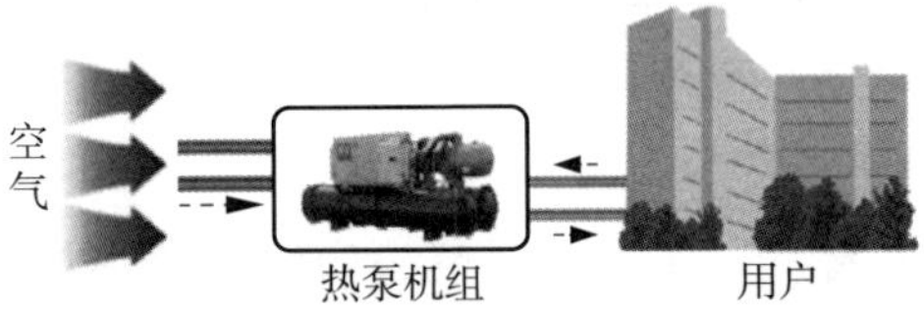

图 3-11　空气源热泵机组工作原理

（二）市场规模

20 世纪 90 年代，地源热泵作为热泵技术的重要组成部分开始在我国示范性开发应用。进入 21 世纪，我国热泵技术从小面积示范到大面积推广，进入了一个新的发展阶段。与热泵产业相关的技术咨询、设计研发、部件生产、整机制造、系统集成、工程安装、投资运营、服务维护企业迅速成长起来。据中国制冷空调工业协会统计，2016 年我国工商用热泵产品的产值超过 530 亿元；而在家用房间空调器市场中，绝大部分产品也是热泵型的，大约占到总产量的 70%。

目前地源热泵应用范围扩展至全国 31 个省（自治区、直辖市），其中，80%集中在华北和东北南部，包括北京、天津、河北、辽宁、河南、山东等地。截至2016年底，全国浅层地温能供暖/制冷面积达到4.78亿平方米。到“十三五”末期，我国计划新增浅层地温能供暖面积7亿平方米。空气源热泵近几年在我国发展迅速，尤其在大气污染防治的重点地区，随着“煤改电”的推广，空气源热泵应用得到了规模化发展，如北京地区2016年安装空气源热泵15.1万户。但由于缺乏统计途径，空气源热泵还没有全国的统计数据。

第七节 海洋能

潮汐能、波浪能、温差能等海洋能的资源潜力巨大，均可用于发电。我国目前只有小规模的潮汐能发电项目，波浪能和温差能发电尚处于研发阶段。

一、潮汐能

潮汐能是利用月球和太阳的引力造成的海面升高的势能来驱动水轮发电机工作，产生电力。由于潮汐能的平均能流密度较低，还需要借助建造水坝或水闸等人工手段提高潮汐能的能量来驱动发电机组工作。

我国的潮汐能开发目前处于研发示范阶段，拦坝式潮汐发电技术处于国际先进水平，目前共有江厦潮汐电站和海山潮汐电站两座电站在运行，总装机容量超过1兆瓦。

二、波浪能

波浪能的利用原理是利用月球引力造成的波浪来驱动发电机组工作，产生电力，其工作原理与风电类似，但由于月球引力造成的波浪比太阳能引起的风更有规律性，所以理论上波浪能具有较大的发展潜力，但由于波浪能装置必须放置于水下，面临较大技术难题。

目前我国波浪能处在研发、示范阶段，在国家863计划、国家科技支撑计划、海洋能专项资金等大力支持下，研发了十余项波浪能试验装置。随着技术的不断成熟，一些大型企业也进入了这一领域。浙江大学60千瓦半直驱水平轴潮流能发电装置自2014年起进行海上现场试验，累计发电超过2万千瓦时。2016年7月，浙江林东模块化波浪能发电机组完成海上安装并实现发电，累计上网电量近1万千瓦时，初步探索了我国波浪能产业化之路。

三、温差能

温差发电技术是利用海水的温差，采用热机组成热力循环系统进行发电。该技术可以利用海洋表层温水与底层冷水之间的温差，或利用海底地热的高温热水等热源与其他冷源形成的温差。目前我国温差能处于研发阶段，只有少量的试验装置。

第四章

可再生能源的统计现状

Renewable Energy Statistics Status

第一节　国家统计局的统计

一、已纳入国家能源统计体系的品种及指标

（一）能源生产

目前，随着可再生能源应用规模的不断扩大，在能源生产和消费结构中发挥的作用越来越大，因此对可再生能源的统计也越来越受到人们关注，一些可再生能源技术应用的相关数据已经被纳入国家统计体系，尤其是商品化的可再生能源品种，如可再生能源电力等。

我国公开发布的统计年鉴中与可再生能源相关的能源生产表格包括综合能源平衡表、能源生产总量数据表、电力平衡表、燃料平衡表、城市集中供热数据表等，在公开发布的综合能源平衡表、燃料平衡表和城市集中供热数据表中还没有体现出可再生能源的相关数据。

在能源生产总量数据表中，体现了可再生能源相关统计数据，指标有水电、核电、风电生产总量（万吨标准煤）和水力发电量（亿千瓦时），在电力平衡表中也体现了可再生能源相关统计数据，指标有水电生产电力量（亿千瓦时）和风电生产电力量（亿千瓦时）。

（二）能源消费：发电

国家统计年鉴的相关报表中，能源消费总量中体现了可再生能源发电的相关统计数据，指标是水电、核电、风电消费总量（万吨标准煤），具体的分项指标体现在能源主管部门的相关统计工作中。如2016年由能源局编制、国家统计局批准的《可再生能源发电利用统计报表制度》开始实施，其中对可再生能源发电的统计范围、指标等都做了相关规定（见表4-1）。

表 4-1　可再生能源发电利用统计报表

表号	表名	报告期别	统计范围	报送单位	报送日期及方式	受表单位
01 表	风电并网运行情况	月/年报	本区域内全部风电场	国家电网公司总（分）部、中国南方电网有限责任公司、内蒙古电力有限责任公司等地方独立电网公司	月报于次月 10 日前，年报于次年 3 月 10 日前	国家能源局新能源和可再生能源司
02 表	光伏发电并网运行情况	月/年报	本区域内全部光伏发电项目	同上	同上	同上
03 表	光热发电并网运行情况	月/年报	本区域内全部光热发电项目	同上	同上	同上
04 表	生物质发电并网运行情况	月/年报	本区域内全部生物质发电项目	同上	同上	同上
05 表	生物质成型燃料生产和利用情况	年报	本区域内全部生物质成型燃料生产和应用项目	中国循环经济协会可再生能源专委会	于次年 3 月 10 日前	同上
06 表	风力发电设备情况	年报	本企业当年投产的所有风力发电项目	中国可再生能源学会风能专业委员会	同上	同上
07 表	生物质发电项目设备情况	年报	本企业当年投产的所有生物质发电项目	中国电力企业联合会	同上	同上

风电运行情况的相关指标如表 4-2 所示。

表 4-2　风电统计相关指标

指标名称	计量单位
风电设备容量	万千瓦
陆上风电	万千瓦
海上风电	万千瓦
风电平均设备容量	万千瓦
陆上风电	万千瓦
海上风电	万千瓦
风电发电量	万千瓦时
陆上风电	万千瓦时
海上风电	万千瓦时
风电上网电量	万千瓦时
陆上风电	万千瓦时
海上风电	万千瓦时
风电利用小时	小时
陆上风电	小时
海上风电	小时
风电弃风电量	万千瓦时
陆上风电	万千瓦时
海上风电	万千瓦时
风电弃风率（%）	—
发电生产厂用电量	万千瓦时
陆上风电	万千瓦时
海上发电	万千瓦时

太阳能光伏发电统计相关指标如表 4-3 所示。

表 4-3　太阳能光伏发电统计相关指标

指标名称	计量单位
光伏发电设备容量	万千瓦
集中电站	万千瓦
分布式	万千瓦
光伏发电平均设备容量	万千瓦
集中电站	万千瓦

续表

指标名称	计量单位
分布式	万千瓦
光伏集中电站发电量	万千瓦时
光伏分布式发电量	万千瓦时
光伏发电上网电量	万千瓦时
集中电站	万千瓦时
分布式	万千瓦时
光伏发电利用小时	小时
集中电站	小时
分布式	小时
集中电站弃光电量	万千瓦时
集中电站弃光率（%）	—
光伏发电项目拨付补贴资金	万元
集中电站	万元
分布式	万元
拨付补贴对应项目规模	万千瓦
集中电站	万千瓦
分布式	万千瓦
支付上网电费资金	万元
集中电站	万元
分布式	万元
支付上网电费对应项目规模	万千瓦
集中电站	万千瓦
分布式	万千瓦

太阳能光热发电相关统计指标如表 4-4 所示。

表 4-4 太阳能光热发电相关统计指标

指标名称	计量单位
太阳能光热发电电站个数	个
太阳能光热发电容量	万千瓦
太阳能光热发电反射镜总面积	万平方米
太阳能光热发电量	万千瓦时

续表

指标名称	计量单位
太阳能光热上网电量	万千瓦时
太阳能光热发电利用小时	小时
太阳能光热发电弃光电量	万千瓦时
太阳能光热发电弃光率（%）	—
太阳能光热发电项目拨付补贴资金	万元
拨付补贴对应项目规模	万千瓦
支付上网电费资金	万元
支付上网电费对应项目规模	万千瓦

生物质发电并网相关统计指标如表 4-5 所示。

表 4-5　生物质发电并网相关统计指标

指标名称	计量单位
生物质发电装机容量	万千瓦
农林生物质直燃发电项目	万千瓦
垃圾焚烧发电项目	万千瓦
沼气发电项目	万千瓦
其他项目	万千瓦
生物质发电平均设备容量	万千瓦
农林生物质直燃发电项目	万千瓦
垃圾焚烧发电项目	万千瓦
沼气发电项目	万千瓦
其他项目	万千瓦
生物质发电量	万千瓦时
农林生物质直燃发电项目	万千瓦时
垃圾焚烧发电项目	万千瓦时
沼气发电项目	万千瓦时
其他项目	万千瓦时
生物质发电上网电量	万千瓦时
农林生物质直燃发电项目	万千瓦时
垃圾焚烧发电项目	万千瓦时
沼气发电项目	万千瓦时

续表

指标名称	计量单位
其他项目	万千瓦时
生物质发电利用小时	小时
农林生物质直燃发电项目	小时
垃圾焚烧发电项目	小时
沼气发电项目	小时
其他项目	小时
生物质发电生产厂用电量	万千瓦时
农林生物质直燃发电项目	万千瓦时
垃圾焚烧发电项目	万千瓦时
沼气发电项目	万千瓦时
其他项目	万千瓦时
生物质发电原料消耗	万吨标准煤
农林生物质直燃发电项目	万吨标准煤
垃圾焚烧发电项目	万吨标准煤
沼气发电项目	万吨标准煤
其他项目	万吨标准煤

生物质成型燃料相关统计指标如表 4-6 所示。

表 4-6　生物质成型燃料相关统计指标

指标名称	计量单位
生物质成型燃料产量	万吨
生物质成型燃料产量折标准煤	万吨标准煤
生物质成型燃料产能	万吨
生物质成型燃料利用量	万吨
生物质成型燃料利用量折标准煤	万吨标准煤

同时该报表制度对风力发电设备情况和生物质能发电设备情况进行了相关统计安排，并设计了报表，也对相关指标做了解析。

（三）能源消费：供热

国家统计年鉴的相关报表中，与供热相关的指标体现在生活能源消费量和城市集中供热报表中，在生活能源消费量报表中有生活热力消费量

（百亿千焦）指标，在城市集中供热报表中有蒸汽供热能力（吨/小时）和热水供热能力（兆瓦）两个与可再生能源相关的指标。

（四）能源消费：燃料（固体、液体、气体）

国家统计局的统计年鉴相关报表中，与生物燃料相关的指标包括生物乙醇和生物柴油。

二、未纳入国家能源统计体系的品种

在国家统计局及能源主管部门的统计体系中，可再生能源发电都已经被纳入相关的统计报表，商业化的一些非电可再生能源技术也已经被纳入统计体系，如生物质成型燃料、生物液体燃料等。而非商品化的可再生能源技术如太阳能热利用、地热能等还没有在公开的统计报表中体现。

对于应用到规模以上工业企业当中的可再生能源技术，如果可再生能源应用量是通过商品化交易获得的，则按照国家统计报表制度，这些数据会体现在企业上报的报表中，如生物质固体燃料等。而对于非商品化交易的可再生能源，如太阳能热利用、地热能等，相关数据较难体现在相关的报表中。

按照国家统计局的相关报表制度，应用到规模以下企业或农业等领域的可再生能源相关数据，如生物质沼气等，目前没有体现在相关的报表中。

第二节　有关主管部门的统计

为更全面地反映行业情况，更有效地服务于部门行业管理，国家相关部委（局）基于自身业务特点和管理需要制订并实施了相关统计报表制度。部门统计制度与国家统计局制订的行业统计制度形成了互补、校核作用，但在统计范围、统计方式上的差异也导致了两种统计存在数据不一致现象。经国家统计局批准，国家能源局、农业农村部、住房和城乡建设部等多个政府部门制定实施了相关的统计报表制度，多年来开展了大量的可再生能源统计调查工作。2017 年 7 月，国家统计局修订颁布了《部门统计调查项目管理办法》，进一步加强了部门统计调查的规范性、统一性管理，提高了统计调查的科学性和有效性，推进了部门统计信息共享。

一、国家能源局

国家能源局是我国能源行业主管部门，为全面掌握全国能源、电力的生产和运行情况，国家能源局制订实施了相关能源品种的统计报表制度，与可再生能源相关的统计报表制度包括《能源行业监测统计报表制度》《电力行业统计报表制度》和《可再生能源发电利用统计报表制度》。

《能源行业监测统计报表制度》具体由国家能源局规划司实施，统计内容为全国范围内电力、石油、天然气生产和消费等基础数据，统计对象为我国主要的能源生产企业，报送周期分为日报和月报两种。2016 年《能源行业监测统计报表制度》报表目录见表 4-7。与非电可再生能源相关的报表为燃料乙醇产量统计表，统计范围为全国燃料乙醇生产企业。

表 4-7　2016 年《能源行业监测统计报表制度》报表目录

表号	表名	报告期别	统计范围	报送单位	报送日期及方式	受表单位	页码
电力1表	电力调度情况	日报	全国及六大区域电网	国家电网公司	次工作日 13 时前	国家能源局发展规划司	4
电力2表	电力监测情况	日报	国家电网公司和南方电网公司所辖省级电网	国家电网公司 南方电网公司	次工作日 13 时前	国家能源局发展规划司	6
油气1表	油气产销情况	日报	全国油气企业	中石油、中石化、中海油、中国化工、中国中化、中国兵器、陕西延长公司等企业	次工作日 15 时前	国家能源局发展规划司	7
油气2表	全国及各省区市天然气月度供应情况	月报	中石油、中石化、中海油，延长集团（注明自用和外供）、晋煤集团、内蒙古汇能煤化工公司、广汇	中石油、中石化、中海油、延长集团、晋煤集团、内蒙古汇能煤化工公司、广汇（注明自用和外供）	次月 8 日前	国家能源局发展规划司	8

续表

表号	表名	报告期别	统计范围	报送单位	报送日期及方式	受表单位	页码
油气3表	取暖季全国及各省区市天然气日供应情况	日报	中石油、中石化、中海油、延长集团（注明自用和外供）、晋煤集团、内蒙古汇能煤化工公司、广汇	中石油、中石化、中海油、延长集团、晋煤集团、内蒙古汇能煤化工公司、广汇（注明自用和外供）	每年11月1日到次年3月15日之间第3日15时前	国家能源局发展规划司	9
油气4表	燃料乙醇产量情况	月报	全国燃料乙醇生产企业	中粮集团有限公司、吉林燃料乙醇有限责任公司、河南天冠企业集团有限公司、中兴能源（内蒙古）有限公司、山东龙力生物科技股份有限公司等燃料乙醇生产企业	次月15日前	国家能源局发展规划司	10

《电力行业统计报表制度》由中国电力企业联合会负责实施，该统计报表制度涵盖了供用电专业统计报表制度、发电专业统计报表制度、电源投资专业统计报表制度和电网投资专业统计报表制度四个子类统计报表制度。统计对象为各发电企业、省电网公司及具有行业统计职能的省电力行业协会和有关单位。统计周期为月度和年度。《电力行业统计报表制度》中与非电可再生能源相关的主要是发电专业统计报表制度中的6 000千瓦及以上电厂供热生产情况统计报表（见表4-8），主要是针对装机容量6 000千瓦以上的燃煤、燃油和燃气机组，尚没有将生物质热电联产机组纳入统计内，但随着生物质热电联产机组的增加，中电联将修订报表制度，将生物质热电联产机组纳入统计范围。

《可再生能源发电利用统计报表制度》具体由国家能源局新能源和可再生能源司实施，2016年《可再生能源发电利用统计报表制度》报表目录见表4-9。统计内容为全国范围内风电、太阳能发电和生物质能发电的装机和运行情况，风电和生物质能发电装备制造情况，生物质成型燃料生产

表 4–8　中电联供热生产情况统计报表

供热设备台数（台）	期末供热设备容量（千瓦）	供热量（吉焦）	供热燃料消耗			供热厂用电		供热标准煤量（吨）				供热标准煤耗（千克/吉焦）
			原煤（吨）	燃油（吨）	天然气（万立方米）	厂用电量（万千瓦时）	厂用电率（千瓦时/吉焦）	合计	其中			
									煤折	油折	天然气折	

和利用情况。统计对象为我国主要的能源生产企业，报送周期分为月报和年报两种方式。与非电可再生能源相关的报表只有《生物质成型燃料生产和利用情况》报表，该报表由国家能源局委托中国循环经济协会可再生能源专委会负责实施，统计范围为本区域内全部生物质成型燃料生产和应用项目，报送周期为年报。由于生物质成型燃料企业规模普遍偏小、生产经营不稳定造成统计对象不明确、统计渠道不通畅，生物质成型燃料统计报表实施困难较大。

表 4–9　《可再生能源发电利用统计报表制度》报表目录

表号	表名	报告期别	统计范围	报送单位	报送日期及方式	受表单位	页码
01 表	风电并网运行情况	月/年报	本区域内全部风电场	国家电网公司总（分）部、中国南方电网有限责任公司、内蒙古电力有限责任公司等地方独立电网公司	月报于次月 10 日前，年报于次年 3 月 10 日前	国家能源局新能源和可再生能源司	3
02 表	光伏发电并网运行情况	月/年报	本区域内全部光伏发电项目	同上	同上	国家能源局新能源和可再生能源司	4
03 表	光热发电并网运行情况	月/年报	本区域内全部光热发电项目	同上	同上	国家能源局新能源和可再生能源司	5

续表

表号	表名	报告期别	统计范围	报送单位	报送日期及方式	受表单位	页码
04 表	生物质发电并网运行情况	月/年报	本区域内全部生物质发电项目	国家电网公司总（分）部、中国南方电网有限责任公司、内蒙古电力有限责任公司等地方独立电网公司	同上	国家能源局新能源和可再生能源司	6
05 表	生物质成型燃料生产和利用情况	年报	本区域内全部生物质成型燃料生产和应用项目	中国循环经济协会可再生能源专委会	于次年 3 月 10 日前	国家能源局新能源和可再生能源司	7
06 表	风力发电设备情况	年报	本企业当年投产的所有风力发电项目	中国可再生能源学会风能专业委员会	同上	国家能源局新能源和可再生能源司	8
07 表	生物质发电项目设备情况	年报	本企业当年投产的所有生物质发电项目	中国电力企业联合会	同上	国家能源局新能源和可再生能源司	9

综上所述，国家能源局实施的统计报表制度以电力和商品化能源为主，对于非电可再生能源仅仅涉及燃料乙醇以及生物质成型燃料生产和应用（渠道尚未畅通），对于太阳能热水应用、生物质沼气、地热能利用尚未建立起有效的统计体系。

二、农业农村部

非电可再生能源如沼气、太阳能热水器在农村应用比较普遍。早在1980 年，原农业部就开展了农村户用沼气的统计①，于 1991 年由国家统计局备案后正式实施了《农村能源统计报表制度》（农〔能环〕函 14 号），

① 张力小，胡秋红，王长波．中国农村能源消费的时空分布特征及其政策演变［J/OL］．农业工程学报，2011，27（1）：1-9．［2020-09-01］．http：//www.docin.com/p-337049866.html.

2001 年正式实施了《全国农村可再生能源建设统计报表制度》（国统办函〔2001〕156 号）[①]（见表 4-10）。从 1980 年开始实施统计制度以来，积累了大量的数据和经验，指标得到不断优化和调整。2017 年 12 月，原农业部修订实施了《全国农村可再生能源统计调查制度》。

统计调查对象为与调查内容有关的所有机构和全体农户。调查范围是本系统所属的各省、自治区、直辖市农村能源办公室，通过以下三种渠道取得资料：一是行政记录；二是县级农村能源办公室；三是有关横向部门。由各省、自治区、直辖市农村能源办公室汇总后上报农业部。调查频率为一年一次，调查方法为全面调查。

统计报表由 14 个分项报表构成，包括管理推广机构、服务体系、培训与职业技能鉴定、户用沼气池、沼气工程、生活污水净化沼气池、省柴节煤灶与节能炕、节能炉与燃池、太阳能热利用、小型电源利用、秸秆能源化利用、产业发展、经费投入和农村地区能源消费情况等。

表 4-10 《全国农村可再生能源建设统计调查制度》报表目录

表名	期别	填报范围	报送单位
管理推广机构情况	年报	全部县级农村能源建设单位	各省、自治区、直辖市农村能源办公室
服务体系情况	年报	全部县级农村能源建设单位	各省、自治区、直辖市农村能源办公室
职业技能培训与鉴定情况	年报	全部县级农村能源建设单位	各省、自治区、直辖市农村能源办公室
户用沼气池情况	年报	全部县级农村能源建设单位	各省、自治区、直辖市农村能源办公室
沼气工程情况	年报	全部县级农村能源建设单位	各省、自治区、直辖市农村能源办公室
生活污水净化沼气池情况	年报	全部县级农村能源建设单位	各省、自治区、直辖市农村能源办公室
省柴节煤灶与节能炕情况	年报	全部县级农村能源建设单位	各省、自治区、直辖市农村能源办公室
节能炉与燃池情况	年报	全部县级农村能源建设单位	各省、自治区、直辖市农村能源办公室

① 国家统计局公告［EB/OL］.［2001-11-05］. http://www.stats.gov.cn/tjfw/bmdcxmsp/bmdcspgg/200203/t20020328_60281.html.

续表

表名	期别	填报范围	报送单位
太阳能热利用情况	年报	全部县级农村能源建设单位	各省、自治区、直辖市农村能源办公室
小型电源利用情况	年报	全部县级农村能源建设单位	各省、自治区、直辖市农村能源办公室
秸秆能源化利用情况	年报	全部县级农村能源建设单位	各省、自治区、直辖市农村能源办公室
产业发展情况	年报	全部县级农村能源建设单位	各省、自治区、直辖市农村能源办公室
经费投入情况	年报	全部县级农村能源建设单位	各省、自治区、直辖市农村能源办公室
农村地区能源消费情况	年报	全部县级农村能源建设单位	各省、自治区、直辖市农村能源办公室

原农业部制定的《全国农村可再生能源建设统计调查制度》涉及非电可再生能源的技术包括沼气、太阳能热水器、太阳灶、太阳能房和秸秆综合利用，从非电可再生能源技术的统计指标来看，主要侧重于建设，沼气指标包括总池容、年产气量和供气户数，太阳能热水器由台数和安装平方米数指标构成，太阳灶主要指标为台数，太阳能房由座数和应用平方米数指标构成，秸秆综合利用主要包括固化成型和炭化，指标包括处理厂数和年产量。总体来看，农业农村部可再生能源建设统计报表比较全面地反映了农村地区可再生能源生产情况，但对可再生能源消费涉及较少，需与国家统计局能源统计报表制度在能源标准量折算方法以及统计范围上协调统一。

三、住房和城乡建设部

以太阳能热水器、浅层地热能利用为代表的非电可再生能源是建筑节能的重要方式。住房和城乡建设部（简称住建部）2007 年对原 23 个城市范围内试行的《民用建筑能耗统计报表制度》（建科〔2007〕271 号）进行了修订，增加了建筑节能相关信息统计指标并扩大了统计范围，形成了最终的《民用建筑能耗和节能信息统计报表制度》，并于 2010 年 3 月开始实施，2015 年修订形成了《民用建筑能耗统计报表制度》；2018 年修改形成了《民用建筑能源资源消耗统计报表制度》。

（一）2015 年统计制度

2015 年版《民用建筑能耗统计报表制度》包含城镇民用建筑能耗和节能信息统计、农村居住建筑能耗信息统计两部分内容。城镇民用建筑能耗和节能信息统计包括城镇民用建筑基本信息和能耗信息、北方采暖地区城镇民用建筑集中供热信息、能耗统计建筑集中供热（冷）信息和建筑节能信息四方面内容。其中建筑节能信息包括当年完成竣工验收的新建建筑、完成节能改造的既有建筑，以及可再生能源规模化应用的建筑等三部分内容。农村居住建筑能耗信息统计内容为居住建筑在使用过程中电力、煤炭、天然气等商品能源的消耗量。

报表制度统计对象包括城镇民用建筑基本信息和能耗信息，农村居住建筑能耗信息。各类民用建筑包括国家机关办公建筑、大型公共建筑、中小型公共建筑和居住建筑，为民用建筑提供集中供热（冷）的锅炉房（热电厂、热力站）、制冷站，当年新增竣工验收的新建建筑、进行节能改造的既有建筑，以及可再生能源规模化应用的建筑。农村居住建筑能耗统计对象为居住建筑。

采取全面统计和抽样调查相结合方式，其中国家机关办公建筑、大型公共建筑的基本信息和能耗信息统计采取全面统计调查方式；居住建筑和中小型公共建筑的基本信息和能耗信息统计采取抽样调查方式。北方采暖地区城镇民用建筑集中供热信息统计采取全面统计调查方式；能耗统计建筑集中供热（冷）信息统计采取全面统计调查方式；建筑节能信息统计采取全面统计调查方式。农村居住建筑能耗信息统计采取抽样调查方式。

（二）2018 年统计制度

2018 年《民用建筑能源资源消耗统计报表制度》的统计范围包括城镇民用建筑和乡村居住建筑，反映城镇民用建筑和乡村居住建筑在使用过程中电力、煤炭、天然气、液化石油气、热力等化石能源和可再生能源消耗、用水消耗量，以及城镇新建绿色建筑数量和面积。采取全面统计和重点调查相结合的方式。

统计对象包括城镇民用建筑和乡村居住建筑。城镇民用建筑基本信息和能耗信息统计覆盖：①各类民用建筑，包括国家机关办公建筑、大型公共建筑、中小型公共建筑和居住建筑；②为民用建筑提供集中供热（冷）的锅炉房（热电厂、热力站）、制冷站；③当年新增竣工验收的新建建筑、进行节能改造的既有建筑，以及可再生能源规模化应用的建筑。乡村居住建筑能耗统计对象为居住建筑。

统计报表设置了基层表和综合表（见表 4-11），其中 5 个基层表，由指定的各相关部门或单位填报；8 个综合表由基层表汇总生成，不必填写。

表 4-11　《民用建筑能源资源消耗统计报表制度》报表目录

表号	表名	报告期别	统计范围	报送单位	报送日期及方式
城镇节能基 1 表	城镇民用建筑基本信息	年报	全国城镇范围内所有国家机关办公建筑、大型公共建筑；106 个城市范围内重点调查的居住建筑和中小型公共建筑	各省、自治区、直辖市建设行政主管部门，北京市城市管理委以及新疆生产建设兵团建设局	次年 5 月 31 日前网络报送
城镇节能基 2 表	城镇民用建筑能源资源消耗信息	年报	全国城镇范围内所有国家机关办公建筑、大型公共建筑；106 个城市范围内重点调查的居住建筑和中小型公共建筑	同上	同上
城镇节能基 3 表	北方采暖地区城镇民用建筑集中供热信息	年报	北方采暖地区城镇范围内为民用建筑提供集中供热的热电厂，以及供热能力在 7 兆瓦及以上的锅炉房；106 个城市范围内为民用建筑提供集中供热，且供热能力在 7 兆瓦以下的锅炉房	北京、天津、河北、山西、内蒙古、辽宁、吉林、黑龙江、山东、河南、陕西、甘肃、青海、宁夏、新疆建设行政主管部门，北京市城市管理委以及新疆生产建设兵团建设局	同上
城镇节能基 4 表	城镇新建绿色建筑信息	季报	全国城镇范围内已竣工的达到《绿色建筑评价标准》要求的新建建筑	各省、自治区、直辖市建设行政主管部门，新疆生产建设兵团建设局	同上
乡村节能基 1 表	乡村居住建筑能源资源消耗信息	年报	106 个城市范围内抽样确定的城镇以外的区域内的居住建筑	各省、自治区、直辖市住房和城乡建设行政主管部门，新疆生产建设兵团建设局	同上

续表

表号	表名	报告期别	统计范围	报送单位	报送日期及方式
城镇节能综1表	城镇民用建筑基本信息综合表	年报	全国城镇范围内所有国家机关办公建筑和大型公共建筑；106个城市范围内重点调查的居住建筑和中小型公共建筑	各省、自治区、直辖市建设行政主管部门，北京市城市管理委、新疆生产建设兵团建设局	次年5月31日前网络报送
城镇节能综2表	城镇民用建筑能源资源消耗信息综合表	同上	全国城镇范围内所有国家机关办公建筑和大型公共建筑；106个城市范围内重点调查的居住建筑和中小型公共建筑	同上	同上
城镇节能综3表	城镇国家机关办公建筑能源资源消耗信息综合表	同上	全国城镇范围内所有国家机关办公建筑	同上	同上
城镇节能综4表	城镇大型公共建筑能源资源消耗信息综合表	同上	全国城镇范围内所有大型公共建筑	同上	同上
城镇节能综5表	城镇中小型公共建筑能源资源消耗信息综合表	同上	106个城市范围内重点调查的中小型公共建筑	同上	同上
城镇节能综6表	城镇居住建筑能源资源消耗信息综合表	同上	106个城市范围内重点调查的居住建筑	同上	同上
城镇节能综7表	北方采暖地区城镇民用建筑集中供热信息综合表	同上	北方采暖地区城镇范围内为民用建筑提供集中供热的热电厂，以及供热能力在7兆瓦及以上的锅炉房，集中供热普及率；106个城市范围内为民用建筑提供集中供热，且供热能力在7兆瓦以下的锅炉房	北京、天津、河北、山西、内蒙古、辽宁、吉林、黑龙江、山东、河南、陕西、甘肃、青海、宁夏、新疆建设行政主管部门，北京市城市管理委以及新疆生产建设兵团建设局	同上
乡村节能综1表	乡村居住建筑能源资源消耗信息	年报	106个城市范围内抽样确定的城镇以外的区域内的居住建筑	各省、自治区、直辖市住房和城乡建设行政主管部门，新疆生产建设兵团建设局	同上

涉及可再生能源的报表有6个，1个基层表（基1表）要求填报可再生能源信息，5个综合表（综2表、综3表、综4表、综5表、综6表）汇总可再生能源信息。这些报表中涉及了太阳能光热、太阳能光伏和浅层地热能等可再生能源建筑规模化应用指标，包括太阳能光热利用系统集热器面积，太阳能光电利用系统装机容量、浅层地热能利用系统的装机容量和辅助热源供热量（见表4-12）。涉及可再生能源的报表均为城镇民用建筑能源资源消耗信息统计表，乡村居住建筑报表尚未涉及。统计报表中尚未涉及生物质能应用。

表4-12　民用建筑能源资源消耗统计报表中涉及的可再生能源指标

指标名称		计量单位	数量
太阳能光热利用系统	集热器面积	平方米	
太阳能光电利用系统	装机容量	峰瓦	
浅层地热能利用系统	装机容量	千瓦	
	辅助热源供热量	千焦	

经过多年的努力和实践，住房和城乡建设部已经逐渐建立完善了民用建筑能耗的统计制度和实施路径，涵盖了太阳能光热、太阳能光伏、浅层地热能等可再生能源在建筑领域的生产和消费情况，构建了建筑领域可再生能源统计体系和渠道。

第三节　行业协会的统计

一、中国电力企业联合会

中国电力企业联合会（中电联）于1988年由国务院批准成立，是全国电力行业企事业单位的联合组织、非营利社会团体法人。受政府部门委托，中电联负责全国电力行业统计归口管理与协调，制定电力行业统计管理制度、报表制度及其标准规范，负责月度、季度、年度电力行业综合统计。

电力行业报表制度是经国家统计局批准并由中电联具体实施的重要行

业统计制度。该制度由供用电专业统计调查制度、发电专业统计调查制度、电源投资专业统计调查制度和电网投资专业统计调查制度构成，涵盖了发电、输电和配用电全部环节。

供用电专业统计调查制度的内容包括全社会分类用电情况、配售电供电情况、区域电网电量交换情况、35 千伏及以上线路和变电站情况；发电专业统计调查制度的内容包括全部电厂厂址、装机规模、投资构成、生产运行（发电量）、燃料消耗和供热生产情况；电源投资和电网投资专业统计调查制度内容包括电源固定资产投资、电网固定资产投资、建设规模和新增生产能力等指标。

二、中国农村能源行业协会太阳能热利用专委会

中国农村能源行业协会太阳能热利用专委会是由从事太阳能热利用的科技开发、生产制造、营业安装、工程服务、产品检测、产品认证等企事业单位自愿组成的全国性太阳能热利用行业组织。

该机构已开展多年的全国太阳能热利用相关数据的统计工作，发布太阳能热利用的年度行业报告，主要指标是全国太阳能热利用的集热器安装面积，其数据是太阳能热利用行业协会通过对行业内的企业每年的年销售量进行统计获得的，其统计方法主要是向规模以上企业（年产值在 5 000 万元以上）发放调查问卷或进行电话调查，统计的指标包括企业概况、生产量、热水工程量及进出口量等。然后协会再通过行业产业链的源头——真空管的销量核实当年太阳能热利用的市场新增量，从而推算出太阳能集热器的年新增量。

三、生物柴油行业协作组

生物柴油行业协作组（以下简称协作组）是 2006 年 11 月由中国化工信息中心与相关生产与科研单位发起成立的民间社团组织，目前是国内生物柴油行业有影响力的行业组织，自生物柴油消费税取消以来，受国家财政部委托，负责生物柴油税式支出统计工作。同时，协作组积极组织开展生物柴油行业标准制定等工作，推动行业发展。

在生物柴油的生产统计方面，由于生物柴油产业规模较小，目前主要

通过向会员企业发放调查表，由企业上报，再由协作组汇总的方式进行统计。协作组从2011年起开始对全国40余家生物柴油企业的生物柴油生产量进行统计，每年收到二三十家企业的有效统计。会员企业涵盖了国内绝大部分在运行的生物柴油企业，统计数据基本反映了产业发展情况。统计内容主要包括生物柴油总产量、进口量和出口量三部分。

生物柴油产品应用现状如下：

（1）生物柴油应用量少，统计困难。生物柴油作为交通燃料的掺混应用在国内尚未广泛推广，生物柴油掺混到柴油中的比例一般为5%，由于实际掺混应用范围有限，总掺混用量不大。

（2）生物柴油统计来源缺乏稳定性。现有问卷调查模式难以保障上报数据企业的稳定性，国内现有生物柴油企业主要是中小型民营企业，在没有明确政策支持下，企业生产运行受市场影响较大，生产数据的波动性也随之增大，减产或停产时有发生。

（3）生物柴油统计体系尚未建立。生物柴油统计刚被列入国家能源统计范畴，尚未形成从下至上的官方统计渠道。现有统计主要来自民间行业组织，缺乏对行业生产单位的有效监管，有待构建具有约束性的数据上报体系。

四、中国节能协会热泵专业委员会

中国节能协会热泵专业委员会是中国节能协会下设分支机构之一，成立于2014年8月，是从事与热泵相关的研究、生产、经营、投资和咨询业务的企业单位和个人组成的热泵行业组织。

2016年热泵专委会开始发布《中国空气能热泵供热产业发展报告》年度报告，目前已发布了3年的年度报告。该报告包括全国空气源热泵的年新增台套和年销售总额，数据统计的方法是根据主要空气源热泵制造企业的销售情况，结合热泵压缩机等核心部件的生产销售情况，估算了空气源热泵的年新增台套和销售额。因2016年空气源热泵系统开始大规模应用，当年新增规模可视为年度累计规模。但是，该报告的统计数据没有单套空气源热泵系统的功率情况，也没有市场的总装机容量数据。

第四节　地方政府的统计：以北京市为例

北京市统计局是全国新能源和可再生能源统计体系最为完善的地方统计部门。加快新能源和可再生能源发展是建设高效低碳的首都能源体系和“绿色北京”的重要支撑。“十一五”以来，北京市新能源和可再生能源开发利用步伐不断加快，产业规模不断扩大。

为获取北京市可再生能源利用相关数据，实现对市、区（县）两级可再生能源发展的监测、评价和考核，优化能源消费结构，推进可再生能源统计方法制度建设，北京市统计局开展了新能源和可再生能源利用统计调查。

一、调查范围及对象

北京市可再生能源品种较为齐全，包括生物质能、太阳能、地热能、风能和小水电等。其中，太阳能、生物质能和地热能的资源和利用条件较好，风能和小水电资源有限。北京市统计局对特定范围内的可再生能源进行统计，主要集中于农村可再生能源利用的统计。

北京市农业局根据原农业部要求，结合新农村建设对农村可再生能源进行统计，北京市农业局关于可再生能源统计的指标设计和统计内容侧重于对农村可再生能源利用工程和设施的统计，以及对农村可再生能源项目建设方面的统计，具体内容包括：户用沼气池情况、沼气工程情况、生活污水净化气池情况、省柴节煤灶及节能炕情况、节能炉及燃池情况、太阳能利用情况、秸秆优质化能源利用情况、风能利用和微型水力发电情况等。此外，其他委办中，发展改革委掌握部分可再生能源项目建设数据；其他政府部门掌握各自部门部分可再生能源项目建设数据；电力部门掌握可再生能源发电数据。

二、可再生能源统计研究

研究立足于北京市可再生能源资源禀赋及实际利用特点，首先，通过大量走访调研和专家咨询，摸底可再生能源的品种分类、利用方式、工艺流程等，了解可再生资源转化利用特点，从而选取、构建较为完整的可再生能源统计指标体系；其次，以指标体系为基础，进一步对调查所涉及的统计渠道、统计对象、调查方法等要素展开系统研究，形成切实可行的可再生能源统计及核算方案；最后，在全市范围开展试点调查，验证方法的可行性，获取全市可再生能源利用数据，并尝试将其纳入经济普查的报表范围内，为可再生能源统计制度的最终建立奠定基础。

（一）明确可再生能源的基本分类和折算系数

可再生能源的品种类型、利用方式多样，商品化、市场化程度低，北京市将可再生能源利用划分为太阳能、生物质能、地热能、水能和风能五大品种，以及太阳能光热、光伏，生物质能气态利用、固态利用，地热水直接利用、地源热泵，风机发电和水电等八大利用方式，进一步明确了可再生能源与常规能源、化石能源和新能源等的区别。同时，还对各类型可再生能源折标准量的折算系数和计算方法进行了深入研究，使各品种可再生能源利用数据之间能够进行加总和比较。

（二）构建可再生能源统计方法体系

北京市统计局构建了涵盖3个层次共43个指标的可再生能源统计指标体系。进而根据可再生能源在北京市分布的特点，设计确定了项目单位和行政村两个主要调查渠道，针对调查主体类型的复杂性，提出了全面调查、重点调查和抽样推算相结合的方法。对可再生能源利用项目采取重点调查，由项目单位填报；对农村地区的可再生能源利用采取全面调查，由行政村填报；对城区居民的可再生能源利用，根据年度居民能源抽样调查的结果进行推算。借鉴现有常规能源核算思路，将以上各渠道数据进行整合，有关的统计表格、填报原则及指标解释获得国家统计局的审批执行。联合主管部门印发了《北京市新能源和可再生能源统计管理暂行办法》，规范各部门职责。北京市辖区内有可再生能源利用的机关、企事业单位和行政村调查样本约5 000个。

三、调查方法

北京市可再生能源统计采取重点调查和全面调查相结合的方式。对于已有太阳能光热、光伏、生物质发电、成型燃料、地热、风电和水电等可再生能源利用的法人单位，采取重点调查。根据市发展改革委、教委、科

表 4–13　北京市可再生能源统计指标与计算方法

分类	利用方式	一级指标	二级指标	三级指标	计量单位	计算方法
太阳能	光热利用	热利用量			吨标准煤	集热器热利用量 = 集热器面积 × 集热器折算系数
			集热器面积		平方米	
				运行时间	月	
			阳光温室面积		平方米	热利用量 = 温室面积 × 温室折算系数
		光热发电量			万千瓦时	
			装机容量		兆瓦	
	光伏利用	光伏发电量			万千瓦时	
			电池组装机容量		兆瓦	
		太阳能灯发电量			万千瓦时	A. 太阳能灯发电量 = Σ 各类型灯的功率 × 各自运行时间 B. 太阳能灯发电量 = 太阳能电池总功率 × 光照时间
			太阳能灯功率		瓦	
			电池板功率		瓦	
				太阳能灯数量	个	
				运行时间	小时	

续表

分类	利用方式	一级指标	二级指标	三级指标	计量单位	计算方法
生物质能	气态利用	产气量			立方米	
			产气装置规格		立方米	
				供气量	立方米	
				供气户数	个	
		沼气发电量			万千瓦时	
			装机容量		兆瓦	
				热力产出量	百万千焦	
				沼气投入量	万立方米	
	固体利用	固体燃料终端消费量			吨标准煤	固体燃料终端消费量 = 成型燃料销量 × 成型燃料折标准煤系数 + 吊炕数量 × 生物质消费系数 × 折标系数
				成型燃料本地消费量	吨	
				吊炕数量	个	
		生物质发电量			万千瓦时	
			装机容量			
				热力产出量	百万千焦	
				原料投入量	吨	

续表

分类	利用方式	一级指标	二级指标	三级指标	计量单位	计算方法
地热能	深层地热水	地热水热利用量			吨标准煤	热利用量 = 热水质量 ×（出水温度 – 回水平均温度）
				热水质量	千克	
				出水温度	℃	
				回水平均温度	℃	
	浅层地源热泵	热泵供热利用量			千焦	A. 地热利用量 = 低品位能源质量×（蒸发器进口温度 – 蒸发器出口温度）× 比热 B. 地热利用量 =（COP–1）× 机组耗电量 × 3 600
			热泵机组额定功率		千瓦	
			性能系数（COP）			
				热泵机组耗电量	千瓦时	
				低品位能源质量	千克	
				蒸发器进口温度	℃	
				蒸发器出口温度	℃	
				供暖面积	平方米	
风能	风力发电	风力发电量			万千瓦时	
			装机容量		兆瓦	
水能	水力发电	水力发电量			万千瓦时	
			装机容量		兆瓦	

委、住房城乡建设委等相关部门提供的安装利用可再生能源项目信息，建立调查单位名录库，从中选取机关、企事业法人单位通过网络填报信息。

对于农村可再生能源利用情况，借助于现有农村统计渠道，采取全面调查，由行政村填报本村可再生能源利用数据，逐级上报。具体包括农村户用太阳能热水、阳光浴室、太阳能路灯、沼气及秸秆使用、吊炕和连栋温室等。

调查内容包括本市内各类可再生能源品种利用量、发电量、设备参数等主要指标，具体指标详见表4-13。

四、存在的问题

北京市统计局是国内最早开展可再生能源利用统计工作的单位，在可再生能源利用统计方面积累了丰富经验。但对于非电可再生能源的统计，仍存在较多问题。

一是非电可再生能源开发应用尚处于起步阶段，利用规模普遍较小，能够列入规模以上企业的非电可再生能源应用企业极少，不利于统计数据收集。

二是非电可再生能源种类多样，尚未形成规范的统计指标、统计标准，统计工作难以有效开展。

三是非电可再生能源统计的专业性较强，需要对潜在可统计企业开展系统调研，了解非电可再生能源生产利用情况，研究便于统计的相关报表，建立系统的报表体系。

四是县级以下非电可再生能源统计体系和统计队伍尚未建立。县级以下统计人员严重不足，一人身兼数职开展统计工作，阻碍了统计工作科学全面地开展。

五是非电可再生能源统计人员的相关知识较为欠缺，有待开展相关科普培训，加强其专业统计技能。

第五章

可再生能源统计面临的问题和挑战

Barriers and Challenges of Renewable Energy Statistics

第一节　总体问题和难点

一、统计管理问题

（一）非电统计工作缺乏统一的领导和协调，基础薄弱

多个部门依据自身工作管理需要，建立了相关的非电可再生能源的统计报表制度，非电可再生能源统计工作在多个部门开始起步。在国家统计局的支持和指导下，国家能源局、农业农村部和住建部都实施了相关的可再生能源统计工作。国家能源局建立了《能源行业监测数据统计报表制度》和《可再生能源发电利用统计报表制度》，包括燃料乙醇、生物质成型燃料等非电可再生能源的统计指标。原农业部建立了《全国农村可再生能源建设统计报表制度》，包括农村沼气、太阳能热利用、秸秆气化等方面的统计指标。住建部建立了《民用建筑能耗和节能信息统计报表制度》，包括民用建筑太阳能热利用、浅层地温能利用系统的统计指标。

一些行业协会也在开展相关领域的统计工作。中国太阳能热利用产业联盟每半年发布一次中国太阳能热利用行业运行状况报告，生物柴油协调工作组也开展了生物柴油生产和市场状况的调查和研究工作。

一些地方政府探索建立了较为完善的可再生能源统计制度。北京市制定实施了《北京市新能源和可再生能源统计管理暂行办法》，搭建了在线数据填报平台和多级审核系统，探索从法人单位渠道填报可再生能源数据的可行性，向 4 万多家规模以上单位布置了可再生能源报表填报任务，获取了全市可再生能源发展数据。

总体而言，特别是从多部门实施情况看，非电可再生能源统计工作基础薄弱，缺乏统一的领导和协调，现有的统计制度与非电可再生能源的快速发展不协调。各个主管部门负责的统计报表制度仅基于各部门的业务需要，存在一定的局限性和不足。各个统计体系的统计标准不一、核算标准

不一，仅涵盖部分领域的统计数据，不是全口径的统计数据。缺乏稳定、持续的数据来源和上报途径，数据准确性无法核实，数据得不到及时更新；与非电可再生能源相关的统计指标较少，难以全面、及时地反映非电可再生能源的发展情况。

（二）尚未全面纳入现行的国家能源统计调查制度

我国已建立国家能源统计调查制度，根据规定，规模以上工业企业、非工业重点耗能单位须定期在国家统计联网直报系统平台上填报相关的能源统计基层报表。

根据目前的调研情况看：首先，只有可再生能源热电联产项目已被纳入国家能源调查制度。其次，多数已具备一定规模的非电可再生能源产品尚未被纳入国家统计调查制度。包括大中型沼气项目、中深层地热能源集中供暖项目以及生物质锅炉供热、太阳能工业热水工程等。这些项目已有能源计量装备或具备计量条件，从应用规模上看也已满足纳入国家统计体系的基本要求，但尚未入统。最后，量大面广的中小型项目、户用系统，包括太阳能热水系统、沼气系统、热泵系统等，尚不具备入统条件，现行的统计调查体系难以将其纳入其中。

具备条件但尚未被纳入统计的主要原因包括：①未被纳入当地统计局的规模以上企业名单，例如雄县中深层地热能供热项目；②企业分类为非工业企业，如大型养殖场沼气、生物质天然气项目多为农业企业的子公司，对农业企业无填报相关能源报表的要求；③热力没有细分的品种，外购的可再生能源热力无法填报为可再生能源热力，例如能源合同管理模式开发的生物质锅炉供热、太阳能热水系统供热等。

（三）现有的统计调查体系难以应对非电可再生能源统计调查，需要统计调查体系创新

1. 非电可再生能源项目的计量和数据采集难度大、成本高

各种可再生能源利用方式多样，各具特点，差异较大，难以制定统一的统计原则和计算方法。非电可再生能源多为分布式的非商品能源，包括太阳能供热、生物质锅炉供热、热泵供热制冷、沼气等，具有小、散、多的特点，遍布全社会各行各业，缺乏科学严谨的统计原则、技术方法、评估方法。

首先，非商品能源以自产自用为主，企业缺乏能源量统计和计量的动力。其次，分布式应用项目的规模小，能源量计量和数据采集成本高。再次，可再生能源基层计量装置参差不齐，缺乏规范、统一的统计标准和要求。最后，如采用企业上报的数据，既缺乏科学严谨的测算方法、评估方法，又缺乏数据核实的渠道和手段。

2. 统计管理需针对分布式能源进行创新

可再生能源利用的主体类型复杂，多具地域和行业特征，且分布较散，统计对象难以认定，常规统计难以入手，调查手段和统计渠道必须创新。

可再生能源利用基础数据基本以行业自成体系，要实现每个行业的数据与现有能源统计数据的衔接，需要统计体系创新。

二、能源品种和统计范畴问题

（一）能源品种的完善和细化

1. 现有的能源生产和消费品种

现在执行的国家统计局《能源统计报表制度》中，能源生产统计品种为27个，其中与可再生能源相关的有3个，具体为发电量（水力发电、风力发电、太阳能发电、生物质能发电等）、生物乙醇、生物柴油。水力发电、风力发电、太阳能发电等一次电力，生物质发电等二次电力，以及生物乙醇、生物柴油已被纳入。

现在执行的国家统计局《能源统计报表制度》中，能源消费统计品种为35个，其中与可再生能源相关的有5个，具体为热力、电力、城市生活垃圾（用于燃料）、生物燃料、其他燃料。可再生能源电力、生物质燃料（城市生活垃圾、生物燃料、其他燃料等）已被纳入。

2. 尚需完善和细化的可再生能源品种

尚未纳入能源消费品种的可再生能源包括：①太阳能；②地热能。

尚未纳入能源生产品种的可再生能源包括：①生物质气体燃料，包括沼气、垃圾填埋气、热解气、气化气等；②热力品种，该大类没有细分，可再生能源热力尚无法体现，包括太阳能热力、生物质能热力、地热能热力等。

由于热力不分类别，无法区分热力是否来自可再生能源。所以，从热力产品的角度看，即使是外供的、有计量的可再生能源热力（包括太阳能供热、地热能供热、生物质锅炉供热），也无法在统计体系中体现出来。同时，在能源消费品种中没有太阳能、地热能的品种，太阳能供热和地热能供热无法填报能源消费量，从能源消费的角度也无法统计。

相比之下，电力有细分的品种，太阳能热电和地热能发电可以从电力产品的角度填报可再生能源发电量。

（二）统计范畴的确定

生物柴油的统计范畴要关注产品用途问题和出口问题。生物柴油与煤相似，既可用作能源，也可用作工业生产原材料。目前我国的生物柴油多用作原料，而非能源，其统计方法是否只统计用作能源的部分？所有生物柴油都纳入能源统计范畴，但是否只有做能源用途的生物柴油可纳入可再生能源统计范畴？我国生物柴油有一部分出口国外而非在本国利用，是否都应纳入统计？

（三）对产品质量和效率的基本要求

多种可再生能源技术的能源利用量与产品质量和系统效率密切相关，尤其是根据利用规模核算的可再生能源利用量，对可再生能源产品与系统的质量和效率都应该有基本的要求。统计范畴的确定是否要考虑技术进步和可持续发展问题？

1. 欧盟的要求

欧盟可再生能源统计非常关注可再生能源技术进步和可持续发展问题，通过统计方法引导可再生能源企业的技术进步，推动可持续发展。欧盟对生物质能、热泵供热、太阳能热利用、生物质交通燃料和生物液体燃料等多种可再生能源应用的技术先进性和可持续发展性都提出了具体的指标要求。

（1）生物质能：生物质能源系统效率应达到一定水准，才能被纳入可再生能源量的统计范畴。民用和商用领域的生物质能源系统效率要达到85%以上，工业领域要达到70%以上。

（2）热泵供热：只有系统效率高于45.5%的热泵系统才能被纳入可再

生能源供热量的统计范畴。这也就意味着，电力驱动热泵系统的 SPF 要高于 2.5、热力驱动热泵系统的 SPF 要高于 1.15。

（3）太阳能热利用：必须采用通过认证的太阳能集热产品和系统。

（4）生物质交通燃料和生物液体燃料：只有满足可持续发展条件（温室气体减排率高于要求）的产品才能被纳入可再生能源量的统计范畴。生物质交通燃料和生物液体燃料的温室气体减排率，2009 年要求达到 35%以上，2017 年要求达到 50%以上，2018 年要求达到 60%以上。欧盟从 2012 年开始，每两年重新评估一次各种生物质交通燃料和生物液体燃料技术的可持续发展情况，从而确定哪些技术可被纳入可再生能源量的统计核算范畴。

2. 中国的问题

（1）热泵系统的产品质量和系统效率问题。近年来我国热泵应用市场快速发展，产品质量良莠不齐，不同热泵产品的系统效率和可再生能源利用量差距较大。特别是随着北方清洁供暖问题的提出和推进，空气源热泵系统成为北京等北方寒冷地区解决问题的主要技术手段，市场处于爆发式增长阶段，其工作环境温度低，对热泵系统的产品质量和系统效率都提出了较大的挑战。

（2）生物质能利用的系统效率问题。我国在《可再生能源法》中明确规定“通过低效率炉灶直接燃烧方式利用秸秆、薪柴、粪便等，不适用本法”。

（3）生物质能利用的可持续发展问题。我国生物质能利用的基本原则是“不与人争粮、不与粮争地”，2017 年我国提出了宏伟的生物燃料乙醇发展目标，存在大规模耗用粮食生产燃料乙醇的风险；能源作物的大规模种植也可能存在占用土地的风险。在生物液体燃料的统计中是否应该提出可持续发展的约束性统计条件？

三、计算方法和核算问题

（一）可再生能源利用量的核算基准尚未明确、统一

可再生能源利用量计算是按照终端能源消费量还是按照能源消费量统计核算，尚未明确。

国家对可再生能源发展的考核目标是可再生能源在能源消费总量中的占比，其分母是按照一次能源消费量统计核算的，按照统计口径一致的原则，可再生能源利用量也应该按照能源消费量进行统计核算。

目前常用的计算方法中，太阳能供热、地热能供热、生物质燃料（固体、气体、液体）的利用量均按照终端能源量计算，可再生能源电力是按照煤耗法计算的一次能源消费量。可再生能源电力与可再生能源供热和燃料的统计口径不一，存在着低估可再生能源供热和燃料的问题。

（二）分品种的计算方法尚需研究

各品种可再生能源的能源量核算方法和折标准量系数对可再生能源数据的核算结果有较大的影响。目前还没有规范统一的可再生能源的能源量核算方法，尤其是非电可再生能源的折标准量方法，需统一技术方法，明确折标准量系数。

热泵系统可再生能源量的计算方法尚需研究。欧盟有明确的热泵系统可再生能源量（终端能源消费量）的计算方法和参数设置，我国尚没有明确统一的计算方法。目前常用的计算方法是按照热泵系统的供暖建筑面积核算，全国采取同一取值参数，没考虑设备的效率水平（COP 等）和气候区（环境温度）的影响，同时计算时没有考虑扣除热泵系统消耗的电量。这个技术方法的核算基准是终端能源消费总量，如何计算热泵提供的可再生能源量（能源消费量）尚不明确。

无燃料消耗的太阳能、地热能，可以按照其提供的终端能源产品（热力、电力）核算其终端能源消费总量。如何核算其一次能源消费总量？太阳能、地热能能否加入一次能源品种中？

可再生能源供热量的核算方法，是按照设备容量指标计算能源量，还是按照建筑供暖面积/供热量计算能源量？①如按照应用规模计算，分品种可再生能源的折标准量系数是多少？太阳能集热器的每平方米折算系数是多少？是否需要按照太阳能辐照资源区做进一步的细化？热泵系统的每千瓦装机折算系数是多少？②如果按照建筑供暖面积核算能源量，是否应按照气候分区给定不同的能源量折算系数？

（三）在能源统计综合报表中尚无相应类别，无法汇总

在国家能源统计综合报表中，可再生能源电力（包括水电、风电、太阳能发电）的统计数据已被纳入统计报告；在2017年更新的国家统计局《能源统计报表制度》中，生物质燃料乙醇和生物柴油已被纳入能源生产品种。目前，生物质供热有可能通过消耗的生物质燃料量报告其供热量，而太阳能供热和地热能供热（含热泵供热）不消耗燃料，无法填报。同时，由于热力没有细分品种，在能源统计综合报表中尚无相应类别，无法汇总。

四、数据来源和校核问题

（一）数据来源问题

非电可再生能源的能源量既可通过实测的能源生产、消费量获得，也可通过规模数据计算而得。多种非电可再生能源应用的实测能源量和利用规模都存在数据来源的问题。

少数数据来自官方、可靠的统计途径。在非电可再生能源中，只有生物质热电联产、生物燃料乙醇和生物柴油的生产消费情况已被纳入国家统计体系，有官方的、稳定可靠的统计途径和数据来源。户用沼气和沼气工程的年新增利用规模每年由原农业部发布。

一些技术的利用规模数据来自行业协会的统计和估计。中国农村能源行业协会太阳能热利用专委会每半年根据太阳能热利用行业的生产销售情况，发布我国太阳能热利用行业发展数据，包括太阳能集热面积的年新增量和保有运行量。

部分技术的利用数据仍难以找到统计路径，包括生物质成型燃料、热泵系统等的利用规模数据。国家曾经为生物质成型燃料和热泵系统的生产应用提供补贴，通过补贴管理体系，可获得可靠的数据来源；补贴停止后，数据来源中断。目前的成型燃料和热泵系统的利用数据仍沿用补贴时的统计数据或是在其基础上略做调整。

可再生能源供热量难以获得实测数据。外供的可再生能源供热量通常有热力计量装置，但上报数据仅为热力量，无法显示热力的品种。而可再生能源供热多为自用，通常没有热力计量装置，难以获得实测数据。

（二）数据校核问题

非电可再生能源数据校核主要有估算数据的纠偏、统计汇总计算方法的校核两个方面的问题。

一是估算行业统计数据的纠偏途径缺失。非实测的、由相关机构或协会估算的利用规模数据，可能会有一定的数据偏差，但缺乏相关的数据校核途径，以修改完善统计数据。

二是从年新增数据到运行保有量数据的计算方法的校核问题。目前能够获得的太阳能热利用、沼气以及热泵系统的利用规模数据均为年新增利用规模，因各种因素，一些设备和系统的停用时有发生，尚无途径校核实际的运行保有量。

第二节　各种技术的统计难点

一、可再生能源发电

并网型可再生能源发电统计依靠电网公司健全的电力计量装置和完善的接网流程管理，可实现较为准确的可再生能源发电装机和发电量统计，基于国家能源局部门专业统计和中电联电力行业报表制度的统计可满足大部分统计需求。

离网型可再生能源发电如海岛、边远地区独立可再生能源发电设施或微网，由于发电设施地理分散并缺乏相应计量装置，统计难度较大，这一部分尚未被纳入可再生能源发电相关报表制度中。

二、太阳能供热

（一）未被纳入能源消费品种，无法填报

无论是从能源消费角度，还是从能源生产角度，太阳能供热都无法填报。在能源消费品种中，尚没有太阳能，太阳能供热尚无法填报。从能源生产角度，热力没有细分的品种，太阳能供热也无法体现出来。

相比之下，太阳能热电可以从能源生产的角度填报。因为能源生产品种中已有太阳能发电，光伏发电和太阳能热发电均可通过太阳能发电量计入一次能源生产量中。

（二）计算方法和能源量的核算问题

1. 保有太阳能集热器面积的计算方法

2013 年起，保有太阳能集热器面积的计算开始考虑太阳能热水系统的寿命期和退役问题。在无法获得太阳能热水系统实际运行规模的情况下，其计算方式是合理的选择。但是，太阳能集热器的寿命期统一按照国家标准要求的 10 年计算，与实际的运行情况也有一定的偏差。这也使太阳能集热器的保有面积的可信度受到一定的影响。

2. 能源量的核算基准问题

太阳能供热量的核算基准尚不明确，应该按照终端能源量计算，还是应该按照一次能源消费量计算，尚没有统一的标准。目前通常计算的太阳能供热量是终端能源消费量，计入一次能源生产量的统计方法和计算公式尚不明确。

3. 不同资源条件下的能源标准量折算系数

大部分太阳能热利用系统没有热计量装置，其实际能源供应量只能依据太阳能热利用的应用规模推算得出。目前全国采用同一能源量折算标准，在计算全国应用总量时基本合理，但要计算不同省份的应用量则不够合理，需开展深入的研究。

（三）数据来源和校核的问题

目前太阳能集热器保有面积、太阳能热装机容量等太阳能应用规模指标的数据来源均为太阳能集热器年新增面积。太阳能集热器年新增面积的数据是根据太阳能热水器及其上游生产企业的销售量来推算的，无法反映市场上实际的太阳能热利用应用量。

尚无途径校核太阳能热利用的实际运行保有量。

三、生物质供热

（一）能源品种的细化问题

多种生物质能品种已被纳入能源消费品种和能源生产品种，可在国家能源直报平台上填报，但仍存在着品种完善和细化问题：在能源生产品种中，生物质气体燃料（包括沼气、垃圾填埋气、热解气、气化气等）尚未被纳入；在能源消费品种中，只有生物燃料一项，各种生物燃料（包括城市生活垃圾、生物燃料、其他燃料等）均在此项填报，没有细分品种，对于生物质气体燃料是否在此项填报未予明确。

（二）燃料热值的完善问题

生物质能源资源品种和消费品种多，燃料热值差异较大，特别是城市生活垃圾。

目前全国城市生活垃圾的热值统一按照 1 900 千卡/千克计算，但由于我国地域广阔，各地的气候条件和生活习惯差异较大，实际的燃料热值差异也较大。需要考虑是否应该设计分地区、分气候区的城市生活垃圾热值。

（三）数据的来源问题

1. 生物质热电联产

生物质热电联产的供热量数据已在线填报，但未能汇总发布。在国家能源统计直报体系中，包括生物质热电联产项目在内的所有热电联产发电项目既填报了发电量数据也填报了供热量数据。目前以农林剩余物、城市垃圾为燃料的生物质热电联产项目均为规模以上工业企业项目，其供热量数据有准确的来源。但由于热力没有细分品种，综合报表中未能体现出来。

2. 生物质成型燃料

国家曾为规模化（年产量 1 万吨以上）的生物质成型燃料生产企业提供补贴，通过补贴发放制度，能获得规模化的生物质成型燃料年产量。补贴停止发放后，数据来源就没有了。

目前，成型燃料生产量和消费量都缺乏有效的统计途径和数据来源。从生产角度看，成型燃料的生产企业数量多、分布广，没有有效的统计途径。从消费角度看，成型燃料主要用于生物质锅炉供热，如果是规模以上工业企业的自用锅炉，可在能源消费品种中填报成型燃料利用量；如果是规模以下的工业企业或商业、服务业企业，则无须填报能源数据。

3. 生物质锅炉

生物质锅炉是生物质供热的重要技术手段，也是生物质颗粒燃料的主要利用方式。生物质锅炉供热量的数据来源有以下三个。

一是直接计量生物质锅炉的供热量。目前只有少数较大规模的、外供热力的生物质锅炉有热力计量，多数生物质锅炉为自用型，通常不计量其供热量。通过供热量的计量统计有可能获得规模以上的外供热力的生物质锅炉供热量，但难以获得完整的生物质锅炉供热量。

二是计量生物质锅炉的燃料消费量。目前我国生物质锅炉主要燃用外购的颗粒燃料，规模以上的工业企业可以在国家能源直报平台上在能源消费品种中填报消费的生物质燃料量；但多数生物质锅炉在规模以下的工业企业、非工业企业中使用，没有申报路径。

三是通过保有运行的生物质锅炉规模估算。国家市场监督管理局对压力容器（包括大部分生物质锅炉）有备案，但其备案锅炉数据未与统计部门形成数据信息对接。

（四）统计上报体系的问题

以合同能源管理模式实施的生物质锅炉供热项目，难以被纳入统计上报体系。在能源合同管理模式中，生物质颗粒燃料企业为工业企业提供整套生物质供热系统并负责热力运行维护，其交易的能源产品是热力，不是生物质燃料。工业企业的能源消费产品只能填报外购热力（热力不分品种），无法填报生物质燃料。而生物质锅炉供热项目的主体只是工业企业的热力车间，并非独立法人，也无法填报。这种状况导致生物质供热项目的能源量难以上报国家统计平台。

四、生物质气体燃料

（一）重复计算问题

生物质气体燃料，包括沼气、垃圾填埋气、生物天然气、生物质热解气、生物质气化气等，均为二次能源产品，其用途多样，可用于发电、供热、炊事，也可用于交通燃料。生物质气体燃料发电已被纳入可再生能源发电的统计体系，有准确的数据来源。如按照沼气的利用规模核算沼气利用量，需扣除已计入发电量统计的沼气量，否则就会造成重复计算。

（二）数据来源和校核问题

沼气年新增利用规模的数据来源清晰。我国为户用沼气和沼气工程提供了多年的初始投资补贴，根据我国沼气补贴管理制度，原农业部每年新增沼气利用规模的数据清晰、有依据。

沼气保有运行规模缺乏校核途径和手段。由于各种因素，一些户用沼气和沼气工程项目处于停用、弃用状态，如采用多年新增利用规模数据的简单加总计算保有运行量，与实际运行情况会有较大的差距，目前尚缺乏实际、可操作的数据校核途径和手段。

行业类别影响大中型沼气工程的能源数据在线上报工作。从企业规模和类型看，大中型禽畜养殖场的沼气工程项目可纳入规模以上工业企业，在国家统计平台上直报数据，但多数沼气工程企业为农业企业，无须上报能源统计报表。

五、生物液体燃料

2017 年生物燃料乙醇和生物柴油开始被纳入国家能源消费品种，生物液体燃料均已被纳入国家能源统计体系，但也存在着一些问题。

（一）可持续发展问题

欧盟对于生物液体燃料生产的可持续性问题非常关注，要求可再生能源的发展和利用不能以破坏生态环境为代价，对不同技术品种生物液体燃料的温室气体减排率有明确的指标要求：在 1990 年温室气体排放量基础上，2009 年前排放量减少 35%以上，2017 年前减排 50%以上，2018 年减排 60%以上。

我国生物质能利用的基本原则是“不与人争粮、不与粮争地”，目前生物燃料乙醇的原料多为陈化粮，纤维素乙醇的生产尚未进入规模化应用阶段。2017 年我国提出了宏伟的生物燃料乙醇发展目标，存在大规模耗用粮食生产燃料乙醇的风险。

目前，我国所有的生物燃料乙醇均被纳入可再生能源统计。但是，是否应该提出粮食类生物燃料乙醇退出可再生能源统计的时间表，确保可持续发展的原则，以及“不与人争粮、不与粮争地”原则的实现？

能源作物生产的生物柴油也存在着可持续性的问题。由于能源作物的育种、种植需要数年的时间周期，近年生物柴油的统计问题尚不突出。

（二）生物柴油的统计范畴问题

（1）用途问题。生物柴油与煤相似，既可用作能源，也可用作工业生产原材料。目前我国的生物柴油多用作原料，而非能源，其统计方法是只统计用作能源用途的部分，还是所有生物柴油都纳入能源统计范畴，但只有做能源用途的生物柴油纳入可再生能源的统计范畴？

（2）出口问题。我国生物柴油有一部分出口国外而非在本国利用，是否都应纳入统计？

（三）能源利用量的核算基准问题

如按照终端能源利用量核算，生物液体燃料能源量的统计技术方法和核算指标都清晰明确。生物燃料乙醇和生物柴油的热值清晰明确，已被纳入国家能源统计体系的取值参数表。生物燃料乙醇和生物柴油均已被纳入国家统计体系，生物液体燃料终端能源利用量的计算方法和核算指标都清晰明确，数据来源清晰可查。

如按照一次能源消费量核算，生物液体燃料能源量的统计计算方法和核算指标尚需研究。例如，生物质燃料乙醇消耗的生物质原料（陈化粮、玉米等）的热值尚需测算和设定；废油提纯生产的生物柴油该如何计算，尚需研究确定。

六、地热能供热

（一）未纳入能源消费品种，无法填报

无论是从能源消费角度，还是从能源生产角度，地热能供热都无法填报。在能源消费品种中，尚没有地热能，地热能供热尚无法填报。从能源生产角度看，热力没有细分品种，地热能供热也无法体现出来。

（二）统计管理问题

自然资源部（原国土资源部）负责地下热水的开采许可和管理工作，钻井开采地下热水必须通过自然资源部门的许可。但地下热水的使用情况并未得到完善的计量和管理，自然资源管理部门也不掌握地下热水的抽取采用数据。

热泵机组是商业化的电气设备，生产和销售企业无须向任何部门报告热泵机组的生产和销售数据。中国节能协会热泵专委会是自由、松散的社会团体，通过会员单位自愿提供的生产销售信息估算产业规模（新增台套数）和销售额（亿元）。根据热泵专委会的估计，其会员企业的生产销售

量占市场容量的 80%左右，具有较强的代表性。

（三）暂无有效的数据收集途径

地热能尚未被纳入能源统计品种，国家和地方相关统计部门尚没有有效的数据收集和上报途径，难以掌握地热能供热项目（包括水热型供热和热泵供热）的数量、规模和供热等情况。

热泵项目大多数由企业和个人自行建设，数量众多，分布零散，供热规模较小，项目数据获取难度非常大。不论是热泵装机规模还是热泵供热量，目前尚无有效的数据收集途径。

在国家层面，住建部组织实施可再生能源建筑示范城市时为热泵系统提供初始投资补贴，通过补贴管理系统，获得了较为准确的热泵供热建筑面积，但统计范围仅涵盖示范城市。补贴停止后，统计途径也再难以持续。

在地方层面，仅有北京市构建了地源热泵热利用的统计体系，并对数据收集渠道进行了试点调查。北京市统计局对全市 4 万多家规模以上单位布置了可再生能源报表，但主动核实上报有可再生能源利用的单位较少。另外，居民和规模以下企业安装的热泵项目不适宜每年大规模能源利用量普查。

在行业协会层面，中国节能协会热泵专委会 2018 年发布了《2017 年中国空气能热泵供热产业发展报告》，根据主要空气源热泵企业的销售情况，结合热泵压缩机等核心部件的生产情况，估算了空气源热泵的年新增台套和销售额，但没有空气源热泵的新增装机容量数据。

从地热供热企业的角度看，在地热资源丰富的地区，可实现规模化的城镇地下热水供热，供热企业的供热量和营业额都可达到规模以上工业企业的要求。但是，一些企业的企业类别是公共服务企业，不属于工业企业范畴，未被纳入统计部门的入统企业名单，无须在线上报能源生产和利用数据。例如，中石化绿能供热公司是河北雄县城区的特许供热单位，地热能几乎是县城的唯一供暖能源，企业规模和供热量都是规模化、商品化的，但绿能公司未被纳入雄县的入统企业名单，其提供的地热供热量未被纳入国家统计局的能源直报平台。

从热泵供热用户的角度看，热泵提供的是自用热力，无须计量和上报，且多为中小型用户，没有上报数据的途径。

可再生能源供热量难以获得实测数据。外供的可再生能源供热量通常有热力计量装置，但上报的数据仅为热力量，无法显示热力的品种。而可再生能源供热多为自用，通常没有热力计量装置，难以获得实测数据。

（四）核算基准和计算方法问题

水热型供热的能源量计算方法成熟，通过抽水口和排水口的温度和流量可以获得水热型供热系统的能源量。实际操作过程中，可通过安装热量表直接获得能源量；如没有安装热量表，而是通过安装温度计和流量计的方法获得基础数据，则需进行积分计算，在实际操作中专业性较强，难以操作。

核算基准尚不确定、统一。热泵系统可再生能源量的计算方法有多种，各种计算方法的出发点和核算基准不同，计算结果有较大的差距，我国尚未明确应采用哪种计算方法和核算基准。欧盟的核算基准是终端能源消费量。我国的核算基准尚未明确是终端能源消费量还是一次能源消费量，核算基准不同，计算方法也有较大的不同。

热泵系统可再生能源供热量的计算方法尚不确定、统一，特别是以一次能源消费量为核算基准时。①核算基准是终端能源消费量时，热泵系统可再生能源供热量的计算方法有两种，只要计算参数取值得当，两种方法的计算结果应该是一致的。一是根据供暖的建筑面积计算，二是根据热泵系统的装机容量计算。采用哪种计算方法，主要看哪种数据是可获得的。②核算基准是能源消费量时，热泵系统可再生能源消费量有三种计算方法。一是等于热泵系统的可再生能源供热量（终端能源量）；二是电能替代法（EIA 的计算方法），按照其终端能源消费量的电能替代量计算，即等于热泵系统可再生能源终端能源消费量乘以发电煤耗；三是热能替代法（IEA 的计算方法），按照其终端能源消费量和常规供热锅炉效率（50%）计算，即等于热泵系统可再生能源终端能源消费量除以锅炉效率。三种方法的计算结果有较大的不同，应尽快明确、统一采取哪种计算方法。

地热能供热能源量计算的参数取值尚需认真研究、确定。①地热供暖：包括地热水热型供暖和热泵系统供暖。根据系统供暖建筑面积计算地热供热能源量时，单位建筑面积的能源量折算参数的取值尚有较大的争议，核算基准是终端能源消费量还是一次能源消费量对其的影响较大。同时，不同气候区和建筑能耗水平对地热供暖能源量的影响也很大。目前我国采用的是统一折算系数，是否应该分类细化折算系数的取值？②热泵系统供热：根据热泵装机容量计算供热能源量时，不同的热泵技术种类、机组效率和系统效率以及气候条件对计算参数的影响很大。欧盟根据热泵技术种类和气候区给出了详细的参数取值设定。我国的热泵市场刚刚启动，对于计算参数取值尚需做大量的测试和研究工作。

第三节　典型案例

一、沼气项目

合力清源公司于2007年设计并实施的沼气发电项目是我国最早的大型沼气发电工程，该项目利用农场鸡粪和污水进行厌氧生物处理以生产沼气和电力，沼气工程厌氧发酵罐容积为12 000立方米，年产沼气约700万立方米，发电机组总装机容量为2兆瓦，每年上网发电量约1 400万度，减排二氧化碳8.4万吨，产出固态有机肥7 000吨。该项目的上网发电量已被纳入统计。

为解决沼气工程中沼液的消纳处理，合力清源以沼气工程产生的沼液和农作物秸秆为原料，建设了生物天然气工程。该项工程通过秸秆和沼液混合发酵产生沼气，沼气经脱硫、脱水、除浊、除尘等净化工艺，再经提纯压缩，制成甲烷纯度95%的生物天然气。通过压缩器槽车送至周边的张山营镇和康庄镇39个农村沼气储罐。利用村级管线为农户提供清洁能源。该项生物天然气工程日处理农作物秸秆45吨，日产沼气15 000立方米，净化提纯后生产9 000立方米的生物天然气。

按照合力清源的企业规模和类型，大中型禽畜养殖场的沼气工程项目可被纳入规模以上工业企业，在国家统计平台上直报数据。但合力清源的企业性质为农业企业，在归口管理上，又无须上报能源统计报表。该项目反映出的统计问题在沼气工程项目中较为普遍，企业类别鉴定和能源产品统计渠道的矛盾较为突出。对于发电上网的沼气工程，通过电力统计渠道已有统计，但离网的沼气发电工程和沼气（或生物天然气）供气工程数据则缺乏有效的统计上报途径。

二、生物质热电联产项目

中节能（烟台）生物质热电有限公司建设项目，厂址位于栖霞市西北吕家村以东，距栖霞市区主干道迎宾路 1.7 公里，由中国节能环保集团下属的中国环境保护公司投资兴建。项目设计投资规模为 4.06 亿元，供暖面积 250 万平方米，供热量 104 万吉焦，发电量 1.8 亿千瓦时。项目设计规模为 2×15 兆瓦抽凝汽轮发电机加 3×75 吨/小时次高温次高压秸秆燃烧锅炉（3 炉 2 机），采用低真空供热方式，电厂循环水供热，采暖期采取“以热定电”运行模式，非采暖期仅发电。

该企业为规模以上工业企业，已被纳入国家能源统计体系，生物质热电联产的发电量和供热量数据以及消耗的生物质燃料数据均已定期上报国家统计平台。企业每月填报能源统计报表，包括：①能源购进、消费与库存表；②能源购进、消费与库存附表；③能源生产销售与库存表。

生物质热电联产项目多为规模以上工业企业，其生物质消费量和供热量均已上报能源统计平台，已被纳入能源消费量和能源生产量的统计。但由于统计报表中没有相应的统计科目，生物质热电联产项目的供热量尚没有被纳入可再生能源消费总量的统计范畴。

为此，建议在核算生物质热电联产的供热量时，增加可再生能源供热量的统计，其中包括生物质热电联产项目中的供热量、生物质燃料消耗量等相关指标，合理体现生物质供热在可再生能源供热和清洁能源供热领域的贡献量。

三、生物质锅炉供热项目

迪森股份是国内利用生物质等新型清洁能源提供热能服务的领先企业，主营业务为利用生物质燃料等新型清洁能源，为客户提供热能服务。珠海经济特区红塔仁恒纸业是国内专业生产高档涂布白卡纸的企业。迪森股份与红塔仁恒于 2009 年合作，采用合同能源管理模式，将燃烧的重油替换为生物质成型颗粒。由迪森投资建设的生物质循环流化床锅炉，是目前国内典型的生物质成型燃料锅炉应用项目。该项目利用 2 台 40 吨/小时的生物质循环流化床锅炉为红塔仁恒纸业提供蒸汽约 60 万吨/年，替代重油

4 万吨。

自该项目实施以来，通过生物质燃料供热为生产企业提供了稳定可靠的绿色清洁能源。但这些绿色清洁能源热力并未被纳入可再生能源热力统计范畴，生产企业只对用热量进行统计填报，在统计报表中未能体现生产热力的原料来自生物质。

目前，该类能源合同管理模式中，供热企业和用热企业均无法填报可再生能源供热量。其原因在于：①供热服务企业无法为生产用热企业使用生物质能热力提供支持证明。应按照能源消费量的统计原则“不论能源所有权的归属，能源（热力）消费单位有义务对其能源（热力）消费量进行统计”，明确划分供热企业和用热企业的统计上报职责，由生产用热企业统一上报生物质用热量，避免信息重复上报。供热服务企业应为生产用热企业提供生物质燃料使用量的证明票据，以证明生产企业使用的是清洁的生物质能热力。②用热企业通常属规模以上工业企业，需要定期填报能源报表。但用热企业热力来自外购，外购热力的发票内容只能显示是热力，无法显示是生物质生产的热力。③供热企业建设管理运营的供热项目分布在不同地区，与供热企业注册地不在同一行政区划内，无法统一上报。单体供热项目通常规模不大，不足以纳入能源统计规模，无须填报能源统计报表。

四、太阳能工业供热项目

太阳能工业供热项目有广泛的市场应用。山东某家禽屠宰加工厂安装太阳能热水系统为生产过程提供热水，项目已实施数年，热水系统性能稳定，运行成本低。根据该企业的要求，太阳能热水系统提供商将太阳能热水系统建成后，移交给该企业。该企业既是太阳能热水系统的所有者，也负责系统的运营和维护。太阳能热水系统属于企业的自备热力。

通过现场调研发现，企业安装了太阳能热水系统的入水口和出水口的热水温度计量装置，但并没有核算过太阳能热水系统的供热量，也没有任何部门要求其上报太阳能热利用数据。

按照我国现行的能源统计规定和可再生能源数据统计渠道，这类项目的应用尚未被纳入国家能源统计渠道。其主要原因包括：

（1）企业类型问题。该企业属于农畜牧加工类企业，不属于工业企业，也不是国家监控的高能耗企业，不用填报能源统计报表。现行的规定是只有规模以上工业企业须定期（每月）填报能源统计报表。

（2）无法填报太阳能热水系统的供热量。即使是规模以上的工业企业，安装了计量太阳能供热量的热量表，在现行的能源统计制度下也无法填报，太阳能热水系统的热力生产量也无法被纳入能源生产量和能源消费量的统计中。原因有两个：①太阳能未被纳入统计体系的能源生产、消费品种，基层企业填报的能源生产消费统计表格中没有太阳能热利用的技术分类，无法填报；②统计报表中只填报外供的热力，自用热力无须填报。

（3）太阳能热利用多为非商品化应用，存在如何将其纳入国家能源统计体系的问题。从全国的角度看，此类太阳能热水项目（民用热水、工业热水等）的集热器面积已通过太阳能销售渠道的统计体现到全国太阳能热利用应用量中。不被纳入国家能源统计体系中，也就无法对非化石能源占比、可再生能源占比等国家考核指标有所贡献。

第六章

可再生能源技术统计研究

Statistics Research by Renewable Energy Technologies

第一节　可再生能源发电

一、统计指标

电力行业报表制度经过多年的实践和完善已经成为体系健全、指标合理、方法科学的统计制度，对可再生能源发电的统计主要通过以下三类指标进行。

（一）规模指标

可再生能源发电的规模指标包括发电装机容量、平均设备容量。

（1）发电装机容量，指在报告期内并网发电的装机容量，包括累计装机容量、新增装机容量等。按照建设进度也可分为核准装机容量、建设装机容量、并网装机容量。

（2）平均设备容量，指发电机组在报告期内按日历时间平均计算的容量。

$$平均设备容量 = \sum 发电机组容量 \times 报告期内该机组构成本厂发电设备的小时数 / 报告期日历小时数$$

（二）生产指标

生产指标包括发电量、上网电量和自用电量。

1. 发电量

发电量指电厂（发电机组）在报告期内生产的电能量，是发电机组经过对一次能源的加工转换而生产出的有功电能数量，即发电机实际发出的有功功率（千瓦）与发电机实际运行时间的乘积。调度口径发电量是指报告期电网调度范围内发电机组发电量的总和；全口径发电量是指报告期内全国所有发电机组发电量的总和。

2. 上网电量

上网电量指该电厂在报告期内生产和购入的电能产品中用于输送（销

售）给电网的电量，即厂、网协议确定的电厂并网点各计量关口表累计抄见电量之和。

3. 自用电量

自用电量指发电厂生产电能过程中消耗的电量以及分布式发电项目自发自用部分电量。

（三）运行指标

运行指标包括弃风（光）电量、弃风（光）率及平均利用小时数。

1. 弃风（光）电量

弃风（光）电量指受电网传输通道或安全运行需要等因素影响，风（光）电场可发而未能发出的电量，不包括风（光）电场因风机自身设备故障原因未能发出的电量。具体计算方法请参见原电监会《风电场弃风电量计算办法（试行）》有关规定。

2. 弃风（光）率

弃风（光）率指受电网传输通道或安全运行需要等因素影响，风（光）电场可发而未能发出的电量，为弃风（光）电量与全部应发电量的比率。

弃风（光）率=弃风（光）电量/［风（光）电实际发电量+弃风（光）电量］

3. 平均利用小时数

平均利用小时数是反映发电设备按照铭牌容量计算的设备利用程度的指标。

发电设备平均利用小时数=发电量/发电设备平均容量

二、能源标准量的折算

电量实物量折算为能源标准量有两种方法：一是发电煤耗法，二是电热当量法。

电力的能源标准量=电量×折标准煤系数

对于折标准煤系数的取值，发电煤耗法按照当年火力发电标准煤耗计算，电热当量法按照电力当量值（0.122 9 千克标准煤/千瓦时）计算。

1990—2018 年全国火电厂发电煤耗和供电煤耗见表 6-1。

表 6-1　1990—2018 年全国火电厂发电煤耗和供电煤耗

单位：克标准煤/千瓦时

年份	发电煤耗	供电煤耗
1990	392	427
1995	379	412
2000	363	392
2005	343	370
2010	312	333
2011	308	329
2012	305	325
2013	302	321
2014	300	319
2015	297	315
2016	294	312
2017	292	309
2018	291	308

注：发电煤耗是九大电力公司平均数，统计范围为 6 兆瓦以上机组。

资料来源：《中国能源统计年鉴》（2018）

第二节　太阳能供热

一、能源统计现状

（一）统计指标和计算方法

太阳能热利用的统计指标主要有应用规模指标和能源量指标。应用规模指标包括太阳能集热器安装面积（平方米）和太阳能热利用装机容量（千瓦热能）。能源量指标包括太阳能供热系统的能源量（标准量），以及按照电热当量法和等价法计算的太阳能生产量和太阳能供热量。

1. 太阳能集热器安装面积

太阳能集热器安装面积指标包括年新增太阳能集热器面积和保有太阳

能集热器面积。

年新增太阳能集热器面积，指每年新增安装使用的太阳能集热器面积。

保有太阳能集热器面积，指目前尚在运行的太阳能集热器面积。其计算公式为：

保有太阳能集热器面积=上年保有太阳能集热器面积+年新增太阳能集热器面积-年报废退役太阳能集热器面积

根据我国《民用建筑太阳能热水系统应用技术规范》的要求，太阳能热水系统的寿命为 10 年。在缺乏实际统计数据的情况下，可认为太阳能热水系统在运行 10 年后均报废退役。欧洲市场的主流产品与我国有较大的不同，其主流产品是平板型集热器、二次循环系统，其寿命通常为 20 年。

2. 太阳能热利用装机容量

由于以太阳能集热器面积来计量的太阳能热利用规模，与可再生能源电力的装机容量（千瓦）统计指标不统一，难以统计和比较，2004 年，国际能源署太阳能供热制冷委员会（IEA-SHC）等七个国际太阳能热利用机构联合研究公布了太阳能热利用装机容量的计算方法和折算系数。目前，全球太阳能热利用统计已普遍采用了该标准。

太阳能热利用装机容量（千瓦$_{热}$）= 太阳能集热器面积（平方米）×折算系数

其中：折算系数取值 0.7 千瓦$_{热}$/平方米。各种集热器的折算系数稍有不同，不带盖板的平板集热器为 0.7 千瓦$_{热}$/平方米，带盖板的平板集热器为 0.671 千瓦$_{热}$/平方米，真空管集热器为 0.717 千瓦$_{热}$/平方米。但差别不大，可统一取值为 0.7 千瓦$_{热}$/平方米。

也就是说，1 平方米太阳能热利用集热器面积可折算为 0.7 千瓦热能的太阳能热利用装机容量。

要采用太阳能热利用装机容量的计算方法和折算系数，须满足以下几个前提：①太阳能集热器面积采用的是太阳能辐射到的集热器吸收层的面积，而非集热器轮廓面积和吸收层面积；②集热器包括不带盖板的平板集热器、带盖板的平板集热器和真空管集热器三种类型，这也是目前全球市场上主要的太阳能热利用的集热器类型；③集热器的效率依据各检测机构的历年检测记录确定；④根据三种集热器典型运行状况，将辐射量设定为 1 000 瓦/平方米。

3. 太阳能供热系统的能源量

太阳能供热系统的热力生产量，既可通过热计量装置测量获得，也可通过太阳能集热器面积计算而得。目前，国内外多通过太阳能集热器面积计算而得。

太阳能供热量=太阳能集热器面积×单位面积折算系数

=太阳能集热器面积×年辐射量×太阳能供热系统效率

其中：单位面积折算系数与太阳能热水系统的种类和性能、当地太阳能辐射强度、当地气候环境有关。

在某一地区，太阳能辐射强度、气候环境是一定的，可按照国家太阳能集热器标准对集热性能的要求，计算出单位太阳能集热器面积的供热量折算系数。目前，我国通常使用的太阳能供热量折算系数为0.115~0.12吨标准煤/(平方米·年)。我国地域辽阔，太阳能辐射强度、气候环境都有很大的差距，但目前尚没有官方的分地区供热量折算系数取值建议。

太阳能热力是一次热力，其能源量的计算方法应与一次电力（风电、水电）的计算方法保持一致，按照当量法和等价法计算能源生产量时，太阳能供热量折算系数不同。目前常用的太阳能供热量折算系数并未明确是电热当量法还是等价热值法的折算系数。

4. 太阳能供热系统效率

国际能源署公布的太阳能热水系统的效率取值为：无盖板集热器的热水系统0.29，有盖板集热器的家用热水系统0.44，有盖板集热器的热水供暖系统0.33；采用槽式、塔式集热器的太阳能热发电系统（CSP）0.7，采用槽式、塔式集热器的太阳能供热系统（CST）0.6。

我国的太阳能热水系统多为有盖板的板式集热器、真空管集热器，根据我国标准，太阳能热水系统的系统效率要达到0.45以上，与国际能源署的参数取值0.44基本一致。

5. 年太阳能总辐照量

单位面积折算系数与当地的年太阳能总辐照资源相关。我国地域广阔，太阳能辐照量区域之间差别较大，因此在利用太阳能集热器面积推算太阳能能源消费量和能源生产量时，分区域推算比较合理。根据国家标准《太阳能资源评估方法》（GB/T 36526—2019）的规定，按照年水平面总辐照量，我国太阳能资源分为最丰富、很丰富、丰富、一般四个等级（见表 6-2）。青藏高原及内蒙古西部是我国太阳能资源最丰富区，辐照量大于等于 1 750 千瓦时/平方米；以内蒙古高原至川西南一线为界，其以西、以北的广大地区是资源很丰富区，辐照量普遍为 1 400~1 750 千瓦时/平方米；东部的大部分地区，辐照量一般为 1 050~1 400千瓦时/平方米，属于资源丰富区；四川盆地由于海拔较低且全年多云雾，辐照量一般不足 1 050 千瓦时/平方米，是资源一般区。

表 6-2 太阳能年水平面总辐照量等级和区域分布

等级名称	等级符号	年水平面总辐照量/（千瓦时/平方米）	地区
最丰富区	1 区	≥1 750	西藏大部、新疆南部以及青海、甘肃和内蒙古的西部
很丰富区	2 区	1 400~1 750	新疆大部、青海和甘肃东部、宁夏、陕西、山西、河北、山东东北部、内蒙古东部、东北西南部、云南、四川西部
丰富区	3 区	1 050~1 400	黑龙江、吉林、辽宁、安徽、江西、陕西南部、内蒙古东北部、河南、山东、江苏、浙江、湖北、湖南、福建、广东、广西、海南东部、四川、贵州、西藏东南角、台湾
一般区	4 区	<1 050	四川中部、贵州北部、湖南西北部

6. 单位面积折标系数

太阳能热力是一次热力，单位集热面积折标系数的计算方法应与一次电力（风电、水电）的计算方法保持一致，用等价法计算时需考虑替代系统效率。

单位面积折标系数（当量法）= 年辐照量×太阳能供热系统效率

单位面积折标系数（等价法）= 年辐照量×太阳能供热系统效率÷替代系统效率

太阳能系统替代的供热系统一般为煤锅炉、气锅炉和电锅炉等，煤锅炉系统效率一般为 75%~85%，气锅炉系统效率一般高于 80%，电锅炉系统效率一般高于 90%。因此，太阳能热水系统的替代热水系统效率取值 80%。

分资源区单位集热面积折标系数的测算和建议值见表 6-3。按照电热当量法，四个太阳能资源区的单位集热面积折标系数范围分别为大于等于 97

千克标准煤/(平方米·年)、77~97千克标准煤/(平方米·年)、58~77千克标准煤/(平方米·年)和小于58千克标准煤/(平方米·年)。按照等价热值法，四个太阳能资源区的单位集热面积折标系数范围分别为大于121千克标准煤/(平方米·年)、97~121千克标准煤/(平方米·年)、73~97千克标准煤/(平方米·年)和小于73千克标准煤/(平方米·年)。对于具体的项目和地区，可根据当地的太阳能资源数据和能源系统数据计算其单位面积折标系数。

表6-3 分资源区单位集热面积折标系数的测算和建议值

资源分区	年太阳能辐照量[千瓦时/(平方米·年)]		太阳能系统效率(%)	电当量系数(千克标准煤/千瓦时)	替代系统效率(%)	折标系数[千克标准煤/(平方米·年)]					
						电热当量法			等价热值法		
	最低	最高				最低	最高	建议值	最低	最高	建议值
最丰富区	1 750		45	0.122 9	80	97		105	121		130
很丰富区	1 400	1 750	45	0.122 9	80	77	97	85	97	121	110
丰富区	1 050	1 400	45	0.122 9	80	58	77	68	73	97	85
一般区		1 050	45	0.122 9	80		58	50		73	65

（二）数据来源和统计途径

目前太阳能热利用统计指标只有太阳能热利用的应用集热面积，包括历年累计集热面积和年新增集热面积。数据主要来自中国农村能源行业协会太阳能热利用专业委员会。

专委会的数据是通过对行业内的企业每年的销售量进行统计获得的，其统计方法主要是向规模以上太阳能热水系统企业（年产值在5 000万元以上）发放调查问卷或电话调查，统计的指标包括企业概况信息、生产量、热水工程量及进出口量等。同时专委会通过行业产业链的上游企业，如太阳能真空管企业和平板集热器板芯企业等，核实当年太阳能热利用的市场新增量，从而推算出太阳能集热器的年新增量。

二、指标体系设计建议

（一）统计指标

从能源统计的角度，太阳能热利用的关键统计指标是太阳能热利用的集热器面积、单位集热器面积的折标准煤系数和热利用系统的应用热量值。前者需要相应的报表制度从厂家、热利用系统应用用户、系统安装服务商等处获得，而应用热量值的统计方式中，一种是需要安装计量装置，其中最直接的方式是在热利用应用系统的终端加装热计量装置，可以直接获取热量值；另一种是根据不同的太阳能热利用系统，在相应的位置安装流量和温度计量装置，然后经过计算获得热量值。通过计量方式获得热量值需要行业规范太阳能热利用系统的设计和安装。另外，应用热量值也可以通过太阳能集热器面积计算获得。

根据目前太阳能热利用行业的发展现状和行业数据的统计情况，以及国际统计通行做法，最可行的方式是统计太阳能热利用的集热器面积。根据太阳能集热器面积，分不同太阳能辐照资源区核算太阳能热力的能源量。

由于我国能源消费总量统计时多采用等价热值法（发电煤耗法），建议计算太阳能热力的能源生产量/消费量时也采用等价热值法的单位集热器面积折标系数。单位集热器面积折标系数建议值，四个太阳能资源区分别为 130 千克标准煤/(平方米·年)、110 千克标准煤/(平方米·年)、85 千克标准煤/(平方米·年) 和 65 千克标准煤/(平方米·年)；由于我国太阳能热利用大部分分布在丰富区和很丰富区，全国建议取值 120 千克标准煤/(平方米·年)。如采用当量法计算能源消费量，全国建议取值 95 千克标准煤/(平方米·年)。

（二）统计方法和途径

太阳能热利用企业由于数量众多，规模较小，需要通过协会和相关机构来采集数据。建议政府加强协调，使建筑部门、农业部门等机关间信息充分共享。同时从指导产业发展的角度联合统计部门给获取信息的协会和咨询公司以全面支持，统一规定企业填报数据，以便获取一手的全面数据，通过与各协会和部门调研数据进行校核，从而获取全面数据并保证数据的真实性。

为保障数据统计工作的可持续性，应从资金、人力和制度保障等方面支持相关协会和机构。首先建立和完善数据采集渠道，建立信息报送系统和相关制度，获取太阳能热利用行业的统计数据。其次建立数据共享与发布机制，使统计数据更好地服务于产业和社会。

第三节　生物质固体燃料——热电联产

一、能源统计现状

（一）统计指标和计算方法

生物质热电联产项目的统计分为电和热两部分。电力部分的统计指标和计算方法与生物质发电项目相同，此处不再赘述。热力部分的统计指标是生物质热电联产供热量，计算方法有三种：一是按照生物质燃料实物量和热电比计算，二是根据热力计量和热力折标系数核算，三是按照供热面积计算。

1. 按照生物质燃料实物量和热电比计算

生物质热电联产供热量计算公式为：

供热量=热电联产投入的总能源量×热电比/（1+热电比）

热电联产投入的总能源（标准煤）= 生物质燃料实物量×燃料标准煤折算系数

对于热电联产，由于供热与发电投入的燃料同时投入锅炉进行燃烧，产生的蒸汽分别用于发电和供热，在投入过程中难以区分供热与发电中燃料的用量。统计过程中，根据热电联产所产生的供热蒸汽和电力可以计量的特点，采用热电比的方法，计算供热与发电投入的能源量。

热电比是热电厂供热量和发电量（换算成热量）的比值。供热量单位采用吉焦，发电量单位采用千瓦时，需要换算成同一单位。

热电比=供热量（百万千焦）/［发电量（千瓦时）×3 600（千焦/千瓦时）］×100%

2. 根据热力计量和热力折标系数核算

生物质热电联产供热量（吨标准煤）= 热力计量表读数（吉焦）×热力的折标系数

热力的折标系数为 0.034 12 吨标准煤/百万千焦。根据《综合能耗计算通则》（GB/T 2589—2008）规定，低位发热量等于 29 307 千焦的燃料，称为 1 千克标准煤。100 万千焦折合为标准煤为 34.12 千克标准煤（即 0.034 12 吨标准煤）。因此，热力折算为标准煤是按照其实际热量折算（当量值计算）的，一般企业都能将热力按流量、温度、压力换算成热值，再折算为标准煤。

如果是没有安装热量计的热力外购单位，吨蒸汽可按折标准煤系数 0. 094 8 折算标准煤（蒸汽热焓按 2 780 千焦/千克计，即蒸汽热值为 664 千卡/千克），即每吨蒸汽折 0. 094 8 吨标准煤。计算公式如下：

供热量(吨标准煤)= 年蒸汽产量(蒸吨)× 蒸汽热值转换系数

3. 按照供热面积计算

生物质热电联产用于集中供热的供热量，如果没有计量，可采用供热面积、平均供热热负荷、供暖天数计算，方法如下：

生物质热电联产供热量 = 供热面积×平均供热热负荷×供暖天数×21×3 600

其中：供热量单位为焦耳；供热面积为建筑面积；平均供热热负荷一般为建筑供热设计热负荷的 55%～64%，设计热负荷若为 70 瓦/平方米，平均供热热负荷按 60%估算，为 42 瓦/平方米。

（二）能源数据的来源和统计途径

生物质热电联产企业大多为规模以上工业企业，已纳入国家能源统计体系，需每月填报能源统计报表，包括：①能源购进、消费与库存表（见表 6-4）；②能源购进、消费与库存附表（见表 6-5）；③能源生产、销售与库存表（见表 6-6）。生物质热电联产的发电量和供热量数据，以及消耗的生物质燃料数据均定期上报国家统计平台。

表 6-4　某生物质热电联产企业能源购进、消费与库存表

能源名称	计量单位	期初库存量	本月购进量	本月消费量					期末库存量	折标系数
				合计	1. 工业生产消费		2. 非工业生产消费	3. 运输工具消费		
						用于原材料				
柴油	吨									
电力	万千瓦时									
热力	百万千焦									
生物质废料用于燃料	吨标准煤									
能源合计	吨标准煤									

表 6-5　某生物质热电联产企业能源购进、消费与库存附表

能源名称	计量单位	工业生产消费量	加工转换投入合计			能源加工转换产出	回收利用	折标系数
				火力发电	供热			
柴油	吨							
热力	万千瓦时							
电力	百万千焦							
生物质废料用于燃料	吨标准煤							
能源合计	吨标准煤							

表 6-6　某生物质热电联产企业能源生产、销售与库存表

产品名称	单位	产品产量		销售量	企业自产自用
		本月	1-本月	1-本月	1-本月
发电量	万千瓦时				
其中：生物质燃料发电量	万千瓦时				
供电量	万千瓦时				
供热量	百万千焦				

二、指标体系设计建议

建议对生物质热电联产的供热量进行统计汇总，对所有热电联产项目的热电比、系统效率、热装机容量、热力产量、热力消费量、原料具体类别（如秸秆等农业废弃物、林业废弃物、木质废弃物等）进行统计。统计指标的单位和计算可参考能源统计基础指标中的热力单位和计算方法。

第四节　生物质固体燃料——供热

一、能源统计现状

（一）统计指标和计算方法

目前，对生物质锅炉供热量的统计有四种方法：生物质锅炉供热量

方法、供热面积核算法、生物质锅炉额定容量核算法、生物质供热的燃料消耗量方法。其中供热面积核算法同热电联产中按供热面积核算法一致。

1. 按照生物质锅炉供热量核算

一般生物质锅炉都配有热力计量装置，热力计量显示数值多以吉焦为单位。

供热量(吨标准煤)= 热力计量表读数(吉焦)×热力的折标系数

热力的折标系数为 0.034 12 吨标准煤/百万千焦。根据《综合能耗计算通则》（GB/T 2589—2008）规定，低位发热量等于 29 307 千焦的燃料，称为 1 千克标准煤。100 万千焦折合为标准煤为 34.12 千克标准煤（即 0.034 12 吨标准煤）。因此，热力折算为标准煤是按照其实际热量折算（当量值计算）的，一般企业都能将热力按流量、温度、压力换算成热值，再折算为标准煤。

如果是没有安装热量计的热力外购单位，吨蒸汽可按折标准煤系数 0.094 8 折算标准煤（蒸汽热焓按 2 780 千焦/千克计，即蒸汽热值为 664 千卡/千克），即每吨蒸汽折 0.094 8 吨标准煤。计算公式如下：

供热量(吨标准煤)= 年蒸汽产量(蒸吨)×蒸汽热值转换系数

2. 按照生物质锅炉额定容量核算

按照生物质锅炉额定容量核算，需假定生物质锅炉年运行小时数。其计算公式为：

生物质锅炉供热量(吨标准煤)= 锅炉额定容量(蒸吨/小时)×年平均运行小时数(小时)×蒸汽热值转换系数

锅炉额定容量单位为蒸吨/小时，一般情况下，1 蒸吨/小时 = 0.7 兆瓦。生物质锅炉年运行小时数根据供热用户不同有所差别，居民供热一般在 4~6 个月，即 2 800~4 300 小时，工业生产供热一般在 6 000 小时左右。

3. 按照生物质供热的燃料消耗量计算

按照生物质供热的燃料消耗量计算是根据生物质燃料的消耗量和每种生物质燃料的折标准煤系数（见表 1-6）来核算。其计算公式为：

生物质锅炉供热量(吨标准煤)= 生物质燃料消耗量(吨)×标准煤折算系数

国内生物质成型燃料的热值转换参数一般取值为0.5千克标准煤/千克。

（二）能源数据的来源和统计途径

目前，国内生物质供热项目中生物质锅炉容量普遍偏小，大多在2~20蒸吨/小时，年运行小时数在3 000~6 000小时。规模以上的生物质供热项目，锅炉容量一般在20蒸吨/小时以上。尽管近年来20蒸吨/小时以上生物质供热项目日益增多，从体量上可以达到规模以上企业能源上报统计要求，但项目归属和管理权较为复杂，且生物质供热企业通常属于新能源咨询服务行业，并未被纳入工业企业，因此影响了生物质供热的统计上报。通过对生物质供热企业的供热项目进行信息收集整理，对生物质锅炉规模、供热能力、燃料消耗量等情况进行统计，可以形成用热上报渠道。

1. 国家统计平台

目前，生物质锅炉供热没有国家层面的统计渠道，直报生物质供热量的企业较少。对于生产加工的用热企业，热力属于购进能源产品，相关生产用能中不能反映热力生产的原料是生物质。根据目前生物质供热项目运作方式，多数生物质供热企业采用能源合同管理模式提供热力服务，即使达到规模以上企业产值要求，也不在能源统计上报范围内。

2. 供热项目统计

目前尚未有生物质锅炉供热项目的相关信息统计，生物质供热项目相对较为分散，供热规模普遍较小，还没有统计渠道。

对于生物质成型燃料的统计，在成型燃料享受补贴政策时期，为核算补贴金额，有关部门组织专家对成型燃料生产企业的产量进行过核查，但并未形成稳定的统计方法和机制；在补贴停止后，成型燃料统计随即中止。成型燃料统计也并未被列入国家能源统计范围。

在2016年3月国家能源局发布的《可再生能源发电利用统计报表制度》中，包括生物质成型燃料利用情况的报表见表6-7。

表6-7　生物质成型燃料利用情况

指标名称	计量单位	代码	本年累计	上年累计
生物质成型燃料产量	万吨	01		
生物质成型燃料产量折标准煤	万吨标准煤	02		

续表

指标名称	计量单位	代码	本年累计	上年累计
生物质成型燃料产能	万吨	03		
生物质成型燃料利用量	万吨	04		
生物质成型燃料利用量折标准煤	万吨标准煤	05		

该报表明确了统计范围是本区域内全部生物质成型燃料生产和应用项目，报送单位是全国各生物质成型燃料利用企业，以年报形式上报，报送时间为次年 3 月 10 日前。截至目前，尚未得到企业上报的相关数据，生物质成型燃料统计仍面临巨大挑战。

二、指标体系设计建议

现有统计报表中包含了成型燃料生产量和利用量，建议增加燃料热值的统计，从供热角度看，还应包括生物质锅炉热装机容量、系统效率、供热量以及原料消耗量。

建议细分统计热力品种，分出生物质能热力，便于统计其贡献量。完善生物质锅炉统计，将质监局有关生物质锅炉的统计数据信息与能源统计关联，完善对所有生物质锅炉的信息数据统计。

按照能源消费量的统计原则“不论能源所有权的归属，能源（热力）消费单位有义务对其能源（热力）消费量进行统计”，明确划分供热服务企业和生产用热企业的统计上报职责，由生产用热企业统一上报生物质用热量，避免信息重复上报。供热服务企业提供生物质燃料使用量的证明票据，为生产用热企业使用生物质能热力提供证明。

第五节　生物液体燃料

一、能源统计现状

（一）生物燃料乙醇

生物燃料乙醇已纳入国家能源统计品种。生物燃料乙醇生产企业均属规模以上企业，需按月填报能源统计报表。同时，根据国家能源局的《能源行业监测数据统计报表制度》，国家定点燃料乙醇企业需向国家能源局定期上报产量，包括月报、年报等。如表 6-8 所示。

表 6-8　国家能源局燃料乙醇产量统计表　　计量单位：万吨

所属企业	月度产量	同比产量	环比产量
甲	1	2	3
中粮集团有限公司			
其中：中粮生物化学（安徽）股份有限公司			
中粮生化能源（肇东）有限公司			
广西中粮生物质能源有限公司			
吉林燃料乙醇有限责任公司			
河南天冠企业集团有限公司			
中兴能源（内蒙古）有限公司			
山东龙力生物科技股份有限公司			
……			

（二）生物柴油

2017 年以前，生物柴油仅有行业协会组织的企业自发填报的不完全统计。但生物柴油产品在国内交通领域并未形成稳定的销售渠道和应用市场，因此用于能源领域的数量统计较为困难。2017 年，生物柴油正式被纳入国家能源统计品种。

二、指标体系设计建议

建议在生物液体燃料统计指标体系中，明确生产原料类型、原料利用量和生产单位生物液体燃料的原料消耗量等指标信息。

第六节　生物质气体燃料

一、能源统计现状

我国的生物天然气产业尚处于起步阶段，大型生物天然气项目较少。截至 2017 年底，我国已建成投产的生物天然气项目有五个，生物天然气总生产规模约 5 760 万立方米。根据国家能源局对生物天然气行业重点企业的统计分析，2018—2020 年全国生物天然气预计建设投产项目共 150 个，建成后预计年处理秸秆量约 721 万吨，年处理畜禽粪便量约 1 457 万吨，生物天然气生产规模将达到 13. 5 亿立方米。目前，生物天然气总体产量和应用量较小，尚未形成国家统计上报体系，现有统计数据主要来自能源主管部门发布文件要求企业上报，再由地方有关部门统计汇总获取数据。生物天然气产品质量行业标准正在申报过程中，尚未形成产品统一热值标准。

二、指标体系设计建议

在生物天然气产业发展初期，建议构建完善的信息数据上报体系，地方统计部门掌握月报信息数据，国家统计局掌握季度信息数据；建立完善产业信息数据库，包括原料类别、产能、产气效率、能耗指标等反映生产技术水平和便于项目监管的信息数据。

关于生物天然气的热值，通常一类生物天然气的热值在 36 兆焦/立方米以上，二类生物天然气的热值在 31. 4 兆焦/立方米以上，具体根据生物天然气中甲烷含量，确定生物天然气产品质量标准。

第七节　地热能供热

一、能源统计现状

（一）统计指标和计算方法

地热能供热主要包括水热型地热系统和热泵系统两大类。

水热型地热系统的统计指标可分为三类：①应用规模指标：地热能供暖建筑面积；②能源生产指标：地热能消费量（实物量和标准量）；③终端能源消费指标：地热能供热量（实物量和标准量）。

热泵系统的统计指标也可分为三类：①应用规模指标：地源热泵供暖建筑面积、地源热泵装机容量；②能源生产指标：地热能消费量（实物量和标准量）；③终端能源消费指标：地源热泵供热量（实物量和标准量）。

地源热泵供暖应用规模的统计指标主要为采用地源热泵供暖建筑的供暖面积（平方米）和地源热泵装机容量（千瓦）。地热能能源生产和能源消费指标又分为实物量（吉焦）与标准量（吨标准煤）。

在我国，地热能热利用并没有被作为单一指标纳入国家统计体系。在地方层面，北京市统计局构建了涵盖 3 个层次共 43 个指标的可再生能源统计体系，其中地热能利用的统计指标与计算方法如表 4-15 所示。北京市统计局将地热能热利用方式分为地源热泵和深层地热水，深层地热水利用可包括水热型地热供暖应用和其他领域的地热水直接利用。

热泵供热量的计算方法有两种：

方法 A：

地热能利用量=低品位能源质量×(蒸发器进口温度-出口温度)×比热

方法 B：

地热能利用量=(COP-1)×机组耗电量×3 600

地热水热利用量的计算方法为：

地热能利用量=热水质量×(出水温度-回水平均温度)

目前，北京市统计局给出的地热能统计指标分类较为详细，层级划分比较清晰。在实际数据收集的过程中，大部分指标需要相关计量装置进行数据计量和记录。若没有安装对应计量装置，或计量装置安装位置不准确，均可导致数据收集失真。

地热能利用量的计算方法中，热泵供热量的方法 A 和计算深层地热水利用量的公式计算的结果均为介质单次循环利用的地热量，若需计算日、月、年或特定周期内的合计利用量，需将介质单次循环的地热利用量进行积分计算，该过程对于统计人员的专业性要求较高，对于大型或集中式地热能利用项目，该功能通常被整合在对应计量装置中。另外，热泵供热量的方法 B 中，系统的 COP 值也会随工作模式、气候环境等产生较大变化。

（二）数据来源和统计途径

在国家层面，目前尚未设立一套完善的地热能统计体系，只有多个部门根据自身需求设定过和地热能相关的部分统计指标。地热资源勘测、开发、统计归属自然资源部及下属中国地质调查局；住建部、国家能源局及国家统计局均发布过地热能热利用统计相关文件，国家机关办公建筑和大型公共建筑中涉及应用浅层地热能进行建筑节能减排的相关信息统计工作由国家机关事务管理局负责；另外，居住建筑和中小型公共建筑应用浅层地热能的相关信息统计由住建部负责；地热发电数据由国家能源局发布。

在地热能热利用方面，国家统计局规定规模以上企业应按规定提交一系列能源统计报表，在各类报表中，均没有把地热能利用作为单独指标统计。在地热能热利用环节，部分单位将地热能热利用按照热力标准统计，填报说明中规定：热力是指可提供热源的热水、蒸汽。在统计上要求外供热力作为产量统计，外购热力作为消费统计，自产自用热力不需要统计。大部分企业的地热能利用方式为自产自用，地热能在多数情况下属于企业生产过程中消费的半成品或中间产品，企业自身对该部分热量可能有计量，但是不作为能源生产量或消费量上报。中石化新星公司在河北雄县城区基本实现了地热集中供热覆盖，地热能消费总量比较可观，但是新星公司不属于工业企业，因此并没有被纳入国家能源生产及消费统计范畴。

国家机关办公建筑和大型公共建筑中涉及应用浅层地热能进行建筑节能减排的相关信息统计工作由国家机关事务管理局负责，居住建筑和中小型公共建筑相关信息统计由住建部负责。两部门制定了类似的统计制度，分别为《公共机构能源资源消费统计制度》（国家机关事务管理局）与《民用建筑能耗和节能信息统计报表制度（2012 年）》（住建部）。《公共机构能源资源消费统计制度》的统计调查内容为全国范围内公共机构基本信息及使用的煤、燃气、燃油、电、热力和水、土地等各种能源资源消费信息；《民用建筑能耗和节能信息统计报表制度（2012 年）》的统计调查内容包含城镇民用建筑能耗和节能信息统计以及农村居住建筑能耗信息统计两部分。

城镇民用建筑能耗和节能信息统计包括城镇民用建筑基本信息和能耗信息、北方采暖地区城镇民用建筑集中供热信息、能耗统计建筑集中供热（冷）信息和建筑节能信息四方面内容。其中建筑节能信息包括当年完成竣工验收的新建建筑、完成节能改造的既有建筑，以及可再生能源规模化应用的建筑三部分内容。

农村居住建筑能耗信息统计内容为居住建筑在使用过程中电力、煤炭、天然气等商品能源的消耗量。

在这两个统计体系中，均将浅层地热能利用系统装机容量及辅助热源供热量列为统计指标。浅层地热能利用系统装机容量是系统实际安装的供热（制冷）机组额定功率的总和，单位为千瓦。浅层地热能利用系统装机辅助热源供热量指在冬季供暖和夏季制冷的过程中，在仅依靠浅层地热能利用系统不能满足供热或制冷负荷需要的情况下，采用锅炉、太阳能辅助系统、电加热系统等形式的辅助热源装置向系统提供的热量，单位为千焦耳。

两个统计制度采取全面统计和抽样统计相结合的统计方式。其中国家机关办公建筑、大型公共建筑的基本信息和能耗信息统计采取全面统计调查方式；居住建筑和中小型公共建筑的基本信息和能耗信息统计采取抽样统计调查方式；农村居住建筑能耗统计采取抽样统计调查方式。

二、水热型地热能统计指标体系设计建议

（一）指标设计

建议水热型地热能供暖的统计指标设定以应用规模指标为主，包括采用地热能供暖建筑的供暖面积（平方米）、地热水利用量（千克）、出水温度（℃）和回水温度（℃）。

（二）计算方法

在理论层面，根据实际统计指标，水热型地热能的终端能源消费量可用供热面积折算法和地热水利用量计算法计算（见表 6-9）。

表 6-9　水热型地热终端能源消费量统计指标与计算公式

	指标	单位	终端能源消费量公式
供热面积折算法	供暖面积	平方米	供暖面积×建筑耗热量指标×供暖时间
	单位建筑面积供暖标准能耗	瓦/平方米、吨标准煤/平方米	
	供暖时间	小时	
地热水利用量计算法	地热水利用量	千克	地热水利用量×（出水温度-回水温度）×水比热容
	出水温度	℃	
	回水温度、	℃	
	水比热容	焦耳/(千克·℃)	

同地源热泵终端能源消费量计算方法类似，供热面积折算法公式适用于仅采用地热一种热源的供热建筑，若有其他辅助热源，需将其他热源产生热量减去。在大部分项目中，地热与其他热源的消费比例较难确定。用地热水利用量计算时，公式给出的是系统单次循环后的水热型地热能热利

用量，若需计算一个特定周期内的地热能热利用量，需要将该周期内各次循环的热利用量进行积分。

（三）相关建议

同热泵供热一样，我国应尽快明确将水热型地热供热纳入可再生能源统计范畴。水热型地热系统的统计指标在统计工作初期可设定为供暖面积（平方米），采用供热面积折算法计算。建议设定不同地区不同建筑类型的供暖期建筑能耗计算参数。

采用地热水利用量计算法时，建议水热型地热系统安装热量计量装置，可直接获取一定供热周期内的系统供热量和采热量。

三、热泵统计指标体系设计建议

（一）指标设计

建议热泵供暖的统计指标设定以应用规模指标为主，包括采用热泵供暖建筑的供暖面积（平方米）和地源热泵装机容量（千瓦）与耗电量（千瓦时）。

（二）计算方法

1. 三种建议的估算方法

目前，我国对热泵系统的可再生能源量计算尚没有官方的规定，在理论层面，根据实际统计指标，可采用供热面积折算法、耗电量计算法和装机容量计算法三种方法估算地源热泵的终端能源消费量（见表 6-10）。

表 6-10　热泵终端能源消费量统计指标与计算公式

方法	指标	单位	终端能源消费量公式
供热面积折算法	供暖面积	平方米	供暖面积×建筑耗热量指标×供暖时间
	单位建筑面积供暖标准能耗	瓦/平方米、吨标准煤/平方米	
	供暖时间	小时	
耗电量计算法	热泵耗电量	千瓦时	地源热泵耗电量×（1-1/系统效率）
	系统效率		
装机容量计算法	热泵装机容量	千瓦	地源热泵装机容量×运行小时数×（1-1/系统效率）
	运行小时数	小时	
	系统效率		

在上述三种建议计算方法中，装机容量计算法和耗电量计算法适用于采用热泵技术供热的项目，供热面积折算法对于采用热泵供暖、水热型地热供暖与地热水直接利用供暖的项目均适用，所计算数值可被视为地热系统的可再生能源消费量。

使用供热面积折算法计算热泵终端能源消费量时，若供热建筑采用了其他辅助热源，需将其他热源产生热量减去。耗电量计算法根据热泵系统的实际耗电量得出终端能源消费量，在实际操作过程中热泵自身耗电量需要单独计量。

在耗电量计算法和装机容量计算法中，系统能效取值在实际系统运行工况下，不同气候区的热泵系统差异较大，因此采用耗电量计算法和装机容量计算法计算的地热能终端能源消耗量数值与实际数值会有偏差。此处系统能效取值应参考热泵系统的平均年运行性能系数，建议考虑各个地区的气候差异、建筑能耗的不同，根据系统的实际运行工况与效率设定性能系数，使计算数值更加准确。

2. 欧盟热泵可再生能源供热量计算

欧盟为热泵可再生能源供热量核算制定了专项法令规范（详见第十章第五节）。系统运行性能系数的设置可以参考欧盟发布的 2013/114 号法令《各种热泵技术的可再生能源量计算方法指南》，热泵系统可再生能源量（ERES）的计算公式为：

$$ERES = Q_{usable}(1-1/SPF) = H_{HP}P_{rated}(1-1/SPF)$$

$$Q_{usable} = H_{HP}P_{rated}$$

其中：热泵可用能源量（Q_{usable}）是指热泵系统产生的全部可用能源量，可由系统的额定装机容量（P_{rated}）和年满负荷运行小时数（H_{HP}）计算而得，单位为吉瓦时；年等效满负荷运行小时数（H_{HP}）是指年额定设备容量在满负荷运行条件下的运行小时数，单位为小时；额定装机容量（P_{rated}）是指热泵的额定装机容量，考虑了各种热泵技术的寿命，单位为吉瓦；季节性能系数（Seasonal Performance Factor，SPF）是指热泵系统的平均季节性能系数，电力驱动热泵系统在运行模式下的净季节性能系数（$SCOP_{net}$），或是热力驱动热泵系统在运行模式下的净季节一次能源输出比（$SPER_{net}$）。

欧盟已给定不同气候区下各种热泵技术的年等效满负荷运行小时数（H_{HP}）和季节性能系数（SPF）两个指标的取值（见表 10-2 和表 10-3），季节性能系数包括热泵系统的平均季节性能系数、电力驱动热泵系统在运行模式下的净季节性能系数（$SCOP_{net}$），或是热力驱动热泵系统在运行模式下的净季节一次能源输出比（$SPER_{net}$）。欧盟各成员国只需填报不同气候区下各种热泵技术的装机容量，热泵系统的可再生能源供热量即可由统计软件自行计算得出。

根据不同地区冬季的采暖需求，欧盟划分了寒冷气候区（HDD[①]>3 000）、温和气候区（HDD：2 000~3 000）、温暖气候区（HDD≤2 000）三个气候区，并明确了欧盟 28 个国家各个省份的气候区分类。

3. 中欧热泵可再生能源供热量核算比较

在我国的三种建议计算方法中，装机容量计算法的指标设定与计算公式同欧盟方法一致。相比之下，欧盟采用的季节性能系数取值是根据不同的气候区和系统效率设定的，计算结果与实际运行效果更为接近，计算方法十分明确。

（三）相关建议

建议我国尽快明确将热泵系统（包括地源、水源、空气源）纳入可再生能源统计范畴。我国应尽快开展相关的基础研究工作，研究确定热泵系统可再生能源供热量的计算方法及其相关的指标参数取值，制定我国的热泵系统可再生能源统计方法和制度，明确将热泵技术纳入可再生能源统计体系。地热能热泵系统的统计指标在统计工作初期可设定为地源热泵装机容量（千瓦）、系统效率与实际耗电量（千瓦时），采用装机容量计算法计算热泵终端能源消耗量。

同时，要规范热泵系统效率的计算方法和最小值要求，开展不同气候区的热泵系统可再生能源量计算参数的研究，按照我国的气候条件和技术条件确定相关的计算参数，明确不同气候区的热泵季节性能系数的要求和监测工作。

---

① 采暖度日数（Heating Degree Days，HDD）是指一年中，当某天室外日平均温度低于供暖温度时，将低于供暖温度的度数乘以 1 天，并将此乘积累加。

第七章

可再生能源的统计核算方法研究

Accounting Methodology Research of Renewable Energy

第一节　能源统计核算指标和定义

一、能源核算的概念和方法

（一）基本概念

能源核算是以能源统计调查、部门业务统计、行政记录等资料为基础，通过对数据的审核、核查和计算、推算、测算等方法对一定时期的能源供应量、综合能源消费量、能源消费总量等指标进行核算的一个过程。

能源消费总量是针对地域能源消费的总量而言的；综合能源消费量是针对行业、企业范围内所消费的各种能源的总量而言的。

（二）能源核算分类

能源核算，按范围分，有国家、省、市、县以及企业的核算；按指标分，有能源平衡、能源供应量、综合能源消费量、能源消费总量等核算；按时期分，有季度核算、年度核算等。

（三）能源消费总量的核算方法

能源核算方法按资料来源不同可分为“资源方”核算方法和“消费方”核算方法。

“资源方”核算方法，是指形成核算的数据以“资源方”或“供应方”为主，同时辅之以“消费方”数据资料的佐证来进行核算，编制能源平衡表，从而得到区域能源消费总量。在实际工作中，国家层面基本应用“资源方”核算方法；省级对“资源方”调入、调出能源产品掌握较好的情况下尚可使用；而省以下区域一方面区域间的流入、流出更加频繁，另一方面人员力量不足，调出数据难以取得，使得这一方法很难得到应用。

“消费方”核算方法，是指形成核算的数据来源于“消费方”或者说来源于各行各业实际发生的当期能源消费量。省级可以辅之以收集到的各能源品种的流入、流出数据资料，从“资源方”佐证能源消费量，编制能源平衡表，从而得到能源消费总量；省以下的市、县区域能源消费总量的核算宜采用“消费方”核算方法，区域范围越小，数据越容易取得。

二、能源量指标和定义

根据我国的《能源统计报表制度》，国家统计局对能源生产和消费的各项指标实施定期统计报告制度。《中国能源统计年鉴》对能源生产和消费主要统计指标有明确的定义，对各能源量指标之间的关系和计算方法也有明确的说明。

（一）能源生产量和消费量

1. 能源生产总量

能源生产总量指一定时期内，全国一次能源生产量的总和。该指标是观察全国能源生产水平、规模、构成和发展速度的总量指标。

我国现行的能源统计体系中，一次能源生产量的统计范畴是商品化能源。能源生产量包括原煤、原油、天然气、水电、风电、太阳能发电、核能及其他动力能（地热能、海洋能等）发电量，不包括低热值燃料生产量、生物质能、太阳能等的利用和由一次能源加工转换而成的二次能源产量。

2. 能源消费总量

能源消费总量指一定时期内，全国各行业和居民生活消费的各种能源的总和。该指标是观察能源消费水平、构成和增长速度的总量指标。现行的能源消费总量包括原煤和原油及其制品、天然气、电力，不包括低热值燃料、生物质能和太阳能等的利用。能源消费总量分为终端能源消费量、能源加工转换损失量和能源损失量三部分。

终端能源消费量：指一定时期内，全国生产和生活消费的各种能源在扣除了用于加工转换二次能源的消费量和损失量以后的数量。

能源加工转换损失量：指一定时期内，全国投入加工转换的各种能源数量之和与产出各种能源产品之和的差额。该指标是观察能源在加工转换过程中损失量变化的指标。

能源损失量：指一定时期内，能源在输送、分配、储存过程中发生的损失和由客观原因造成的各种损失量，不包括各种气体能源放空、放散量。

（二）各能源量指标之间的关系

能源消费总量必须以综合能源平衡表（标准量）为基础进行核算，计量单位为标准煤。计算公式为：

能源消费总量=终端消费量+加工转换损失量+损失量

=可供消费的能源量+平衡差额

可供本地区消费的能源量，指本地区实际的可供消费的能源资源数量。平衡关系为：

可供本地区消费的能源量=一次能源产量+年初库存量+进口量+地区间流入量-年末库存量-出口量-地区间流出量

三、可再生能源指标

（一）可再生能源生产量和消费量

我国尚没有官方的可再生能源生产量和消费量的定义。根据官方的能源量指标的定义，可定义如下：

可再生能源生产总量是指一定时期内，一次可再生能源生产量的总和，即本地区水能、风能、太阳能、生物质能、地热能、海洋能等各种可再生能源资源生产的能源量之和。

可再生能源消费总量指一定时期内，全国各行业和居民生活消费的各种可再生能源的总和。从终端能源消费看，包括可再生能源电力、热力、生物燃料（固体、气体、液体）。从一次能源消费看，包括水能、风能、太阳能、生物质能、地热能、环境能、海洋能等各种可再生能源资源提供的能源量。

可供本地区消费的可再生能源量=可再生能源产量+年初库存量+进口量+地区间流入量-年末库存量-出口量-地区间流出量

（二）非化石能源消费占比

非化石能源消费占比，指非化石能源消费量（可再生能源消费量和核电消费量之和）在能源消费总量中的占比。该指标是我国对国际社会承诺的重要发展目标，也是我国《国民经济和社会发展第十三个五年规划纲要》确定的资源环境约束性指标。其基本计算公式为：

$$非化石能源消费占比=\frac{非化石能源消费量}{能源消费总量}=\frac{可再生能源消费量+核电}{能源消费总量}$$

（三）可再生能源消费占比

可再生能源消费占比，指可再生能源消费量在能源消费总量中的占比。其基本计算公式为：

$$可再生能源消费占比=\frac{可再生能源消费量}{能源消费总量}$$

第二节　中国可再生能源统计核算的现状分析

国家统计局实施的《能源统计报表制度》是我国能源统计核算的主要制度，该制度的统计范围为规模以上工业企业，统计对象为主要的能源品种（煤、油、气、电和热）。该制度对于一些非规模以上工业企业的分布式可再生能源应用以及一些计量难、应用散的可再生能源品种未能实现全覆盖。可再生能源行业主管部门从行业管理需要出发，结合相关政府部门和行业协会的统计或计算数据，初步形成了部门可再生能源利用量统计核算体系。

一、统计部门的可再生能源统计核算现状

（一）能源消费量的统计

按照现行的《能源统计报表制度》，能源购进、消费与库存统计报表（205-1 表）是反映能源消费活动的主要报表，该表为月度基层报表，统计范围为辖区内规模以上工业法人单位，涵盖了 39 个能源消费品种，包括了所有可再生能源电力，也包括城市生活垃圾（用于燃料）、生物燃料、

工业废料（用于燃料）、其他燃料等非电可再生能源品种。其中生物燃料泛指由生物质组成或萃取的固体、液体或气体燃料，如沼气、薪柴、秸秆、生物乙醇、生物柴油等。从该报表来看，生物质热电联产供热和生物质锅炉等非电可再生能源也被纳入规模以上工业企业的能源消费统计口径，但能源品种没有进一步细化。也就是说，能源消费总量中已包含可再生能源电力、规模以上工业企业使用生物质锅炉消耗的生物质燃料以及生物质热电联产企业生产的热力。

（二）能源生产量的统计

按照现行的《能源统计报表制度》，能源生产、销售与库存报表（205-6表）是反映能源生产活动的主要报表，该表为月度基层报表，统计范围为辖区内规模以上工业法人单位。统计的能源产品目录中已包括所有可再生能源电力、生物燃料乙醇和生物柴油；但可再生能源供热、生物质气体燃料均未被纳入。2017 年《中国能源统计年鉴》已有水电、风电、太阳能发电等各种一次可再生能源电力的数据（发电装机容量、发电量），但没有生物质发电的数据。

生物质发电已被纳入《中国能源统计年鉴》能源生产量统计，但仅把生物质发电作为火力发电的一种，没有给出生物质发电的单项数据（发电量、发电装机容量、发电耗用的生物质量）。

国家统计局的能源统计调查制度中，火力发电（包括生物质发电）的发电量和燃料消耗量数据均已上报，虽然国家统计局对外公布的能源平衡表中未专门列出各生物质能源品种（秸秆、薪柴、沼气）的消费量，但生物质发电和热电联产项目的发电量/供热量，以及生物质燃料消耗量都有数据来源。对于生物质发电和热电联产项目，既可按照发电量/供热量来计算其能源消费量，也可按照耗用的生物质燃料量（秸秆、薪柴、沼气）来计算其能源消费量。

1. 可再生能源利用总量

2017 年前国家统计局公布的《中国能源统计年鉴》中已有部分可再生能源单项技术的利用量数据，但是还没有可再生能源的总量，不论是可再生能源生产量还是消费量。已纳入统计的单项数据包括：①水电、风电、太阳能发电的发电量已有数据；②生物质发电量数据包含在火力发电量数据中，未单列；③生物质热电联产的供热数据包含在集中供热量数据中，未单列；④生物液体燃料和生物柴油的消费量数据已纳入统计，但未列示。

2. 非化石能源消费占比

《中国能源统计年鉴》中尚没有该指标的数据。

二、能源部门的可再生能源统计核算方法

国家能源局已开始定期（每月）发布可再生能源电力运行情况通报，并指导国家可再生能源中心编制发布《可再生能源数据手册》，数据涵盖风电、太阳能、生物质能、可再生能源政策规划和目标等方面的基础数据和相关信息。

国家能源局对可再生能源消费量的统计核算主要通过可再生能源产品消费量核算。从全国范围看，可再生能源电力和供热都没有出口量、进口量和库存量，只有生物质颗粒燃料、生物柴油有很小的出口量、进口量，基本可忽略不计，所以，可再生能源生产量可视为可再生能源消费量。

从目前采用的可再生能源利用量计算方法看，国家能源局核算的可再生能源品种主要包括可再生能源电力、供热和燃料（气体燃料和液体燃料）三大类，核算项包括实物量和标准量。根据国家能源统计制度，对可再生能源电力和热力按照等价热值法计算其标准量，没有能源加工转换损失量、能源损失量，其能源消费总量等于终端能源消费总量。由于非电可再生能源利用分散、规模较小、计量难，在可再生能源利用量核算过程中没有考虑损失量、库存、能源加工转换等中间环节，非电可再生能源的终端能源消费量即可视为能源消费量。

（一）可再生能源电力

可再生能源电力生产量核算的能源品种包括水电、风电、光伏发电、太阳能热发电、地热能发电和生物质发电，统计指标为发电量，统计范围为全国并网可再生能源发电设备，数据来源为国家能源局。

可再生能源电力利用量（标准量）的核算方式有等价热值和当量热值两种。

等价热值标准量核算公式为：

$$E=Q\cdot C$$

其中：E 为标准量，单位为千克标准煤；Q 为发电量，单位为千瓦时；C 为电力等价折标准煤系数，采用国家统计局公布的当年全国煤电平均供电煤耗（2016 年折标准煤系数为 0.312 千克标准煤/千瓦时）。

当量热值标准量核算公式为：

$$E=Q\cdot C$$

其中：E 为标准量，单位为千克标准煤；Q 为发电量，单位为千瓦时；C 为电力当量折标准煤系数（0.122 9 千克标准煤/千瓦时）。

在两种能源标准量折算方式方面，国际上也未形成统一的使用标准，对于风电和光伏发电，IEA 采用当量热值法，BP 和 EIA 采用等价热值法；对于生物质发电、地热能发电，IEA、BP 和 EIA 全部采用等价热值法，但各机构对发电厂的平均转换效率设定不同，最终采用的标准系数也不同，如 IEA 对地热能发电平均转换效率按 10%考虑，一次能源折算系数为 1.229 千克标准煤/千瓦时，BP 按 38%的火电厂平均发电效率折算，一次能源折算系数为 0.323 千克标准煤/千瓦时。

目前，国家能源局可再生能源发电的能源消费量核算采用等价热值法，与国家统计局的计算方法一致，折算系数按国家统计局公布的当年全国煤电平均发电煤耗计算。

（二）可再生能源热力

可再生能源供热的种类包括太阳能供热、生物质供热、地热能供热（含水热型供热以及地源/水源热泵供热）三大类。目前开展行业核算的能源品种只有太阳能供热、生物颗粒燃料供热（生物质锅炉供热）。

1. 太阳能供热

太阳能供热统计指标为太阳能集热器的保有量面积（平方米），数据来源为太阳能热利用联盟的年度估算值。太阳能热利用联盟已连续十年发布太阳能热利用的统计数据，并于 2013 年修正完善了太阳能集热器保有量的计算方法和数据。

太阳能供热的能源利用量（标准量）核算方式为等价热值法。等价热值标准量核算公式为：

$$E=A \cdot C$$

其中：E 为标准量，单位为千克标准煤；A 为太阳能集热器保有量面积，单位为平方米；C 为折标准煤系数（100~180 千克标准煤/平方米）。

目前，全国太阳能集热器保有面积的折标准煤系数通常取 110~120 千克标准煤/平方米。

2. 生物质供热

生物质供热统计指标为颗粒燃料生产量（万吨），数据来源是国家能源局的估算值。目前，用于供热的生物质资源主要是生物质颗粒燃料，农林剩余物和城市生活垃圾主要用于发电。2015 年前国家对颗粒燃料的生产提供补贴，有准确的数据来源。补贴停止后，颗粒燃料生产量主要依靠主要生产企业的情况进行估算。

颗粒燃料供热的能源标准量核算方式为当量热值法。当量热值标准量核算公式为：

$$E=Q \cdot C$$

其中：E 为标准量，单位为吨标准煤；Q 为颗粒燃料生产量，单位为吨；C 为颗粒燃料的折标准煤系数（0.5 吨标准煤/吨）。

目前，我国颗粒燃料市场既有进口，也有出口，但很难掌握具体的进口量和出口量，只能按照颗粒燃料的生产量核算生物质锅炉供热量。

3. 地热能供热

地热能供热统计指标是地热供暖的建筑面积，热泵供热数据主要沿用住建部 2015 年统计数据，中深层地热能供热数据来自国家地热能中心。

地热能供热的能源标准量核算方式为等价热值法。等价热值标准量核算公式为：

$$E=A \cdot C$$

其中：E 为能源标准量，单位为千克标准煤；A 为地热能供热面积，单位为平方米；C 为单位建筑面积能耗，单位为千克标准煤/平方米。

单位建筑面积能耗的取值与当地气候条件和建筑节能水平有密切的关系。目前单位建筑面积能耗的取值尚未有明确的规定，通常为25千克标准煤/平方米，但一些专家对该指标的取值有较大争议，特别是为近年新建的低能耗建筑供热情况下取值可能偏高。

地热能供热数据因缺乏统计途径，更新困难。中国节能协会热泵专委会2017年开始发布空气源热泵行业发展报告，依据热泵行业上下游企业生产情况估算空气源热泵新增台套，但数据既没有热泵的装机容量，也没有供暖建筑面积，数据的可用性、系统性和连续性都有欠缺。

对于热泵供热系统，该计算方法未考虑热泵系统的自耗能量，需对计算公式进行调整。

（三）可再生能源燃料

可再生能源燃料包括生物质固体燃料（农林剩余物、城市生活垃圾、生物质成型燃料）、液体燃料（燃料乙醇、生物柴油）、气体燃料（沼气、垃圾填埋气、生物天然气）三大类，目前已开展行业核算的能源品种涵盖了生物质成型燃料、燃料乙醇和生物柴油。

生物质固体燃料（包括农林剩余物、城市生活垃圾，以及加工后的生物质成型燃料）主要用于发电和供热，其能源消费量按照所发的电量和供热量核算，在可再生能源燃料中不重复计算。对于生物质气体燃料和生物液体燃料，均按照燃料热值折算其能源消费量。

1. 生物质气体燃料

目前可再生能源燃气（都是生物质气体燃料）生产量核算的能源品种包括沼气和生物天然气，统计范围为户用沼气和大中型集中沼气，统计指标为产气量，数据来源为农业农村部实施的《全国农村可再生能源建设统计报表制度》中的年度综合报表。

可再生能源燃气的能源标准量核算方式为当量热值法。当量热值标准量核算公式为：

$$E=Q\cdot C$$

其中：E 为标准量，单位为千克标准煤；Q 为年产沼气量，单位为立方米；C 为折标准煤系数（0.714 千克标准煤/立方米）。

目前存在的主要问题是统计数据的准确性，可再生能源燃气大多没有计量装置，产气量的统计主要是靠沼气池容估算，农业农村部掌握每年新增沼气利用规模的数据，而沼气保有运行规模缺乏校核途径和手段。国家统计局制订的能源平衡表（P303-1 表和 P303-4 表）中也包含了沼气实物生产量指标和标准量生产指标，但国家统计局对外公布的能源平衡表中未专门列出沼气生产量。

2. 生物液体燃料

生物液体燃料统计指标为实物生产量（吨）。2017 年前，生物燃料乙醇数据来源为国家能源局能源行业监测数据统计报表，生物柴油缺乏数据来源，生物柴油产业联盟的产业报告为不定期报告。2018 年，生物燃料乙醇和生物柴油均被纳入国家统计局的统计调查体系，已可获得数据。

生物乙醇当量热值标准量核算公式为：

$$E=Q\cdot C$$

其中：E 为标准量，单位为千克标准煤；Q 为生物乙醇实物量，单位为千克；C 为折标准煤系数（0.920 3 千克标准煤/千克）。

生物柴油当量热值标准量核算公式为：

$$E=Q\cdot C$$

其中：E 为标准量，单位为千克标准煤；Q 为生物柴油实物量，单位为千克；C 为折标准煤系数（1.457 1 千克标准煤/千克）。

（四）小结

能源部门核算的可再生能源品种主要包括可再生能源电力、供热和燃料（固体燃料、气体燃料和液体燃料）三大类，核算项包括实物量和标准量，力争包括商品化和非商品化的所有可再生能源。其数据来源包括国家能源局、农业农村部、住建部等相关主管部门，也包括中国电力联合会、中国农村能源行业协会太阳能热利用专委会等行业协会。详见表 7-1。

表 7-1　现行的可再生能源量的计算方法和数据来源

能源品种	代码	能源量实物量（Q）			能源量标准量（E）			数据来源
		指标	单位	数量	单位	数量	标准量计算方法及折标系数	
一、可再生能源电力	1	发电量	亿千瓦时		万吨标准煤		2+3+4+8+9	
1　水电（含抽蓄）	2	发电量	亿千瓦时		万吨标准煤		按照电力的等价热值（火电发电煤耗）计算	国家能源局、中电联
2　风力发电	3	发电量	亿千瓦时		万吨标准煤		按照电力的等价热值（火电发电煤耗）计算	国家能源局、中电联
3　太阳能发电	4	发电量	亿千瓦时		万吨标准煤		5+6+7	国家能源局、中电联
3.1　光伏电站	5	发电量	亿千瓦时		万吨标准煤		按照电力的等价热值（火电发电煤耗）计算	国家能源局、中电联
3.2　分布式光伏	6	发电量	亿千瓦时		万吨标准煤		按照电力的等价热值（火电发电煤耗）计算	国家能源局、中电联
3.3　太阳能热发电	7	发电量	亿千瓦时		万吨标准煤		按照电力的等价热值（火电发电煤耗）计算	国家能源局、中电联
4　地热能发电	8	发电量	亿千瓦时		万吨标准煤		按照电力的等价热值（火电发电煤耗）计算	国家能源局、中电联
5　生物质发电	9	发电量	亿千瓦时		万吨标准煤		10+11+12	国家能源局、中电联
5.1　农林生物质发电	10	发电量	亿千瓦时		万吨标准煤		按照电力的等价热值（火电发电煤耗）计算	国家能源局、中电联
5.2　垃圾发电	11	发电量	亿千瓦时		万吨标准煤		按照电力的等价热值（火电发电煤耗）计算	国家能源局、中电联
5.3　沼气发电	12	发电量	亿千瓦时		万吨标准煤		按照电力的等价热值（火电发电煤耗）计算	国家能源局、中电联

续表

能源品种	代码	能源量实物量（Q）			能源量标准量（E）			数据来源
		指标	单位	数量	单位	数量	标准量计算方法及折标系数	
二、可再生能源供热	13				万吨标准煤		14+15+16+17	
1　太阳能供热	14	集热面积	万平方米		万吨标准煤		全国按照 0. 12 吨标准煤/平方米折算；各地区按照其太阳能资源区对应的标准折算	中国农村能源行业协会太阳能热利用专委会
2　生物质锅炉供热（颗粒燃料）	15	燃料消耗量	万吨		万吨标准煤		按照颗粒燃料的热值计算	国家能源局估算
3　水热型地热能供热	16	供热建筑面积	万平方米		万吨标准煤		按照单位建筑面积供热量计算	过去的数据来源于原建设部。现无数据来源
4　热泵系统供热	17	供热建筑面积	万平方米		万吨标准煤		按照单位建筑能源供热量计算，未考虑热泵系统的自耗能	过去的数据来源于原建设部。现无数据来源
三、气体燃料	18	供气量	亿立方米		万吨标准煤		19+20+21	
1　户用沼气	19	供气量	亿立方米		万吨标准煤		按照 0. 785 7～0. 828 6 千克标准煤/立方米计算	农业农村部
2　沼气工程	20	供气量	亿立方米		万吨标准煤		按照 0. 785 7～0. 828 6 千克标准煤/立方米计算	农业农村部
3　生物质气化气	21	供气量	亿立方米		万吨标准煤		按照行业标准计算	农业农村部
四、液体燃料	22				万吨标准煤		23+24	
1　生物燃料乙醇	23	生产量	万吨		万吨标准煤		按照 0. 920 3 千克标准煤/千克计算	国家能源局
2　生物柴油	24	生产量	万吨		万吨标准煤		按照 1. 457 1 千克标准煤/千克计算	生物柴油工作组
五、可再生能源	25				万吨标准煤		1+13+18+22	

三、两种统计体系的对比分析

（一）统计涵盖的范围

从国家统计局的统计现状看，终端能源消费量涵盖了所有商品化的可再生能源，但没有形成完整的可再生能源技术分类统计，因此国家一次能源生产总量和终端能源消费总量是商品化能源生产和消费总量。

从国家能源行业主管部门的相关表格看，可再生能源生产量和可再生能源消费总量的核算，涵盖了可再生能源电力和具有统计数据基础的非商品化可再生能源（太阳能热利用、沼气、乙醇）。

总体来看，国家统计局终端能源消费统计基本涵盖了商品化可再生能源。但可再生能源品种分类难度较大，如生物质气体燃料需进一步划分沼气、垃圾填埋气、生物质气（热解气、气化气）等子类；热力品种需要将可再生能源热力划分为独立类，并分解出太阳能热力、生物质能热力、地热能热力子类。另外，能源行业主管部门可再生能源消费数据统计核算体系与国家统计局能源统计制度的指标计算和核算方法差异明显，尤其是非电可再生能源，需要参考国际可再生能源统计体系，结合中国实际，进一步研究形成我国统一的标准统计核算体系。

核算可再生能源消费占比指标时，须留意分子（能源行业核算的可再生能源消费量）、分母（国家统计局的能源消费总量）统计范畴是否一致。国家统计部门和能源部门的统计范畴比较见表 7-2。

表 7-2　国家统计部门和能源部门的可再生能源统计范畴比较

技术种类	国家统计部门	国家能源部门
一、可再生能源电力		
1　水电（含抽蓄）	涵盖	涵盖
2　风电	涵盖	涵盖
3　太阳能发电	涵盖	涵盖
3.1　光伏电站	涵盖	涵盖
3.2　分布式光伏	涵盖	涵盖
3.3　太阳能热发电	涵盖	涵盖
4　地热能发电	涵盖	涵盖

续表

技术种类	国家统计部门	国家能源部门
5　生物质能发电	涵盖	涵盖
5.1　农林生物质发电	涵盖	涵盖
5.2　垃圾发电	涵盖	涵盖
5.3　沼气发电	涵盖	涵盖
二、可再生能源供热		
1　太阳能供热	不涵盖	涵盖
2　生物质能供热		
2.1　生物质热电联产	涵盖	不涵盖
2.2　生物质锅炉	规模以上工业企业部分涵盖	不涵盖
3　地热能热利用	不涵盖，商品化供热统一为热力指标	不涵盖
3.1　水热型	不涵盖	不涵盖
3.2　热泵系统	不涵盖	不涵盖
三、气体燃料		
1　户用沼气	不涵盖	涵盖
2　沼气工程	规模以上部分涵盖	涵盖
3　生物天然气	不涵盖	涵盖
4　生物质气	不涵盖	不涵盖
四、液体燃料		
1　生物燃料乙醇	涵盖	涵盖
2　生物柴油	2018 年开始涵盖	不涵盖

（二）核算基准问题

目前，各种技术的可再生能源消费量的标准量核算基准尚不统一、明确，存在着终端能源消费量和能源消费总量（一次）的混淆。

可再生能源的终端能源消费量：指可再生能源产生的、可用于各行业消费的终端能源产品的能源标准量，可按照终端能源产品的热值计算能源标准量。计算终端能源消费量时，不考虑可再生能源生产过程中的消耗、损失量。按照可再生能源热力（太阳能供热、地热能供热）、气体燃料（沼气、垃圾填埋气、生物天然气）、液体燃料（燃料乙醇、生产柴油）等可再生能源产品的当量热值核算的能源消费量（标准量），均为终端能源消费量。

可再生能源的能源消费量：指为满足终端的能源消费需求，需消耗的可再生能源资源量。按照能源消费总量的定义，其包括终端能源消费量、能源加工转换损失量和能源损失量。根据我国现行的能源统计制度，电力、热力按照等价热值折算，因此加工转换损失量中不包括发电、供热损失量。按照发电煤耗法计算的可再生能源电力能源量、按照供热煤耗法计算的可再生能源热力能源量，均已考虑到发电系统和供热系统的效率，是可再生能源的能源消费量。

从理论上讲，可再生能源消费量应采用能源消费量的核算方法，而不是终端能源消费量的核算方法。我国评价可再生能源发展的一个重要指标是非化石能源在能源消费总量中的占比。分母能源消费总量包括了终端能源消费总量、能源加工转换损失量和能源损失量，分子中的可再生能源也应该使用同一核算基准，包括可再生能源电力、供热和燃料的核算基准都应与能源消费总量的统计核算方法保持一致。

表 7-3 为分技术可再生能源量计算方法及其核算基准。

表 7-3　分技术可再生能源量计算方法及其核算基准

技术种类	计算方法	核算基准	
		能源消费量	终端能源消费量
一次电力（水电、风电、太阳能发电、地热能发电、海洋能发电）	按照发电煤耗法计算 发电量×单位发电煤耗	√	
	按照电热当量法计算 发电量×电力的热值		√
二次电力（生物质发电）	按照发电煤耗法计算 发电量×单位供电煤耗	√	
	按照电热当量法计算 发电量×电力的热值		√
太阳能供热	按照集热器面积折算 集热器面积×单位集热器面积供热量		√
	按照集热器面积和系统效率计算 集热器面积×单位集热器面积供热量÷热水系统效率	√	

续表

技术种类	计算方法	核算基准	
		能源消费量	终端能源消费量
生物质热电联产供热	按照供热煤耗法计算 供热量×单位供热煤耗	√	
	按照燃料消耗量计算 生物质燃料消耗量×燃料热值	√	
	按照供热当量法计算 供热量×热力的热值		√
生物质锅炉供热（颗粒燃料）	按照燃料消耗量计算 生物颗粒燃料消耗量×燃料热值	√	
	按照供热当量法计算 供热量×热力的热值		√
水热型地热能供热	按照供暖建筑面积计算 供暖建筑面积×单位建筑供暖能耗		√
	考虑地热系统的效率 供暖建筑面积×单位建筑供暖能耗÷供热系统效率	√	
地热能（含环境能）热泵供热制冷	按照供暖建筑面积计算 供暖建筑面积×单位建筑供暖能耗-耗电量		√
	按照热泵装机容量计算 装机容量×年运行小时数（1-1/SPF）	√	
生物质气体燃料（沼气、生物天然气、生物气化气）	按照气体燃料年产量计算 气体燃料年产量×燃料热值		√
	按照消耗的生物质原料热值计算 加工消耗的生物质原料量×原料热值	√	
生物液体燃料（燃料乙醇、生物柴油）	按照燃料生产量计算 液体燃料生产量×燃料热值		√
	按照消耗的生物质原料热值计算 加工消耗的生物质原料量×原料热值	√	

第三节　分技术能源标准量的计算方法研究

可再生能源标准量的核算方法应用广泛，在计算可再生能源生产量、能源消费量、终端能源消费量等指标时均可使用。

一、可再生能源电力

（一）两种常用的折算方法

非化石能源发电转换为一次能源消费量的计算方法有两种：等效替代法（发电煤耗法）和直接当量法（电热当量法）。

等效替代法，也称发电煤耗法，是以替代常规火电为假设条件，按火电站30%~40%的平均转换效率，即0.307~0.406千克标准煤/千瓦时的供电煤耗，计算所替代燃料的热值。

直接当量法，也称电热当量法，是按照每千瓦时“电”的实际热值，即0.122 9千克标准煤/千瓦时，计算非化石能源发电（假设转换效率为100%）的能量贡献。

（二）国际现行的折算方法

当前世界上主要的能源统计机构有联合国统计委员会（UN）、国际能源署（IEA）、美国能源信息署（EIA）以及英国石油公司（BP）。这些机构对非化石能源的统计，还缺乏一致的口径和折算方法，特别是在不同非化石能源发电转换为一次能源消费时存在折算方法上的差异。

UN、IEA、EIA以及BP对于水电、风电、太阳能光伏发电、海洋能发电等一次电力技术，以及以“热力”为首次能量供应形式的核电、地热发电、太阳能热发电以及海洋温差能发电等二次电力技术，都有不同的折算方式，见表7-4。

表7-4　国际非化石能源发电系统转换效率

机构	IEA	EIA	BP	UN
水电	100% 电热当量法	34.4% 等效替代法	38% 等效替代法	100% 电热当量法
现代可再生能源	100% 电热当量法	34.4% 等效替代法	—	100% 电热当量法
地热发电	10% 等效替代法	16% 等效替代法	—	100% 电热当量法
核电	33% 等效替代法	29%~35% 等效替代法	38% 等效替代法	100% 电热当量法

1. 水电

IEA 与 UN 都采用当量法并假设 100%转换效率的方式折算水电；EIA 按照替代效率为 34.4%的火电，计算所有国家的水电贡献；BP 采用与核电一样的等效替代方式，转换效率按 38%计算。与 EIA 和 BP 的方式相比，IEA 和 UN 明显低估了水电的贡献量，如 IEA 计算水电在加拿大一次能源供应中的比例为 11%，EIA 统计加拿大的这一数据为 25%。

2. 风电、光伏发电、海洋能发电

与水电类似，IEA、UN 按照直接当量法计算这些发电形式的能源贡献量，是 EIA 采用替代效率 34.4%的折算方式计算结果的 1/3。BP 统计中没有包含除水电外其他的可再生能源发电技术。

3. 地热能发电

由于地热能发电直接从自然界获取热能并将之转换为电能，所以 IEA 按照一次能源平均转换效率为 10%测算，EIA 按照 16%测算，BP 的统计中没有地热能。

4. 太阳能热发电

太阳能热发电的种类很多，其中商业化运行最多、规模最大的槽式和塔式电站在发电环节与常规火电厂一致，虽然还没有见诸统计资料，但参照各机构对非化石能源统计的处理方式，预计会采取与核电类似的折算方式。

5. 生物质能发电

由于生物质能作为一次能源与化石能源的利用途径完全一致，因此，各类统计均按照一次能源的方法统计。

6. 核电

IEA 采用等效替代法计算核电，并假定欧洲化石燃料火电厂的平均供电效率为 33%；EIA 也采用等效替代法计算，对不同国家的火电站采用不同的供电效率来计算替代量，范围在 29%~35%；BP 也采用等效替代法计算，所替代的火电站效率为 38%；只有 UN 使用当量法折算核电的能源贡献。

（三）我国现行的折算方法

从消费端考虑，我国的能源统计制度要求企业能源统计中“电力”消费统一采用当量系数 0.122 9 千克标准煤/千瓦时；区域性（国家、省、市、县）的能源消费总量按照等价系数折算，需要将按当量值计算的能源合计调整为按等价热值计算。

从供应端考虑，对于核电、水电等非化石能源发电而言，当前包括学术界在内的核算，都采取与美国 EIA 类似的等效替代方式，只是在用“发电煤耗”或“供电煤耗”上存在差异。从加强节能的角度出发，对电力用户企业进行综合能耗统计时，一般用发电煤耗核算，不再考虑发电厂自用电的消耗。但由于水电、风电、光伏发电等厂用电率很低，按照替代的逻辑考虑，用“供电煤耗”更加能够反映这些可再生能源发电的贡献。我国 2019 年 6 000 千瓦以上火电厂平均供电煤耗为 0.307 千克标准煤/千瓦时，折算为供电效率为 40.0%，略高于美国 34.4%的效率。

为兼顾不同需求，《中国能源统计年鉴》计算能源生产总量、能源消费总量（一次）和终端能源消费总量时，都分别按照发电煤耗法和电热当量法两种方法进行核算。但是，在计算单位 GDP 能源消费量、人均能源消费量、可再生能源在能源消费总量中占比等相关能源指标时，多采用发电煤耗法的计算结果。

（四）两种折算方法的差异

（1）非化石能源总量的差异。对制定了非化石能源比例目标的经济体，按照 EIA 的方式，更加能够突出非化石能源在一次能源消费中的作用。如美国有 29 个州颁布了“可再生能源配额制”（RPS），规定了可再生能源在一次能源消费中的比重，但按照 IEA 的测算方式，将低估可再生能源的贡献总量，从而会显著影响系统中可再生能源比重目标的实现。欧盟各国采用 IEA 的测算方式，欧盟立法确定了 2020 年可再生能源在终端能源消费中占比达到 20%的目标，其发展目标的核算基准是终端能源消费量，而不是一次能源消费总量。

（2）基于能源消费的温室气体排放量测算。目前国际上主要从能源消费侧计算温室气体排放量的大小。在具体测算不同电力的排放量及排放因子时，都可以从电量构成的实物量出发，测算电力部门的排放总量；在以

“能源供应或消费统计数据”为基础进行分析，但又无法清晰描述其中非化石能源的构成时，会高估非化石能源的贡献量，从而极大影响温室气体排放总量的计算结果。

二、可再生能源热力

根据能源产品的不同用途，用作加工转换或用作终端消费，可再生能源热力的一次能源量折算方法有所不同。联合国和国际可再生能源署通常采用的可再生能源热力系统转换效率见表 7-5。

表 7-5 联合国可再生能源热力系统转换效率（%）

能源种类	能源加工转换行业		终端用能行业
	热力发电系统	供热系统	
地热能	10	50	100
太阳能	33	100	100
生物质能	33	70	100

（一）用作加工转换投入的可再生能源

对于用作加工转换投入的可再生能源，最常见、最简单的一次能源投入量计算方法是，根据能源系统效率，将电厂/商用供热厂的电力/热力产出量转换为一次能源投入量。由于热力计量不普遍，地热能和太阳能的一次能源量通常都采用这种估算方法。如不知道生物燃料的使用量，生物能发电厂或商用供热厂也可采用这种估算方法。

联合国和国际可再生能源署等在能源统计中使用的标准假设如下：

（1）地热发电厂：加工转换投入的地热一次能源量等于发电量的能源量的 10 倍。

（2）地热供热厂：加工转换投入的地热一次能源量等于供热厂外供热量的能源量的 2 倍。

（3）太阳能热发电厂：加工转换投入的太阳能一次能源量等于发电量的能源量的 3 倍。

（4）太阳能供热厂：加工转换投入的太阳能一次能源量等于供热厂外供热量的能源量。

（5）生物质能发电厂：加工转换投入的生物质能一次能源量等于发电

量的能源量的 3 倍。

(6) 生物质能供热厂（商用）：加工转换投入的生物质能一次能源量等于外供热量的能源量的 1.42 倍（生物质锅炉效率为 70%）。

(二) 终端利用的可再生能源

国际上，用作终端能源时，地热能和太阳能的一次能源量等于其供热量的能源量（终端能源量）。

我国目前常用的能源统计核算办法中，非电能源消费产品按照终端能源消费量计入一次能源消费总量，与国际上的统计方法一致。

三、各种可再生能源技术

(一) 可再生能源电力

可再生能源电力的能源量计算方法较为简单、明确，分技术发电量数据也清晰明确、来源翔实可靠。一次可再生能源和二次可再生能源电力提供的能源量可根据其电量计算。

1. 一次电力

一次可再生能源电力的能源量，可以按照等效替代法和直接当量法两种方法计算。

方法一：根据电量计算（等效替代法）。

能源量(等效替代法)= 电量×电力等价折标准煤系数

其中：电力等价折标准煤系数采用国家公布的当年全国煤电平均供电煤耗，2016 年折标准煤系数为 0.312 千克标准煤/千瓦时。

方法二：根据电量计算（电热当量法）。

能源量(电热当量法)= 电量×电力当量折标准煤系数

其中：电力当量折标准煤系数为标准值，即 0.122 9 千克标准煤/千瓦时。

建议优先采用等效替代法计算可再生能源电力的能源量，特别是在计算可再生能源在能源消费总量中的占比时。目前国家统计局的能源消费量核算，以及人均能源消费量、万元 GDP 能耗等指标核算均采用发电煤耗法。国家能源局可再生能源发电的能源消费量核算也采用发电煤耗法，与国家统计局的计算方法一致。

可再生能源电力可通过电网传输，电力的进口和出口都普遍存在。可再生能源发电量可通过发电厂的电表计量，可再生能源用电量的计算需考虑当地的电力调入量和电力外送量，以及电力市场交易情况后计算。

2. 二次电力

二次电力消耗的能源量，既可根据其发电量计算（见上节），也可根据发电消耗的燃料量计算。

方法三：根据燃料消耗量计算。

能源量=生物质燃料消耗量×燃料热值

其中：燃料热值指燃料的低位发热量，国家能源统计体系中已列明多种生物质燃料的平均低位发热量和折标准煤系数。

该计算方法只适用于消耗燃料的生物质能发电（二次电力）。在现行的统计系统中，生物质发电的发电量和燃料消耗量两个指标均有翔实的数据。

在计算能源消费总量时，建议优先采用以发电量为指标的计算方法，其原因是：①发电量数据清晰、明确；②与其他可再生能源发电的统计方法和统计口径保持一致，方便汇总核算；③对于生物质热电联产项目，生物质燃料需拆分其用于发电、供热的量。

（二）可再生能源热力

有热力计量的可再生能源供热项目，可按照实测的供热量（兆焦）计算其供热量标准量，供热量（当量值）的核算基准是终端能源消费量，供热量（等价值）的核算基准是能源消费量。

供热量（当量值）= 供热量（吉焦）×热力热值

供热量（等价值）= 供热量（吉焦）×供热标准煤耗

其中：热力热值为 0.034 1 千克标准煤/兆焦；供热标准煤耗取当年的统计值，2016 年电厂供热标准煤耗为 0.038 9 千克标准煤/兆焦。

目前有热力计量的可再生能源供热项目主要有两类：一是生物质热电联产项目，热力外供有计量；二是一些以合同能源管理模式运营的可再生能源热力项目，包括生物质锅炉供热项目、太阳能工业热水项目，与热力用户按照计量的供热量结算用能费用。

但多数可再生能源供热项目为自用项目，没有计量，需按照应用规模等其他指标计算供热量。

（三）可再生能源建筑供暖

水热型地热能、环境能（地源、水源、空气源热泵）、太阳能、生物质能等多种可再生能源技术均可为建筑提供可再生能源供暖。根据供暖建筑面积计算可再生能源提供的建筑供暖量（终端能源消费量）是我国常用的计算方法。计算公式为：

可再生能源建筑供暖量（终端能源消费量）= 供暖的建筑面积×单位面积建筑能耗−供暖消费的化石能源量

其中：单位面积建筑能耗指标的取值与当地气候环境、建筑节能性能等指标密切相关，不同气候区、新旧建筑的指标取值差别很大。目前，我国尚没有明确的参数取值规定，较为常用的参数取值是 25 千克标准煤/平方米。

如果是 100%可再生能源建筑供暖，则供暖消费的化石能源量为 0。

（四）太阳能供热

根据集热器面积计算太阳能供热量是我国和国际上的通行计算方法。太阳能供热量的计算公式如下。

供热量 = 太阳能集热器面积×单位集热器面积供热量

其中：单位集热器面积供热量的取值范围为 100～180 千克标准煤/平方米，目前全国通常取值为 120 千克标准煤/平方米。考虑到不同地区太阳能资源差异，四类太阳能资源区的折标准煤系数，建议 1 类地区为 130 千克标准煤/平方米，2 类地区为 110 千克标准煤/平方米，3 类地区为 85 千克标准煤/平方米，4 类地区为 65 千克标准煤/平方米。

我国太阳能集热器面积的年保有量根据年新增数据计算得出，其数据来源是中国农村能源行业协会太阳能热利用专委会。目前，我国太阳能集热器面积年保有量的计算已考虑了太阳能供热系统寿命（10 年）及退役问题，但没有考虑系统提前退役问题，其计算公式如下：

当年保有量 = 上年保有量+当年新增量−当年退役量（10 年前的新增集热器面积量）

（五）地热能供热（水热型）

水热型地热能供热主要用于建筑供暖。根据供暖的建筑面积计算地热能供热量是目前我国常用的计算方法。其计算公式为：

供热量=地热能系统供暖的建筑面积×单位建筑面积能耗

其中：单位建筑面积能耗，目前全国常用的取值是25千克标准煤/平方米。该指标的取值与当地气候条件和建筑节能标准有密切的关系，项目层面或是市县区域层面的计算中，建议按当地建筑标准规定的单位建筑面积能耗的60%取值。

该计算公式计算的供热量是终端能源消费量。按我国目前的能源统计核算方法，非电能源消费产品按照终端能源消费量计入能源消费总量。如是能源加工转换企业（外供热力的热力站、热电联产厂等），需根据能源系统效率，将终端能源消费量转换为一次能源消费量。

（六）环境能供热（热泵系统）

环境能供热是指通过热泵技术利用土壤、水体、空气中的低品位热能提供热水和建筑供暖服务。热泵系统的供热量在国际上尚没有统一的计算方法，很多国家都采用估算的方式。

1. 根据供暖建筑面积计算的终端消费量

该计算方法与水热型地热能源供热的计算方法类似，是目前我国最常用的计算方法，其计算的基准是终端能源消费量。需要注意的是，热泵系统供热量要减去热泵系统的自耗能量（多为电量，也可为燃气量）。

供热量=热泵系统供暖的建筑面积×单位建筑面积能耗-自耗能量

2. 根据热泵装机容量计算的一次能源消费量

该计算方法是国际上较为认可的计算方法，也是欧盟官方规定的计算方法，其核算的基准是一次能源消费量。其计算公式如下：

热泵系统消耗的环境能热量=热泵系统装机容量×年等效满负荷运行小时数×(1-1/SPF)

其中：年等效满负荷运行小时数、热泵系统季节性能系数（SPF）两个参数的取值是该计算方法的难点，我国尚没有官方的参数取值。

热泵系统的技术种类多，在不同气候条件下，各种热泵技术年等效满负荷运行小时数和热泵系统季节性能系数的参数取值有很大的不同。通过多年的实验测试，欧盟已给定了不同气候区、不同热泵技术条件下的参数取值（见表10-2、表10-3），但仍然鼓励各国开展研究实验，确定更准确的当地参数取值。

3. 根据热泵装机容量计算的终端能源消费量

热泵系统供热量（终端能源消费量）中的可再生能源量与当地电力系统中的可再生能源比例相关。

其计算公式如下：

热泵系统供热量(终端能源消费量)中的可再生能源量

=热泵系统供热量×供热量中的可再生能源比例

=(热泵系统装机容量×年等效满负荷运行小时数×SPF)×供热量中的可再生能源比例

供热量中的可再生能源比例

$$=\frac{\text{消耗的环境能热量+用电量中可再生能源电力对应的一次能源消费量}}{\text{消耗的环境能热量+用电量对应的一次能源消费量}}$$

$$=\frac{\text{用电量}\times(\text{SPF}-1)+\text{用电量}\times\text{PEF}\times\text{可再生能源电力占比}}{\text{用电量}\times(\text{SPF}-1)+\text{用电量}\times\text{PEF}}$$

$$=\frac{(\text{SPF}-1)+\text{PEF}\times\text{可再生能源电力占比}}{(\text{SPF}-1)+\text{PEF}}$$

根据国家能源局发布的2019年全国电力供应统计数据，6 000千瓦及以上级电厂供电标准煤耗为307克标准煤/千瓦时，2019年我国煤电的一次能源系数（PEF）为2.50。

采用煤耗计算法，可再生能源电力的PEF_{re}与煤电的PEF相等。对于SPF为3.5的商业热泵，其热泵产热量中可再生能源的比例为：

$$\frac{(\text{SPF}-1)+\text{PEF}\times\text{可再生能源电力占比}}{(\text{SPF}-1)+\text{PEF}}=\frac{(3.5-1)+0.279\times2.5}{(3.5-1)+2.5}=64\%$$

采用电当量计算法时，可再生能源电力的一次能源系数PEF_{re}为1，煤电的一次能源系数PEF为2.5。对于SPF为3.5的商业热泵，其热泵产热量中可再生能源的比例为：

$$\frac{(\text{SPF}-1)+\text{PEF}\times\text{可再生能源电力占比}}{(\text{SPF}-1)+\text{PEF}}=\frac{(3.5-1)+0.279\times1}{(3.5-1)+0.279\times1+0.821\times2.5}=57.5\%$$

（七）生物质能供热

生物质能供热主要是生物质热电联产供热和生物质锅炉供热。

1. 生物质热电联产

生物质热电联产企业多为规模以上的工业企业，其发电量、供热量、生物质燃料消费量均有计量数据，既可根据实测的供热量计算其提供的终端能源消费量，也可根据生物质燃料消费量和热电比计算其能源消费量。

生物质供热量＝生物质热电联产燃料消费量×热电比/（热电比+1）

2. 生物质锅炉

生物质锅炉在工业企业、酒店宾馆应用广泛，多为自用热力、无热力计量，难以从项目层面上报供热量数据。生物质锅炉供热量有两种计算方法。

方法一：根据生物质燃料消费量计算。

这也是我国常用的计算方法。我国生物质锅炉只燃用生物质颗粒燃料、压块燃料，不燃用秸秆，可根据全国颗粒燃料产量计算生物质锅炉供热量。

供热量＝生物质颗粒燃料量×燃料热值

方法二：根据生物质锅炉的规模计算。

奥地利等欧洲国家采用该方法计算。

供热量＝锅炉装机容量×采暖度日数（HDD）×单位规模供热系数

其中：单位规模供热系数需根据当年供热锅炉的数量和燃料种类进行测算、确定，定期更新。奥地利 2012 年和 2016 年的单位规模供热系统分别为 0. 469 5 和 0. 572 1。

（八）生物质燃料

生物质能作为一次能源与化石能源的利用途径完全一致，无论是发电、供热，还是作为液体、固体或气体燃料，国际上都按照其实际的热值进行测算。

生物质燃料的产量和消费量的统计数据多是实物量，单位是吨、立方米等；实物量可通过其热值折算为能源标准量，单位是兆焦、吨标准煤等。《中国能源统计年鉴》中已给出多种生物质能的燃料热值和折标准煤系数（见表 1-6）。

能源量＝生物质燃料量×燃料热值

四、相关参数的取值

（一）参数的取值和来源

计算可再生能源生产量和消费量时，涉及很多指标的参数取值问题。核算中的参数有四类，其参数取值的来源各有不同。

能源标准量指标：包括电热当量、热力热值、生物质燃料（沼气、成型燃料、燃料乙醇、生物柴油）热值等。指标取值在国家标准中有明确的规定，取值清晰明确，不需要调整。

能源统计指标：包括供电标准煤耗、发电标准煤耗、供热标准煤耗指标。这些指标的取值从能源统计年鉴、电力统计年鉴中可查。随着技术进步发生变化，需定期调整指标的取值。

技术指标：单位建筑面积供暖标准能耗指标，国家/行业建筑标准有明确的规定。指标取值与气候区、建筑类型和技术进步及产业发展情况有关，需定期进行修订调整。

能源系统效率指标：包括各种供热系统效率、各种生物质燃料产品生产系统效率。其取值可根据技术和行业发展现状设定，随着技术进步发生变化，需定期调整指标的取值。

分技术可再生能源量的计算方法和计算参数见表 7-6，可再生能源标准量计算的参数取值和来源见表 7-7。

表 7-6　分技术可再生能源量的计算方法和计算参数

序号	技术	能源实物量	能源标准量	
			计算方法	计算参数
1	水电	发电量	发电量×发电标准煤耗	发电标准煤耗
2	风电	发电量	发电量×发电标准煤耗	发电标准煤耗
3	太阳能发电	发电量	发电量×发电标准煤耗	发电标准煤耗
4	生物质能发电	发电量	发电量×发电标准煤耗	发电标准煤耗
		消费的燃料量	燃料量×燃料热值	燃料热值
5	其他可再生能源发电（地热、海洋等）	发电量	发电量×发电标准煤耗	发电标准煤耗

续表

序号	技术	能源实物量	能源标准量	
			计算方法	计算参数
6	太阳能供热	太阳能集热器面积	集热器面积×单位集热器面积供热量/太阳能供热系统效率	单位集热器面积供热量 太阳能供热系统效率
7	生物质热电联产供热	供热量	供热量×热力热值	热力热值
			供热量×热电联产供热标准煤耗	热电联产供热标准煤耗
		供热消耗燃料量	燃料量×燃料热值	燃料热值
8	生物质锅炉供热（固体燃料）	燃料消耗量	燃料消耗量×燃料热值	燃料热值
		锅炉容量	锅炉容量×单位容量年均燃料消耗量×燃料热值	单位容量年均燃料消耗量 燃料热值
9	生物质燃气（含供热、炊事、交通）	气体燃料消耗量	气体燃料量×气体燃料热值/生物质燃气生产系统的效率	气体燃料热值 生物质燃气生产系统的效率
10	水热型地热能供热	供热量	供热量×热力热值	热力热值
		采热量	采热量×热力热值	热力热值
		供暖建筑面积	供暖建筑面积×建筑供暖能耗	建筑供暖能耗
11	热泵供热量	热泵装机容量	装机容量×年运行小时数（1-1/SPF）	年运行小时数 热泵系统效率（SPF）
		供暖建筑面积	供暖建筑面积×建筑供暖能耗-自耗能量	建筑供暖能耗
12	生物液体燃料（燃料乙醇、生物柴油）	液体燃料量	液体燃料量×燃料热值	燃料热值

表 7-7 可再生能源标准量计算的参数取值和来源

序号	指标	单位	2016 年	2017 年	数据种类和来源
一、标准量指标					
1	电热当量	千克标准煤/千瓦时	1.229	1.229	标准量，固定不变
2	热力热值	吨标准煤/吉焦	0.034 1	0.034 1	
3	沼气燃料热值	吨标准煤/吨	7.14	7.14	
4	生物质成型燃料热值	吨标准煤/吨	0.5	0.5	
5	生物质燃料乙醇热值	吨标准煤/吨	0.92	0.92	
6	生物柴油热值	吨标准煤/吨	1.457	1.457	
二、统计指标					
7	供电标准煤耗	千克标准煤/千瓦时	3.12	3.09	逐年调整，来自统计年鉴
8	发电标准煤耗	千克标准煤/千瓦时	2.94	2.91	
9	供热标准煤耗	吨标准煤/吉焦	0.038 9	0.038 9	
三、标准要求指标					
10	单位建筑面积供暖标准能耗	吨标准煤/平方米	0.1	0.1	定期调整
四、能源系统效率指标					
11	太阳能集热器单位面积产热量	吨标准煤/平方米	0.12	0.12	定期调整
12	太阳能供热系统效率（%）	—	80	80	
13	生物质锅炉效率（%）	—	80	80	
14	地热能水热供热系统效率（%）	—	10	10	
15	沼气生产系统效率（%）	—	50	50	
16	燃料乙醇生产系统效率（%）	—	30	30	
17	生物柴油生产系统效率（%）	—	50	50	

（二）尚需研究的参数取值

一些指标目前尚未有明确的数据来源和取值建议，尚需根据技术和市场发展状况进行深入的研究分析再确定。

太阳能单位集热器面积供热量，目前常用的全国取值是 110~120 千克标准煤/平方米。考虑到不同地区太阳能资源差异，四类太阳能资源区的折标煤系数建议为：1 类地区 130 千克标准煤/平方米，2 类地区 110 千克标准煤/平方米，3 类地区 85 千克标准煤/平方米，4 类地区 65 千克标准煤/平方米。这是基于简单理论分析的参数取值建议，建议尽快开展深入的研究和分析，尽快确定各太阳能资源区、各省（自治区、直辖市）的参数取值。

单位建筑面积供暖能耗，目前主要用于水热型地热能供热、热泵系统供热的终端能源消费量的计算，其应用范围可拓展至各种可再生能源供热的终端能源消费量的计算。目前地热能供热单位建筑面积供暖能耗通常取值 25 千克标准煤/平方米，但建筑供暖专家认为取值过高，指标取值尚存较大的争议。需尽快开展深入、细致的研究分析，尽快确定全国以及各气候区的取值参数。

各种供热系统的效率，包括太阳能热水系统效率、生物质锅炉供热系统效率、水热型地热能供热系统效率，需根据技术和市场发展现状，明确其参数取值。水热型地热能供热系统效率建议采用国际通用的参数取值（10%）。

热泵系统的年运行小时数、热泵系统效率（SPF），需研究分析在不同气候区和技术品种条件下的参数取值。

生物质气体燃料的单位耗用原料量，是指生产沼气等气体燃料耗用的生物质原料量，需根据技术和市场发展现状，明确其参数取值。

生物液体燃料的单位耗用原料量，是指生产燃料乙醇等液体燃料耗用的生物质原料量，需根据技术和市场发展现状，明确其参数取值。

第四节　可再生能源消费总量和占比的核算方法研究

一、基本核算方法

可再生能源消费总量的核算方法有两种：一是“资源方”或“供应方”核算方法，通过可再生能源生产量、进出口量、地区间流入/流出量、年末库存量加总而得；二是“消费方”核算方法，通过可再生能源终端消费量、加工转换损失量和损失量加总而得。

因数据的可获得性不同，国家、省、区（市）、县能源消费总量的核算方法有所不同。通常国家、省级可再生能源消费量的核算方法以“资源方”或“供应方”为主，同时辅之以“消费方”数据资料的佐证来进行核算，编制能源平衡表，从而取得区域能源消费总量。省以下的市、县区域能源消费总量宜采用“消费方”核算方法，根据当地生产用能企业、单位、居民上报的统计报表统计核算。

在国家层面，目前可再生能源生产总量基本等于消费总量。因为可再生能源产品的进出口量较少，仅有生物质固体颗粒燃料和生物柴油有非常少量的进出口，通过消费端的数据进行核算后，可认为可再生能源生产总量即为消费总量。

在省级层面，可再生能源生产总量与消费总量有较大的差别，主要是可再生能源电力和生物质燃料。在我国西电东送的电力大格局下，区域间的可再生能源电力交换量大、涉及面广。由于跨省跨区购电协议多样，区域外输入可再生能源电力消费量的核算有一定的难度和复杂性。生物质燃料的省级交易也普遍存在，包括生物质发电厂/热电联产使用的农林生物质燃料以及锅炉使用的生物质颗粒燃料。由于生物质燃料的统计和核算数据通常来自终端能源用户，统计口径即为消费量。

本部分重点研究国家、省级层面的能源消费总量核算方法。可再生能源消费总量是各种可再生能源消费量（标准量）的加总，各种可再生能源消费量（标准量）基于其实物量，按照规定标准换算而得。

研究内容包括可再生能源电力消费量（实物量）的核算方法、可再生能源消费总量（标准量）的核算方法，并在此基础上开展国家重要的约束性指标“非化石能源消费占比/可再生能源消费占比”的核算方法研究。

二、可再生能源电力消费量（实物量）的核算

（一）核算方法

可再生能源电力消费量包括本地生产且消纳的可再生能源电量和区域外输入的可再生能源电量两大部分，需分类核算。

根据国家发展改革委、国家能源局2019年5月发布的《关于建立健全可再生能源电力消纳保障机制的通知》的规定，核算方法如下：

1. 区域内生产且消纳的可再生能源电量

接入公共电网且全部上网的可再生能源电量，采用并网计量点的电量数据。

自发自用（全部或部分，以下同）可再生能源电量（含就地消纳的合同能源服务和交易电量），按电网企业计量的发电量（或经有关能源主管部门或国务院能源主管部门派出监管机构认可），全额计入自发自用市场主体的可再生能源电力消纳量。

2. 区域外输入的可再生能源电量

可再生能源发电企业与省级电网企业签署明确的跨省跨区购电协议的，根据协议实际执行情况计入受端区域消纳的区域外输入可再生能源电量。其他情况按以下方法处理：

（1）独立“点对网”输入：可再生能源发电项目直接并入区域外受端电网，全部发电量计入受端区域消纳量，采用并网计量点的电量数据。

（2）混合“点对网”输入：采取与火电或水电打捆以一组电源向区域外输电的，受端电网消纳的可再生能源电量等于总受电量乘以外送电量中可再生能源电量比例。

外送电量中可再生能源电量比例＝送端并网点计量的全部可再生能源上网电量÷送端并网点计量的全部上网电量

（3）省间“网对网”输入：跨省电网跨区域输入电量中可再生能源电量，通过电力交易方式进行的，根据电力交易机构的结算电量确定；通过省间送电协议进行的，根据省级电网与相关电厂结算电量确定；无法明确的，按送端省级电网区域可再生能源消纳电量占区域全社会用电量比例乘以输入受端省级电网区域的总电量认定。

（4）跨省际“网对网”输入：跨省区域未明确分电协议或省间协议约定可再生能源电量比例的跨省跨区输电通道，按该区域内各省级行政区域全社会用电量占本区域电网内全社会用电量的比重，计算各省级行政区域输入的可再生能源电量，计算方法如下：

$$\text{省级行政区域内输入可再生能源电量} = \text{可再生能源输入电量} \times \frac{i\ \text{省级行政区域全社会用电量}}{\sum_{i=1}^{n} i\ \text{省级行政区域全社会用电量}}$$

其中：n 表示区域电网内包含的省级行政区域数目。

3. 特殊区域

京津冀地区（北京、天津、冀北、河北南网）接入的集中式可再生能源发电项目和区域外输入的可再生能源电量，按全社会用电量比例分摊原则计入各区域消纳量，各自区域内接入的分布式可再生能源发电量计入各自区域的消纳量。

（二）与可再生能源电力消纳量的关系

为督促承担消纳责任的市场主体（含电网企业）和各级政府通过多种方式完成各自消纳量和消纳权重，确保可再生能源电力消纳，国家发展改革委、国家能源局2019年5月发布《关于建立健全可再生能源电力消纳保障机制的通知》，对各省级行政区域设定了可再生能源电力消纳责任权重，明确了可再生能源电力消纳责任权重和消纳量的核算方法。

根据该文件，可再生能源电力消纳量包括三个部分：

一是实际消纳的可再生能源电量。包括区域内生产且消纳的可再生能源电量和区域外输入的可再生能源电量，是可再生能源电力消纳的主要方法。

二是购买超额消纳量。向超额完成年度消纳量的市场主体购买其超额完成的可再生能源电力消纳量（简称超额消纳量），双方自主确定转让（或交易）价格。

三是购买绿证。自愿认购可再生能源绿色电力证书（简称绿证），绿证对应的可再生能源电量等量计为消纳量。

按照现行的能源统计核算方法，可再生能源电力消费量也就是可再生能源电力消纳量中实际消纳的部分。购买超额消纳量和绿证是鼓励可再生能源电力消费的经济激励措施，其对应的可再生能源电量能否计入当地可再生能源电力消费总量尚没有明确的规定，暂不计入。

三、可再生能源消费总量（标准量）的核算

（一）需关注的问题

1. 统一核算基准，明确是终端能源还是一次能源

各种可再生能源技术的能源消费量都有多种计算方法，各种计算方法依据的指标不同。这些计算方法，既有以终端能源为基准的终端能源消费量，也有以一次能源为基准的一次能源消费量。采用哪种计算方法，主要看哪个指标的数据来源更为可靠。角度不同（项目角度或国家统计核算角度），适用的计算方法会有所不同。

核算可再生能源总量时需明确核算基准。可再生能源消费量的核算基准，可以是终端能源，也可以是一次能源。要按照统一的核算基准，计算不同技术的能源量，避免将不同核算基准的能源量加总核算。

核算非化石能源消费占比指标时，可再生能源消费总量的核算基准应为一次能源，与能源消费总量（分母）的核算基准保持一致。特别是核算非化石能源消费占比指标时，分子、分母以及各技术分项的核算方法应保持一致。

2. 统一核算方法，明确是等效替代法，还是电热当量法

我国能源消费总量（一次）和终端能源消费总量都有等效替代法和电热当量法两种核算方法。统计核算可再生能源总量（包括能源消费总量和终端能源消费总量）时，需说明采用何种计算方法，各种技术应采用相同的计算方法，确保核算基准的一致性。

我国能源消费总量通常采用等效替代法计算，非化石能源消费总量、可再生能源消费总量也应采用相同的计算方法。多种可再生能源是一次能源，包括风电、水电、太阳能光伏发电等一次电力，以及太阳能热力、地热能热力等一次热力，两种计算方法核算的能源消费量差别较大，需特别关注。按照等价法计算时，电力的能源标准量按照当年火力发电标准煤耗折算，一次可再生能源热力需考虑替代系统效率。按照当量法计算时，电力的能源标准量按照电力当量值（0. 122 9 千克标准煤/千瓦时）折算，热力的能源标准量按照热力当量值（0. 034 1 千克标准煤/兆焦）折算。

3. 关注统计范围问题、商品化和非商品化问题

商品化可再生能源消费量是指在能源市场上买卖交易的、已被纳入国家能源统计体系的可再生能源。商品化可再生能源是一个变动的概念，随着可再生能源技术的进步和能源统计体系的调整完善，商品化可再生能源的统计品种会有所变化。目前已被纳入国家统计体系的商品化可再生能源的统计品种包括：①可再生能源电力，包括水电、风电、光伏发电、太阳能热发电、生物质发电、地热能发电、海洋能发电等所有类别；②生物液体燃料，包括生物燃料乙醇、生物柴油。其中：生物质热电联产供热、生物燃料乙醇、生物柴油等品种已被纳入国家能源统计调查范围，但统计数据尚未单列发布。

非商品化可再生能源消费量是指自用的或是外供但缺乏数据上报途径的可再生能源。目前非商品化可再生能源的品种包括：①可再生能源供热，包括太阳能供热、生物质锅炉供热、水热型地热能供热、热泵系统供热；②生物质气体燃料（不包括用于发电的气体燃料）。

4. 关注能源的用途，企业自用和外供的核算方法不同

能源产品的用途不同，其能源消费量的核算方法不同。要特别关注可再生能源是作为外供能源（能源加工转换行业的投入能源），还是企业自用（终端能源消费产品）。

（1）能源加工转换行业的能源量核算。

用作能源加工转换企业（外供电力或热力的发电厂、热力厂、热电联产）投入的可再生能源，最常见、最简单的一次能源投入量计算方法是，根据能源系统效率，将电厂/商用供热厂的电力/热力产出量转换为一次能源投入量。由于热力计量不普遍，地热能和太阳能的一次能源量通常都采用这种估算方法。如不知道生物燃料的使用量，生物能发电厂或商用供热厂也可采用这种估算方法。

各种可再生能源技术的能源系统效率不同，企业可按照实际的能源系统效率折算能源标准量；如没有实测数据，可按照国家公布的折标准煤系数折算，例如火电按照当年火力发电标准煤耗计算。我国对于地热能、太阳能等大型可再生能源供热站的系统效率尚没有明确的规定，可参照联合国和国际可再生能源署建议的计算方法和系统效率设定，并着手开展进一步的研究工作，以提出我国的参数取值建议。

联合国建议的外供能源折算参数是：地热能、太阳能和生物质能供热系统的能源效率分别为50%、100%和70%；地热能、太阳能和生物质能热力发电系统的能源效率分别为10%、33%和33%。

（2）终端能源消费产品的核算。

按照我国的能源统计核算办法，终端消费的能源产品（企业自用的可再生能源）按照终端能源消费量计入能源消费总量。也就是说，太阳能、地热能、环境能（热泵）等可再生能源供热系统的系统效率取值为100%。这与国际上的核算方法是一致的。

5. 避免重复计算

特别是生物质气体燃料、固体燃料等有多种用途的产品品种，既可从终端能源端（发电量、供热量、沼气量、生物燃料乙醇量等）统计核算，也可从能源资源端（秸秆消费量等）统计核算，需避免重复计算。

6. 关注区域间的可再生能源交换问题

既要关注我国与其他国家之间的可再生能源产品进出口问题，也要关注我国各省份之间的可再生能源产品交换问题。目前我国仅有非常少量的生物柴油出口量，因此在核算全国可再生能源消费总量时，无须考虑可再生能源的进口量、出口量，可再生能源生产量即可视为可再生能源消费量。可再生能源电力、生物颗粒燃料等可再生能源产品在各省份间的交换很常见，在核算局部区域（某个省、市、县）的可再生能源量时需特别关注生产量和消费量的不同。

（二）核算方法和参数建议

根据能源消费总量的定义，可再生能源消费总量指一定时期内，全国各行业和居民生活消费的各种可再生能源的总和。根据能源消费总量的定义，可再生能源消费总量的核算基准应是一次能源消费量，这能够保证在进行非化石能源消费占比、可再生能源消费占比的计算时，分子（可再生能源消费总量）与分母（能源消费总量）统计口径一致。

可再生能源消费总量分为终端能源消费量、能源加工转换损失量和能源损失量三部分。

按照终端消费品种，可再生能源消费总量可分为可再生能源电力、热力、生物质气体燃料（扣除发电供热用量）和生物液体燃料。

按照能源资源品种，可再生能源消费总量可分为水能、风能、太阳能、生物质能、地热能、环境能、海洋能等。

计算可再生能源量时需统一核算的基准，明确是终端能源还是一次能源。多数可再生能源技术的能源量计算都有多种方法，既有基于“消费端”（终端）参数的计算方法，也有基于“生产端”和“资源端”（一次能源端）的计算方法，计算结果有终端能源消费量也有一次能源消费量，终端能源消费量和一次能源消费量也可通过系统效率参数进行相互转换。可再生能源终端能源消费量的统计核算方法见表 7-8，可再生能源（一次能源）消费总量的统计核算方法见表 7-9。

表 7-8　可再生能源终端能源消费量的统计核算方法

序号	能源品种	终端产品	技术	终端能源消费量计算方法	参数取值建议
一	分品种				
1	水能	一次电力	水力发电	根据消费端的用电量计算 用电量×折标准煤系数	电力折标准煤系数： 煤耗计算法：按照当年火力发电标准煤耗计算 当量计算法：按照电力当量值（0. 122 9 千克标准煤/千瓦时）计算
2	风能	一次电力	风力发电		
3	太阳能	一次电力	光伏发电		
4		二次电力	太阳能热发电	根据消费端的用电量计算 用电量×折标准煤系数	电力折标准煤系数：同上
				根据资源端的集热量计算 太阳能集热量×热力热值×系统效率	热力当量值：0. 034 1 千克标准煤/兆焦 太阳能热发电系统效率：自用 100%，外供 33%
5		热力	太阳能供热	根据消费端的供热量计算 供热量×热力热值	热力当量值：0. 034 1 千克标准煤/兆焦
				根据太阳能集热器面积计算 太阳能集热器面积×单位集热器面积折标系数 或太阳能集热器面积×年总辐射量×太阳能系统效率	单位集热器面积折标系数： 煤耗计算法：全国 120 千克标准煤/平方米；太阳能资源 1 区 130 千克标准煤/平方米，2 区 110 千克标准煤/平方米，3 区 85 千克标准煤/平方米，4 区 65 千克标准煤/平方米 当量计算法：全国 95 千克标准煤/平方米；太阳能资源 1 区 105 千克标准煤/平方米，2 区 85 千克标准煤/平方米，3 区 68 千克标准煤/平方米，4 区 50 千克标准煤/平方米 太阳能系统效率： 太阳能热力系统效率 0. 45，槽式、塔式太阳能热发电（CSP）效率 0. 7，槽式、塔式的太阳能供热（CST）效率 0. 6

续表

序号	能源品种	终端产品	技术	终端能源消费量计算方法	参数取值建议
6	生物质能	二次电力	生物质发电、热电联产发电	根据消费端的用电量计算 用电量×折标准煤系数	电力折标准煤系数：同上
				根据资源端的燃料消费量计算 发电燃料消费量×燃料热值×系统效率	燃料热值：见表1-6 生物质发电系统效率：自用100%，外供33%
7		热力	生物质锅炉、热电联产供热	根据消费端的供热量计算 供热量×热力热值	热力当量值：0. 034 1 千克标准煤/兆焦
				根据资源端的燃料消费量计算 供热燃料消费量×燃料热值×系统效率	燃料热值：见表1-6 生物质供热系统效率：自用100%，外供70%
8		燃料	生物质气体燃料（沼气、生物天然气、生物气化气等）	根据气体燃料消费量计算 气体燃料消费量×燃料热值	燃料热值：见表1-6
9			生物液体燃料（生物燃料乙醇、生物柴油等）	根据液体燃料消费量计算 液体燃料消费量×燃料热值	燃料热值：见表1-6
10	地热能（含环境能）	二次电力	地热能发电	根据消费端的用电量计算 用电量×折标准煤系数	电力折标准煤系数：同上
				根据资源端的地热能热量计算 地热能采热量×热力当量值×系统效率	热力当量值：0. 034 1 千克标准煤/兆焦 地热发电系统效率：自用100%，外供10%

续表

序号	能源品种	终端产品	技术	终端能源消费量计算方法	参数取值建议
11	地热能（含环境能）	热力	水热型地热能供热	根据资源端的地热能热量计算 地热能采热量×热力当量值×系统效率	热力当量值：0.034 1 千克标准煤/兆焦 地热能供热系统效率：自用 100%，外供 50%
				根据消费端的供暖建筑面积计算 供暖建筑面积×建筑供暖能耗×地热能供热占总供热量的比例	建筑供暖能耗：按照建筑供热设计热负荷的 60%取值
				根据消费端的供热量计算 地热能供热量×热力当量值	热力当量值：0.034 1 千克标准煤/兆焦
12			地源、水源、空气源热泵供热制冷	根据供暖建筑面积计算 供暖建筑面积×建筑供暖能耗×地热能供热占总供热量的比例	建筑供暖能耗：按照建筑供热设计热负荷的 60%取值
				根据供暖建筑面积计算 供暖建筑面积×建筑供暖能耗-热泵耗能量（电/燃气）	建筑供暖能耗：按照建筑供热设计热负荷的 60%取值
				根据热泵装机容量计算 热泵装机容量×年运行小时数×供热量中可再生能源占比	供热量中可再生能源占比与当地电力生产效率、可再生能源发电占比和热泵系统效率相关 供热量中可再生能源占比 $=\frac{(SPF-1)+PEF\times 可再生能源电力占比}{(SPF-1)+PEF}$ 中国 2019 年 PEF 为 2.5，当 SPF 为 3.5 时，取值 64%
13	海洋能	一次电力	海洋能发电	根据消费端的用电量计算 用电量×折标准煤系数	电力折标准煤系数：同上
二	可再生能源合计			1+2+3+4+5+6+7+8+9+10+11+12+13	
	可再生能源电力			1+2+3+4+6+10+13	
	可再生能源供热			5+7+11+12	
	可再生能源燃料			8+9	

表 7-9　可再生能源（一次能源）消费总量的统计核算方法

序号	能源品种	终端产品	技术	能源消费总量计算方法	参数取值
一、分品种					
1	水能	一次电力	水力发电	根据生产端的发电量计算 发电量×折标准煤系数	电力折标准煤系数： 煤耗计算法：按照当年火力发电标准煤耗计算 当量计算法：按照电力当量值（0. 122 9 千克标准煤/千瓦时）计算
2	风能	一次电力	风力发电		
3	太阳能	一次电力	光伏发电		
4		二次电力	太阳能热发电	根据生产端的发电量计算 发电量×折标准煤系数（当量法）÷系统效率= 发电量×折标准煤系数（煤耗法）	电力折标准煤系数：同上 太阳能热发电系统效率：33%
				根据资源端的集热量计算 太阳能集热量×热力当量值	热力当量值：0. 034 1 千克标准煤/兆焦
5		热力	太阳能供热	根据资源端的太阳能集热器面积计算 太阳能集热器面积×单位集热面积折标系数= 太阳能集热器面积×年总辐射量×集热器热效率	单位集热器面积折标系数： 煤耗计算法：全国 120 千克标准煤/平方米；太阳能资源 1 区 130 千克标准煤/平方米，2 区 110 千克标准煤/平方米，3 区 85 千克标准煤/平方米，4 区 65 千克标准煤/平方米 当量计算法：全国 95 千克标准煤/平方米；太阳能资源 1 区 105 千克标准煤/平方米，2 区 85 千克标准煤/平方米，3 区 68 千克标准煤/平方米，4 区 50 千克标准煤/平方米 太阳能系统效率： 太阳能热力系统效率 0. 45，槽式、塔式太阳能热发电（CSP）效率 0. 7，槽式、塔式的太阳能供热（CST）效率 0. 6

续表

<table>
<tr><th>序号</th><th>能源品种</th><th>终端产品</th><th>技术</th><th>能源消费总量计算方法</th><th>参数取值</th></tr>
<tr><td rowspan="2">6</td><td rowspan="6">生物质能</td><td rowspan="2">二次电力</td><td rowspan="2">生物质发电、热电联产发电</td><td>根据生产端的发电量计算
发电量×折标准煤系数</td><td>电力折标准煤系数：同上</td></tr>
<tr><td>根据资源端的燃料消费量计算
生物质燃料消费量×燃料热值</td><td>燃料热值：见表 1-6</td></tr>
<tr><td rowspan="2">7</td><td rowspan="2">热力</td><td rowspan="2">生物质锅炉、热电联产供热</td><td>根据消费端的供热量计算
供热量×热力当量值÷系统效率</td><td>热力当量值：0.034 1 千克标准煤/兆焦
生物质供热系统效率：自用 100%，外供 70%</td></tr>
<tr><td>根据资源端的燃料消费量计算
生物质燃料消费量×燃料热值</td><td>燃料热值：见表 1-6</td></tr>
<tr><td>8</td><td rowspan="2">燃料</td><td>生物质气体燃料
（沼气、生物天然气、生物气化气等）</td><td>根据气体燃料消费量计算
气体燃料消费量×燃料热值</td><td>燃料热值：见表 1-6</td></tr>
<tr><td>9</td><td>生物液体燃料
（生物燃料乙醇、生物柴油等）</td><td>根据液体燃料消费量计算
液体燃料消费量×燃料热值</td><td>燃料热值：见表 1-6</td></tr>
<tr><td rowspan="2">10</td><td rowspan="2">地热能（含环境能）</td><td rowspan="2">二次电力</td><td rowspan="2">地热能发电</td><td>根据生产端的发电量计算
发电量×折标准煤系数（当量法）÷系统效率=发电量×折标准煤系数（煤耗法）</td><td>电力折标准煤系数：同上
地热发电系统效率：自用 100%，外供 10%</td></tr>
<tr><td>根据资源端的地热能热量计算
地热能采热量×热力当量值</td><td>热力当量值：0.034 1 千克标准煤/兆焦</td></tr>
</table>

续表

序号	能源品种	终端产品	技术	能源消费总量计算方法	参数取值
11	地热能（含环境能）	热力	水热型地热能供热	根据资源端的地热能热量计算 地热能采热量×热力当量值	热力当量值：0.034 1 千克标准煤/兆焦
				根据消费端的供暖建筑面积计算 （供暖建筑面积×建筑供暖能耗×地热能供热占总供热量的比例）÷系统效率	建筑供暖能耗：按照建筑供热设计热负荷的 60%取值 地热能供热系统效率：自用 100%，外供 50%
				根据消费端的供热量计算 地热供热量×热力当量值÷系统效率	热力当量值：0.034 1 千克标准煤/兆焦 地热能供热系统效率：自用 100%，外供 50%
12			地源、水源、空气源热泵供热制冷	根据消费端的供暖建筑面积计算 供暖建筑面积×建筑供暖能耗－热泵耗能量（电/燃气）	建筑供暖能耗：按照建筑供热设计热负荷的 60%取值
				根据热泵装机容量计算 热泵装机容量×年运行小时数×（1－1/SPF）	年运行小时数和季节性能系数（SPF）的参数取值与热泵种类、气候区密切相关，我国参数取值尚需研究。可参照欧盟的取值建议（见表 10-2）
13	海洋能	一次电力	海洋能发电	根据生产端的发电量计算 发电量×折标准煤系数	电力折标准煤系数：同上
二	可再生能源合计			1+2+3+4+5+6+7+8+9+10+11+12+13	
	可再生能源电力			1+2+3+4+6+10+13	
	可再生能源供热			5+7+11+12	
	可再生能源燃料			8+9	

四、非化石能源消费占比的核算

非化石能源消费占比是我国一项非常重要的指标。非化石能源消费占比已纳入国家中长期发展规划目标，并分解至省市地方政府，是一项重要的约束性考核指标；同时，也是我国对国际社会承诺的可再生能源发展目标（到 2020 年非化石能源消费占比达到 15%）。

（一）需关注的问题

1. 核算基准是一次能源

核算非化石能源消费占比时，可再生能源消费总量的核算基准应是一次能源，因可再生能源消费总量（分子）须与能源消费总量（分母）的核算基准保持一致。作为分母的能源消费总量包括了终端能源消费总量、能源加工转换损失量和能源损失量，分子中的可再生能源也应该使用同一核算基准，各种可再生能源电力、供热和燃料的核算基准均应保持一致。

2. 统一统计口径，明确是全口径能源还是商品化能源

计算非化石能源消费占比/可再生能源消费占比时，分子分母的统计口径应保持一致，统计口径既可是全口径能源，也可是商品化能源。根据目前的能源统计制度，能源消费总量的统计口径为商品化能源，非商品化的太阳能、地热能和生物质能源尚未被纳入其统计范畴。如统计口径是全口径能源，能源消费总量的数据需采用国家公布的能源消费总量加非商品化可再生能源消费量。

（二）计算方法

1. 基本计算方法

非化石能源消费占比，指非化石能源消费总量在能源消费总量中的占比；非化石能源包括可再生能源和核电。其基本计算公式为：

$$\text{非化石能源消费占比}=\frac{\text{非化石能源消费量}}{\text{能源消费总量}}=\frac{\text{可再生能源消费量}+\text{核电}}{\text{能源消费总量}}$$

可再生能源消费占比，指可再生能源提供的能源消费总量在能源消费总量中的占比。其基本计算公式为：

$$可再生能源消费占比=\frac{可再生能源消费量}{能源消费总量}$$

核算时，分子和分母的统计口径、核算基准和方法应保持一致。

目前我国能源消费总量尚未涵盖非商品化可再生能源，计算非化石能源在一次能源消费总量中占比时，需保持分子（非化石能源消费量）和分母（一次能源消费总量）的统计核算范围的一致性。从目前的情况看，非化石能源消费量有商品化口径和全口径两种统计口径，统计口径不同，非化石能源消费占比的计算方法也有所不同。

2. 商品化口径的计算方法

目前我国能源消费总量的统计口径是商品化口径，计算时需留意可再生能源消费量的统计口径，只计入商品化的可再生能源。

$$非化石能源消费占比(商品化口径)=\frac{非化石能源消费量}{能源消费总量}$$

$$=\frac{商品化可再生能源消费量+核电}{能源消费总量}$$

$$可再生能源消费占比(商品化口径)=\frac{可再生能源消费量}{能源消费总量}$$

$$=\frac{商品化可再生能源消费量}{能源消费总量}$$

3. 全口径的计算方法

全口径可再生能源的统计不仅包括商品化可再生能源，也包括非商品化可再生能源，充分反映了可再生能源的贡献。但同时，能源消费总量的统计口径也要调整。

可再生能源供热等非商品化可再生能源应用技术在我国有广泛的应用，其应用规模也相当可观，全口径地统计核算可再生能源的应用规模和能源量，能够全面反映可再生能源的贡献。由于目前能源消费总量的统计口径是商品化能源，计算时需对其进行调整核算。其计算公式是：

非化石能源消费占比(全口径)

$$=\frac{\text{非化石能源消费量}}{\text{能源消费总量}}$$

$$=\frac{\text{商品化可再生能源消费量}+\text{核电}+\text{非商品化可再生能源消费量}}{\text{能源消费总量}+\text{非商品化可再生能源消费量}}$$

可再生能源消费占比(全口径)

$$=\frac{\text{可再生能源消费量}}{\text{能源消费总量}}$$

$$=\frac{\text{商品化可再生能源消费量}+\text{非商品化可再生能源消费量}}{\text{能源消费总量}+\text{非商品化可再生能源消费量}}$$

第八章

非电可再生能源统计体系的研究设计

Non-electricity Renewable Energy Statistics System Research and Design

近年来可再生能源应用规模快速扩大，可再生能源在我国能源体系中的比重不断提高，推动我国能源转型的作用不断显现，统计数据的全面性、客观性和一致性对科学制订国家能源战略政策有重要的支撑作用。目前可再生能源电力统计体系已经相对健全并已基本纳入国家能源统计体系，但对于分布广、规模小、计量难的非电类可再生能源，我国尚未形成涵盖整个可再生能源领域的统一统计体系。

针对由于统计体系不健全造成的非电可再生能源统计空白、数出多门、数据一致性和可信度差、统计方法差异大等问题，本章基于我国能源统计制度、电力统计制度、部门和行业相关可再生能源统计制度，结合对各类可再生能源技术的分析，借鉴国际可再生能源统计机构可再生能源统计体系经验，重点提出建立完善非电可再生能源统计体系的总体思路和原则以及统计管理制度、报表的研究设计和要开展的主要工作。

第一节　总体发展思路

建立完善非电可再生能源统计的基本思路是，根据目前非电可再生能源数据统计的现状，借鉴国际先进国家在非电可再生能源数据统计方面的经验，结合不同行政部门、行业组织和企业的调研实况，研究提出加强我国非电可再生能源统计的分阶段目标和工作任务，明确不同技术种类非电可再生能源数据统计的牵头部门、承担单位，统一领导、协作推进，逐步建立非电可再生能源的统计报告制度和工作机制。

应分两个阶段逐步完善非电可再生能源统计工作。第一个阶段：将已基本具备统计条件的可再生能源技术纳入国家能源统计体系。包括：①在可再生能源统计表中，增加生物质热电联产供热和燃料乙醇的可再生能源利用量，增加生物质锅炉的应用规模。②为将规模以上、可计量的太阳能供热、地热能供暖等纳入统计体系做好准备。③启动非电可再生能源年度报告研究工作。尽快启动第一阶段的工作，修订完善各项规章制度，到2020年将规模化应用的可再生能源纳入国家能源统计体系。第二个阶段：将主要可再生能源技术都纳入统计体系。包括：①修订完善能源统计平台的制度体系设计。②完成分布式可再生能源统计方法研究，建立分布式可再生能源的统计制度和方法。③完善可再生能源统计报告制度，建立较为完善的可再生能源统计体系，除少数小型项目以外，均纳入国家能源统计体系，充分反映可再生能源的贡献量。如表8-1所示。

表8-1　可再生能源统计工作路线图

技术种类	能源消费总量	可再生能源利用量				统计方式
	已纳入	已纳入	第一阶段	第二阶段	很难统计	
一、可再生能源发电						
1　风电	√	√				
2　太阳能发电	√	√				
2.1　光伏发电	√	√				
2.2　太阳能热发电	√	√				
3　水电	√	√				
4　生物质发电（含热电联产）	√	√				
4.1　农林生物质发电	√	√				
4.2　垃圾发电	√	√				
4.3　沼气发电	√	√				
5　地热能发电	√	√				
6　其他（海洋能发电等）	√	√				
二、可再生能源供热						
1　太阳能供热						
1.1　外供热力			√			规模以上，有热计量
1.2　自用热力				√		分布式，保有规模难认证
2　生物质供热						
2.1　生物质热电联产供热	√		√			已有数据
2.2　生物质锅炉供热（成型燃料）	部分		√			分布式，质监部门可认证保有容量

续表

技术种类	能源消费总量	可再生能源利用量				统计方式
	已纳入	已纳入	第一阶段	第二阶段	很难统计	
2.3 生物质气体燃料供热（气体燃料总量-发电用量）			√			农业农村部：气体燃料总量；中电联：发电用量
2.4 其他（小型、户用）					√	较难纳入
3 地热能供热						
3.1 水热型供热						自然资源部门可认证开采容量
3.1.1 中深层热水供热			√			规模以上，可计量，国土部门管理开采容量
3.1.2 浅层地下热水供热				√		分布式，自然资源部门可认证允许开采容量
3.2 热泵供热（地源、水源、空气源）	自用能已纳入			√		分布式，中国节能协会热泵专委会可估算新增容量
三、可再生能源交通燃料						
1 生物燃料乙醇	√		√			规模以上，可统计
2 生物柴油	√		√			规模以上，可统计
3 生物质燃气				√		试点阶段，暂不计入

第二节 统计管理体系的设计原则

一、全面性

可再生能源技术种类多、应用方式广，即便目前应用规模较小的技术也要考虑技术进步和未来应用的扩大，因此可再生能源统计体系在设计时应尽可能涵盖所有技术种类，确保体系全面完整。

二、协调性

可再生能源统计体系是国家现有能源统计体系的延伸和扩展，应在现有能源统计体系的框架下扩展技术种类、设计统计指标、统一计量单位和核算方法。可再生能源统计工作是一项多个政府部门和专业协会参与的多方协同工作，对于已经实施的部门统计制度应尽可能协调一致，发挥原有制度的作用。

三、可操作性

可再生能源特别是非电可再生能源在全面调查和计量方面难度较大，在设计统计体系时应充分考虑方案的可行性，不追求方案层次上的完美，可分阶段逐步推进，也可通过抽样估计的方式开展。

四、科学性

可再生能源技术在应用中涉及系统效率、热值确定等参数设定，对于一些难以全面调查的技术种类，在抽样调查和统计估算方法以及标准量折算方面应充分论证，保证方法的科学性。

第三节　统计机制的设计

一、联席制度

为保证可再生能源统计工作的统一和协调，建议在政府层面成立一个由国家能源局、国家统计局、农业农村部、住房和城乡建设部、自然资源部、国家市场监督管理总局组成的可再生能源统计专家委员会并设立联系秘书处，同时由专家委员会推荐可再生能源统计、技术等方面专家形成联合专家组。

专家委员会的主要职能是研究制订可再生能源统计机制，指导联合专家组开展相关可再生能源统计研究，批准相关可再生能源统计实施办法，审核可再生能源统计报告。专家委员会委员由各相关部委派出一名代表担任，建议国家能源主管部门国家能源局代表担任组长，国家统计局代表担任副组长。

联合专家组的主要职能是在专家委员会指导下开展可再生能源统计制度的设计及可再生能源统计核算方法学的研究和模型的开发，并协助具体业务部门开展统计工作。

秘书处的主要职责是负责专家委员会工作落实安排以及内外部日常联

络，负责可再生能源统计报告的编写、可再生能源统计数据库管理、可再生能源统计国际交流合作。建议秘书处设在国家可再生能源中心，秘书处根据年度工作任务安排和日常费用支出向专家委员会提出预算申请，专家委员会统筹研究经费的筹措和批复。

二、统计报表制度

国家统计局实施的《能源统计报表制度》以及可再生能源相关管理部门实施的部门可再生能源统计报表制度，对反映我国可再生能源各类技术开发利用支撑国家重大决策发挥了重要作用，但由于各类统计报表制度在统计目的和统计方法上存在差异，所以造成了统计指标定义不一致、核算方法不统一、统计口径差异大的问题。

基于本课题研究，建议以国家统计局实施的《能源统计报表制度》为框架和基础，以现有的可再生能源相关部门统计报表制度为补充，通过对原制度的扩展和统一，形成新的可再生能源统计报表制度。

新的报表制度由国家统计局负责国家层面的能源统计立法和数据上报。建议《能源统计报表制度》在能源生产品种中增加生物质气体燃料和可再生能源热力（包括太阳能热力、生物质能热力、地热能热力等），在能源平衡表中增加可再生能源总体和主要可再生能源品种生产消费情况。国家能源局负责根据新的报表制度完善可再生能源电力和生物液体燃料统计，农业农村部负责完善实施农村可再生能源统计报表制度，住房和城乡建设部负责城镇建筑可再生能源供热相关统计报表制度完善，自然资源部负责地热开发利用统计报表完善，国家市场监督管理总局负责生物质锅炉应用统计报表制度实施，中国农村能源行业协会太阳能热利用专委会负责太阳能热水器统计报表完善和实施。

三、信息定期发布机制

主动公开和传播可再生能源发展的最新信息，对于提高社会对能源政策的了解程度并支持可再生能源发展具有积极意义，对国际社会真正了解我国可再生能源发展以及在能源转型方面的努力和成就具有重要作用。

信息定期发布包括两方面内容。一是信息宣传，运用数字、图表等方式，通俗易懂地发布可再生能源发展信息；二是专业数据报告，通过编制统计报告的形式，为业界提供研究支持。专业数据报告可分为季度报告和年度报告，季度报告在次月的上旬以数据统计简报形式发布；年度报告分为年度简报和年度报告，年度简报以上一年度数据统计表格为主，年度报告以统计数据为基础，辅以图表分析等形式。

第四节　报表制度的研究设计

一、报表体系总说明

可再生能源统计报表自上而下分为两级：第一级为综合可再生能源统计报表，第二级为专项可再生能源统计报表（见表 8-2）。第二级报表主要针对已经开展相关领域统计或具有相关专业背景的单位实施。

（1）综合可再生能源报表统计范围：国家开展可再生能源相关统计的政府部门和行业协会，通过以下两种渠道取得资料：一是各政府部门基于自身已开展的相关统计制度，提供可再生能源统计数据；二是行业协会开展的行业统计所得数据。由国家各相关部门或行业协会通过可再生能源统计联合工作组向专家委员会上报。

（2）主要指标内容：可再生能源发电、可再生能源供热、可再生能源燃料三大类。

（3）核算方法：第二级报表基于汇总表单位和核算方法确定。

（4）调查频率：本报表为年报，一年一次。

（5）调查方法：全面调查。

（6）时间要求：于翌年 2 月 15 日前汇总第二级报表。

表 8-2　可再生能源统计报表构成

报表层次	报表名称	负责单位
1　综合可再生能源统计报表	可再生能源开发消费综合表（实物量）	国家能源局
	可再生能源开发消费综合表（标准量）	国家能源局

续表

报表层次	报表名称	负责单位
2 专项可再生能源统计报表	可再生能源发电消费统计表	国家能源局
	生物液体燃料统计表	国家统计局
	生物质气体燃料统计表	农业农村部 国家能源局
	可再生能源集中供热统计表	国家统计局 住房和城乡建设部
	分地区生物质锅炉统计表	国家市场监督管理总局
	地热能利用统计表	自然资源部
	全国太阳能热利用统计表	中国农村能源行业协会
	民用建筑热泵利用统计表	住房和城乡建设部
	空气源热泵市场统计表	中国节能协会热泵专业委员会

二、综合可再生能源统计报表

综合可再生能源统计报表见表 8-3~表 8-5。

表 8-3 可再生能源开发利用综合表（实物量）

条目	代码	年新增应用规模		年累计应用规模		年消费量实物量（Q）	
		单位	数量	单位	数量	单位	数量
		C1	*C2*	*C3*	*C4*	*C5*	*C6*
一、可再生能源电力	1						
1 水电（含抽蓄）	2	万千瓦		万千瓦		亿千瓦时	
2 风电	3	万千瓦		万千瓦		亿千瓦时	
3 太阳能发电	4	万千瓦		万千瓦		亿千瓦时	
3.1 光伏电站	5	万千瓦		万千瓦		亿千瓦时	
3.2 分布式光伏	6	万千瓦		万千瓦		亿千瓦时	
3.3 太阳能热发电	7	万千瓦		万千瓦		亿千瓦时	
4 地热能发电	8	万千瓦		万千瓦		亿千瓦时	
5 生物质能发电	9	万千瓦		万千瓦		亿千瓦时	
5.1 农林生物质发电	10	万千瓦		万千瓦		亿千瓦时	
5.2 垃圾发电	11	万千瓦		万千瓦		亿千瓦时	

续表

条目	代码	年新增应用规模		年累计应用规模		年消费量实物量（*Q*）	
		单位	数量	单位	数量	单位	数量
		C1	*C2*	*C3*	*C4*	*C5*	*C6*
5.3 沼气发电	12	万千瓦		万千瓦		亿千瓦时	
5.4 热电联产发电	13	万千瓦		万千瓦		亿千瓦时	
6 其他（海洋能等）	14	万千瓦		万千瓦		亿千瓦时	
二、可再生能源供热	15						
1 太阳能供热	16	万平方米		万平方米		万平方米	基于方法学估算
1.1 规模化热水工程	17	万平方米		万平方米		吉焦	
2 生物质供热	18						
2.1 生物质热电联产	19	万千瓦		万千瓦		吉焦	
2.2 生物质锅炉	20	蒸吨		蒸吨		蒸吨	基于方法学估算
3 地热能供热制冷	21						
3.1 浅层地下热水供热	22	万口		万口		万吨热水	
3.2 中深层地热水供热	23	万口		万口		万吨热水	
3.3 热泵	24						
3.3.1 地源热泵	25	千瓦		千瓦		吉焦	
3.3.2 水源热泵	26	万千瓦		万千瓦		吉焦	
3.3.3 空气源热泵	27	万千瓦		万千瓦		吉焦	基于方法学估算
三、气体燃料	28						
1 户用沼气	29	万户		万户		亿立方米	
2 沼气工程	30	万处		万处		亿立方米	扣除供热发电用
3 生物天然气	31	万处		万处		亿立方米	
四、生物液体燃料	32						
1 生物燃料乙醇	33	万吨		万吨		万吨	
2 生物柴油	34	万吨		万吨		万吨	

表 8-4　可再生能源开发利用综合表（标准量）

条目	代码	消费量 实物量（Q）		消费量 标准量（E）		
		单位	数量	单位	数量	标准量计算方法及折标系数
		C1	C2	C3	C4	C5
一、可再生能源电力	1	亿千瓦时		万吨标准煤		等价法（燃煤替代），根据中电联公布上年度火力发电煤耗
1　水电（含抽蓄）	2	亿千瓦时				
2　风力发电	3	亿千瓦时				
3　太阳能发电	4	亿千瓦时				
3.1　光伏电站	5	亿千瓦时				
3.2　分布式光伏	6	亿千瓦时				
3.3　太阳能热发电	7	亿千瓦时				
4　地热能发电	8	亿千瓦时				
5　生物质发电	9	亿千瓦时				
5.1　农林生物质发电	10	亿千瓦时				
5.2　垃圾发电	11	亿千瓦时				
5.3　沼气发电	12	亿千瓦时				
5.4　热电联产发电	13	亿千瓦时				
6　其他（海洋能等）	14	亿千瓦时				
二、可再生能源供热	15			万吨标准煤		
1　太阳能供热	16	万平方米				参照行业核算方法学
1.1　规模化热水工程	17	吉焦				
2　生物质供热	18					
2.1　生物质热电联产	19	吉焦				计算供热量
2.2　生物质锅炉	20	蒸吨				参照行业核算方法学
3　地热能供热制冷	21					根据住建部应用建筑规模、建筑能耗核算并与自然资源部和节能协会数据校核
3.1　浅层地下热水供热	22	万吨热水				
3.2　中深层地热水供热	23	万吨热水				
3.3　热泵	24					
3.3.1　地源热泵	25	吉焦				
3.3.2　水源热泵	26	吉焦				
3.3.3　空气源热泵	27	吉焦				

续表

条目	代码	消费量 实物量（Q）		消费量 标准量（E）		
		单位	数量	单位	数量	标准量计算方法及折标系数
		C1	C2	C3	C4	C5
三、气体燃料	28			万吨标准煤		按照气体燃料热值计算
1　户用沼气	29	亿立方米				沼气 0.785 7～0.828 6 千克标准煤/立方米
2　沼气工程	30	亿立方米				沼气 0.785 7～0.828 6 千克标准煤/立方米
3　生物天然气	31	亿立方米				根据行业标准核算
四、生物液体燃料	32			万吨标准煤		
1　生物燃料乙醇	33	万吨				折标准煤系数（0.920 3 千克标准煤/千克）
2　生物柴油	34	万吨				折标准煤系数（1.457 1 千克标准煤/千克）
五、总计	35			万吨标准煤		C4（1）+C4（15）+C4（28）+C4(32)-C4(12)

表 8-5　可再生能源核算方法

序号	项目	方法说明	参数	计算公式
发电	太阳能、风能、水电、生物质能发电和其他发电	根据实际发电量，按照供电煤耗（国家统计局每年调整）计算（忽略厂用电）	Q：年发电量，万千瓦时 C：全国煤电平均供电煤耗	$E=QC/1\ 000$
供热	太阳能热水器	考虑不同地区太阳能资源差异，根据统计的总集热器面积，按提供同等热水的电加热器耗能及燃煤发电耗能进行测算	A：总集热面积，万平方米 C：单位集热面积年替代燃煤量 1 类地区：130 千克标准煤/平方米 2 类地区：110 千克标准煤/平方米 3 类地区：85 千克标准煤/平方米 4 类地区：65 千克标准煤/平方米	$E=AC$

续表

序号	项目	方法说明	参数	计算公式
供热	地热能供热制冷（浅层地下热水供热、中深层地热水供热）	目前核算方法按供暖建筑面积和分地区建筑能耗计算，鉴于供暖面积数据的获取较难，建议基于自然资源部地热水开采量统计、住建部供热建筑面积以及国家统计局规模以上企业供热面积研究核算方法学		
	热泵（地源热泵、水源热泵、空气源热泵）	目前核算方法按照供暖建筑面积和建筑能耗计算，建议基于住建部浅层地热能利用统计，空气源热泵基于中国节能协会热泵专委会统计的空气源热泵销售量估算供热量（方法学需进一步研究）		
	生物质热电联产	根据国家统计局规模以上企业统计的生物质消耗量和折标准煤系数计算	Q：年生物质消耗量 C：不同生物质折标准煤系数	$E=QC$
	生物质锅炉	根据国家市场监督管理总局年检锅炉的容量，分地区核算年供热量，核算方法需进一步研究		
气体燃料	户用和沼气工程	在污水处理厂、垃圾填埋厂和大型畜禽养殖场等建设的沼气工程，沼气作为生活燃气或发电燃料利用（需核减沼气发电利用部分）	B：年产沼气量（万立方米） C：沼气折标准煤系数（0.714 千克标准煤/立方米）	$E=BC/1\ 000$
	生物天然气	热值和折算标准煤标准尚未明确		
液体燃料	生物柴油	按照生物柴油的热值和年消耗量，折算成标准煤量	C：1.457 1 千克标准煤/千克	$E=CQ$
	生物乙醇	按照生物乙醇的热值和年消耗量，折算成标准煤量	C：0.920 3 千克标准煤/千克	$E=CQ$

三、可再生能源发电统计表

可再生能源发电统计表见表 8-6。

表 8-6 可再生能源发电统计表

综合填报单位：　　　　　　　　　　　　　　　　　　　　年　　月

省（市、区）	电厂类型		发电厂个数（个）		发电设备容量（万千瓦）			发电量（万千瓦时）		上网电量（万千瓦时）		限电量（万千瓦时）		限电率（%）		平均利用小时（小时）		平均设备容量（千瓦）	
			新增	累计	新增	减少	累计	本月	累计	本月	累计	本月	累计	本月	累计	本月	累计	本月	累计
甲	1	2	3	4	5	6	7	8	9	10	11	12	13	14	15	16	17	18	19

单位负责人：　　　　　　统计负责人：　　　　　　填表人：　　　　　　报出日期：　年　月　日

说明：①统计范围：本区域内全部电厂。②报送单位：国家能源局、国家电网公司、南方电网公司、内蒙古电力公司和各地方电力公司。③本表月报、年报通用。④电厂类型：（甲 1）水电、风电、太阳能光伏发电、太阳能热发电、生物质能发电、其他；（甲 2）抽水蓄能、陆上风电、海上风电、集中式光伏、分布式光伏、农林剩余物发电、沼气发电、垃圾发电、热电联产。

四、可再生能源供热统计表

可再生能源供热统计表见表 8-7～表 8-12。

表 8-7　全国太阳能供热统计表

综合填报单位：　　　　　　　　　　　　　　　　　　　　　　　　　　年　月

	应用类型		集热器面积（平方米）			供热量（万吨标准煤）	
			新增	报废	保有量		
甲	1	2	5	6	7	8	9
全国							

说明：①统计范围：本区域内全部集热器企业；②报送单位：中国农村能源行业协会；③本表为年报；④应用类型：户用热水器、热水工程。

表 8-8　分地区生物质锅炉供热统计表

综合填报单位：　　　　　　　　　　　　　　　　　　　　　　　　　　年　月

省（市、区）	技术类型		锅炉额定容量（蒸吨）			供热量（万吨标准煤）	
			新增	报废	保有量		
甲	1	2	3	4	5	6	7

说明：①统计范围：本区域内全部锅炉生产企业；②报送单位：国家市场监督管理总局；③本表为年报；④技术类型：炉排炉、循环流化床。

表 8-9　水热型地热利用统计表

综合填报单位：　　　　　　　　　　　　　　　　　　　　　　　　　　年　月

省（市、区）	地热类型		地热开发（口）		热利用量	
			新增井口	保有量井口	吨（热水）	万吉焦
甲	1	2	3	4	5	6

说明：①统计范围：本区域内全部地热利用企业；②报送单位：自然资源部；③本表为年报；④技术类型：浅层地下热水供热、中深层地热水供热。

表 8-10　民用建筑热泵利用统计表

综合填报单位：　　　　　　　　　　　　　　　　　　　　　　　　　　年　月

省（市、区）	技术类型		装机容量（千瓦）		应用建筑面积（万平方米）		辅助热源供热量（千焦）	供热量（万吉焦）
			新增	累计	新增	累计		累计
甲	1	2	3	4	6	7	5	8

说明：①统计范围：本区域内全部热泵利用企业；②报送单位：住房和城乡建设部；③本表为年报；④技术类型：地源热泵、水源热泵。

表 8-11　空气源热泵利用统计表

综合填报单位：　　　　　　　　　　　　　　　　　　　　　　　　　　年　月

省（市、区）	应用类型		应用量（台数）		装机量（千瓦）	
			新增	保有量	新增	保有量
甲	1	2	3	4	5	6

说明：①统计范围：本区域内全部地热利用企业；②报送单位：中国节能协会热泵专业委员会；③本表为年报；④应用类型：户用空气源、工商业应用。

表 8-12　可再生能源集中供热统计表

综合填报单位：　　　　　　　　　　　　　　　　年　月

省（市、区）	热源情况		供热面积（平方米）		燃料情况		燃料消耗量		总耗电量（千瓦时）	总供热量（吉焦）	
	类型	供热能力（兆瓦）	合计	其中：按热计量收费的面积	种类	燃料热值（千卡）	计量单位	本年累计	本年累计	本年累计	其中购热量
甲	乙	1	2	3	丙	4	丁	5	7	9	12

单位负责人：　　　　统计负责人：　　　　填表人：　　　　报出日期：　年　月　日

说明：①统计范围：本区域内全部供热企业；②报送单位：国家统计局、住房和城乡建设部；③本表为年报；④供热类型：热电联产、生物质锅炉、地热能、热泵、太阳能；⑤燃料情况：种类包括农林剩余物（秸秆、棉花秆、木屑）、沼气、垃圾，计算单位对应吨、立方米、吨，地热能和热泵不需要填写；⑥总耗电量为锅炉房动力设备的电力消耗量。

五、生物质气体燃料统计表

生物质气体燃料统计表见表 8-13~表 8-15。

表 8-13　户用沼气利用统计表

省（市、区）	应用量（户数）			产气量	
	新增量	报废量	累计量	年均户产气量（立方米）	年总产气量（万立方米）
甲	1	2	3	4	5

说明：①统计范围：本区域内全部户用沼气；②报送单位：农业农村部；③本表为年报。

表 8-14　沼气工程建设生产统计表

省（市、区）	沼气工程建设（处）			产气量（万立方米）		装机量（万千瓦）	发电量（万千瓦时）
	新增量	报废量	累计量	总池容	年总产气量		
甲	1	2	3	4	5		

说明：①统计范围：本区域内全部沼气工程；②报送单位：农业农村部；③本表为年报。

表 8-15　生物天然气工程统计表

省（市、区）	工程建设（处）			产气量（万立方米）		装机量（万千瓦）	发电量（万千瓦时）
	新增量	报废量	累计量	总池容	年总产气量		
甲	1	2	3	4	5		

说明：①统计范围：本区域内全部生物天然气工程；②报送单位：国家能源局；③本表为年报。

六、生物液体燃料统计表

生物液体燃料统计表见表 8-16。

表 8-16　生物液体燃料生产消费统计表

省（市、区）	燃料类型	产能（万吨）		产量（万吨）	消费量（万吨）
		新增	总产能		
甲	1	2	3	4	5

说明：①统计范围：规模以上工业企业；②燃料类型：生物燃料乙醇、生物柴油；③报送单位：国家统计局、国家能源局；④本表为年报。

第五节　主要任务

目前我国能源统计工作已覆盖了规模以上的能源应用，但非电可再生能源统计工作面临着项目分布广、规模小、计量难等困难，建立完善非电可再生能源统计体系，尚需统计部门和能源主管部门的共同努力，需要开展大量的管理制度设计、统计核算基础研究以及数据采集整理等多方面的工作。按照完成的时间和难度，我们将这些工作分为第一阶段工作和第二阶段工作，逐步有序推进非电可再生能源统计体系的建立和完善。

第一阶段的工作任务：①修订完善能源统计汇总表，充分体现已有的统计数据，增加生物质热电联产供热、生物燃料乙醇和生物柴油的可再生能源利用量；②完善热力的细分品种，将太阳能、地热能纳入能源消费品种，为规模以上、可计量的太阳能供热、地热能供热纳入统计体系做好准备；③开展生物质锅炉应用规模统计；④启动分布式可再生能源的统计核算研究；⑤启动非电可再生能源年度报告制度。

第二阶段的工作任务：要完成可再生能源统计体系的细化完善，建立分布式可再生能源项目的统计方法，建立较为完善的可再生能源统计体系，除少数小型项目以外，将各种可再生能源技术应用均纳入国家能源统计体系。

一、修订完善国家能源统计品种

中深层地热供暖、太阳能供热均有较大规模的应用项目，可纳入国家统计调查体系。但是，我国的能源消费品种中没有地热能和太阳能；能源生产品种中有热力，但热力没有细分的品种，无法统计热力是来自可再生能源还是化石能源。应尽快修订完善国家能源统计品种，包括能源生产品种和能源消费品种，使规模以上的可再生能源供热和交通燃料项目有申报的路径和渠道。

（一）能源生产品种

尚未纳入能源生产品种的可再生能源有：①生物质气体燃料，包括沼气、垃圾填埋气、热解气、气化气等；②可再生能源供热量，包括太阳能热力、生物质能热力、地热能热力等。

建议修订能源生产统计品种，增加3个类别、8个能源品种（含7个可再生能源品种）：①增加2个生物质固体燃料品种：生物质颗粒燃料、生物质压块燃料；②增加3个生物质气体燃料品种：沼气、生物天然气、生物质气；③增加热力品种，并细分出太阳能热力、生物质能热力、地热能热力。如表8-17所示。

表8-17　能源生产统计品种目录的修订建议

能源名称	计量单位
原煤	吨
洗精煤（用于炼焦）	吨
其他洗煤	吨
煤制品	吨
原油	吨
天然气	万立方米
煤制天然气	万立方米
液化天然气	吨
原油加工量	吨
汽油	吨
煤油	吨
柴油	吨
润滑油	吨
燃料油	吨
石脑油	吨
溶剂油	吨
石蜡	吨
液化石油气	吨
石油焦	吨
石油沥青	吨
炼厂干气	吨
其他石油制品	吨
焦炭	吨
发电量	万千瓦时
火力发电量	万千瓦时

续表

能源名称	计量单位
水力发电量	万千瓦时
核能发电量	万千瓦时
风力发电量	万千瓦时
太阳能发电量	万千瓦时
其他发电量	万千瓦时
煤气	万立方米
生物乙醇	吨
生物柴油	吨
生物质颗粒燃料	*吨*
生物质压块燃料	*吨*
沼气	*万立方米*
生物天然气	*万立方米*
生物质气	*万立方米*
热力	*百万千焦*
太阳能热力	*百万千焦*
生物质能热力	*百万千焦*
地热能热力	*百万千焦*

注：斜体字部分为建议的新增部分。

（二）能源消费品种

尚未纳入能源消费品种的可再生能源包括太阳能、地热能两大类别。由于热力不分类别，无法区分是否来自可再生能源，可再生能源外供热力（包括太阳能供热、地热能供热、生物质锅炉供热）均无法在统计体系中体现出来。

建议修订能源消费品种目录：①增加地热能、太阳能；②细化生物燃料的品种，删除“生物质燃料”品种，增加生物质固体燃料和生物质气体燃料两个品种；③增加生物燃料乙醇、生物柴油。如表 8-18 所示。

表 8-18　能源消费统计品种目录的修订建议

能源名称	计量单位	参考折标准煤系数	参考发热量
原煤	吨	0.714 3 吨标准煤/吨	约 5 000 千卡/千克
洗精煤（用于炼焦）	吨	0.9 吨标准煤/吨	6 000 千卡/千克以上
其他洗煤	吨	0.464 3~0.9 吨标准煤/吨	2 500~6 000 千卡/千克
煤制品	吨	0.528 6 吨标准煤/吨	3 000~5 000 千卡/千克
焦炭	吨	0.971 4 吨标准煤/吨	约 6 800 千卡/千克
其他焦化产品	吨	1.1~1.5 吨标准煤/吨	7 700~10 500 千卡/千克
焦炉煤气	万立方米	5.714~6.143 吨标准煤/万立方米	4 000~4 300 千卡/立方米
高炉煤气	万立方米	1.286 吨标准煤/万立方米	约 900 千卡/立方米
转炉煤气	万立方米	2.714 吨标准煤/万立方米	约 1 900 千卡/立方米
发生炉煤气	万立方米	1.786 吨标准煤/万立方米	约 1 250 千卡/立方米
天然气	万立方米	11.0~13.3 吨标准煤/万立方米	7 700~9 300 千卡/立方米
液化天然气	吨	1.757 2 吨标准煤/吨	约 12 300 千卡/千克
煤层气	万立方米	11 吨标准煤/万立方米	约 7 700 千卡/立方米
原油	吨	1.428 6 吨标准煤/吨	约 10 000 千卡/千克
汽油	吨	1.471 4 吨标准煤/吨	约 10 300 千卡/千克
煤油	吨	1.471 4 吨标准煤/吨	约 10 300 千卡/千克
柴油	吨	1.457 1 吨标准煤/吨	约 10 200 千卡/千克
燃料油	吨	1.428 6 吨标准煤/吨	约 10 000 千卡/千克
液化石油气	吨	1.714 3 吨标准煤/吨	约 12 000 千卡/千克
炼厂干气	吨	1.571 4 吨标准煤/吨	约 11 000 千卡/千克
石脑油	吨	1.5 吨标准煤/吨	约 10 500 千卡/千克
润滑油	吨	1.414 3 吨标准煤/吨	约 9 900 千卡/千克
石蜡	吨	1.364 8 吨标准煤/吨	约 9 550 千卡/千克
溶剂油	吨	1.467 2 吨标准煤/吨	约 10 270 千卡/千克
石油焦	吨	1.091 8 吨标准煤/吨	约 7 640 千卡/千克
石油沥青	吨	1.330 7 吨标准煤/吨	约 9 310 千卡/千克
其他石油制品	吨	1.4 吨标准煤/吨	约 9 800 千卡/千克
热力	百万千焦	0.034 1 吨标准煤/百万千焦	—
电力	万千瓦时	1.229 吨标准煤/万千瓦时	860 千卡/千瓦时
煤矸石（用于燃料）	吨	0.285 7 吨标准煤/吨	约 2 000 千卡/千克
城市生活垃圾（用于燃料）	吨	0.271 4 吨标准煤/吨	约 1 900 千卡/千克

续表

能源名称	计量单位	参考折标准煤系数	参考发热量
生物质燃料	吨标准煤	1	7 000 千卡/千克标准煤
生物质固体燃料	*吨标准煤*	*1*	*1*
生物质气体燃料	*万立方米*	*5 500~5 800 千卡/立方米*	*0. 785 7~0. 828 6 千克标准煤/千克*
生物燃料乙醇	*吨*	*0. 928 6 吨标准煤/吨*	*约 6 500 千卡/千克*
生物柴油	*吨*	*1. 457 1 吨标准煤/吨*	*约 10 200 千卡/千克*
地热能	*百万千焦*	*0. 034 1 吨标准煤/百万千焦*	*—*
太阳能	*百万千焦*	*0. 034 1 吨标准煤/百万千焦*	*—*
余热余压	百万千焦	0. 034 1 吨标准煤/百万千焦	—
工业废料（用于燃料）	吨	0. 428 5 吨标准煤/吨	约 3 000 千卡/千克
其他燃料	吨标准煤	1	7 000 千卡/千克标准煤
能源合计	吨标准煤	—	7 000 千卡/千克标准煤

注：斜体字部分为建议新增内容。

二、修订完善能源统计汇总体系

（一）建议尽快修订完善能源统计汇总表

增加可再生能源消费量汇总表，充分体现已有的统计数据。生物质热电联产供热、生物燃料乙醇和生物柴油的数据均已上报国家能源统计平台，但在统计报表中未能显现出来。

生物质热电联产企业均为规模以上工业企业，需在国家能源统计平台上按月上报能源统计数据。在其填报的统计数据中，包括电力和热力生产量以及生物质燃料消耗量。目前，生物质能发电量已被纳入统计体系，但生物质能供热量尚未在统计表中体现出来。建议将可再生能源供热量纳入可再生能源统计报表中，包括生物质供热、太阳能供热、地热能供热。

生物燃料乙醇、生物柴油企业多为规模以上工业企业，2018 年燃料乙醇和生物柴油已被纳入国家的能源生产品种目录，在企业填报的统计数据中包括生物燃料乙醇和生物柴油的生产量。建议将燃料乙醇、生物柴油纳入可再生能源统计报表中。

（二）将规模以上非电可再生能源纳入能源统计平台

修订完善能源统计平台的制度体系设计和统计方法，使规模以上、有计量的可再生能源项目，特别是非电可再生能源，可通过国家统计平台上报，完善可再生能源报表，充分反映可再生能源的贡献量。规模以上非电可再生能源应用种类包括：①生物质热电联产供热，包括农业废弃物（秸秆、颗粒燃料）、林业废弃物、城市垃圾、沼气等；②可再生能源外供热力，包括生物质锅炉、太阳能热水系统、中深层地热供暖、热泵系统等提供的外供热水、热力，通常是通过供热特许经营、能源合同管理等方式为能源用户提供的热力服务，有热力计量，且为规模以上工业企业。

三、开展生物质锅炉应用规模统计

在国家市场监督管理总局的数据库中，有非常明确清晰的锅炉运行保有数量、额定容量、燃料种类等锅炉应用规模的基础信息来源，可根据国家能源统计的要求进行整理和汇总，从而获得准确清晰的生物质锅炉应用规模数据。

建议：①联合国家市场监督管理总局，获得每年生物质锅炉运行保有数量、额定容量及其地区分布；②开展生物质锅炉运行情况调查研究工作，研究设定生物质锅炉可再生能源供热量的计算方法和参数（锅炉效率、年运行小时数等）的取值范围。

四、开展分布式可再生能源的统计核算研究

（一）尽快启动基础研究

由于项目规模小，实测统计的工作量大、成本高，非电分布式可再生能源项目的计量和统计问题是全球性的难题。欧盟是全球可再生能源统计的领头羊，对热泵技术等分布式可再生能源项目也采用根据额定容量计算的方法统计其可再生能源利用量。

我国太阳能供热、地热水供热、热泵供热制冷、沼气等很多分布式可再生能源项目的数量多、规模小，多为自用能源，能源计量和数据传输的工作量大、成本高。

应尽快启动分布式可再生能源的统计核算研究工作，其研究内容

包括：

（1）研究探索确定分布式可再生能源项目保有运行规模的方式，完善根据新增利用规模计算保有运行规模的方法和影响因素，通过各统计口径对比、统计调查核验等多种方法，获得较为可信的保有运行规模。

（2）研究各种分布式可再生能源的能源量计算方法及其参数取值，包括：

1）太阳能热利用量：根据太阳能集热器面积计算供热量的方法，分太阳能资源区的单位集热器面积供热量折算系数。

2）生物质锅炉供热：根据生物质锅炉容量计算供热量的方法，不同规模的生物质锅炉效率、年均运行小时数，或是年均燃料消耗量。

3）热泵供热：根据热泵装机容量计算供热量的方法，不同技术品种、不同气候区的年均运行小时数和系统效率取值参数。

4）沼气：根据沼气池容量计算沼气产量的方法，不同气候区的沼气产出比。

（二）完成分布式非电可再生能源的统计研究工作

完成太阳能热利用、生物质锅炉供热、地热水供热、热泵系统供热、沼气等分布式可再生能源项目的统计制度设计和计算方法研究，进入统计实施阶段。

研究内容主要包括：

（1）协调各相关管理部门和行业协会，通过各种统计调查手段，获得各种分布式非电可再生能源利用规模数据，充分考虑产品的寿命、退出市场情况，获得可信赖的保有运行规模数据。其中，太阳能热水系统、户用沼气、中小型热泵系统的保有运行数量、规模是研究的重点。

（2）研究确定重点分布式非电可再生能源技术的能源消费总量的计算方法和指标参数。重点包括：①分地区太阳能集热器面积的能源标准折算系数；②各种生物质锅炉的供热效率、年运行小时数；③热泵技术可再生能源利用量的计算方法和参数；④不同气候区沼气池的产气量。

（3）研究更新各种非电可再生能源技术的系统效率。以非电可再生能源产品的产量/消费量为基础，按照其能源系统的效率，可计算其一次能源消费总量。能源系统的效率与项目应用的气候、环境、技术成熟度都有密切的关系，随着非电可再生能源技术的快速进步，其能源系统效率会有较大的提高，需做深入的研究和及时的更新。目前，一些非电可再生能源技术的能源系统效率较为明确，例如太阳能供热系统效率、生物质锅炉效率、水热型地热能供热系统效率。一些技术的能源系统效率与气候、应用环境的关系密切，例如沼气系统效率、热泵系统效率以及建筑供暖的单位面积能耗等。一些技术的能源系统效率与技术种类密切相关，例如用陈化粮或纤维素生产燃料乙醇的项目，以及用废油或小桐子等生产生物柴油的项目。

五、开展非电可再生能源年度报告研究

（一）尽快启动年度报告编写

依托现有的统计体系，建立非电可再生能源年度统计制度，发布非电可再生能源统计年度报告，增加公众和业界对非电可再生能源的认识。2017 年年度报告以现有的数据资源为基础，广泛收集各主管部门和行业协会的相关数据和信息，年度报告的范围更广泛、全面，不仅包括规模化应用项目，也包括短期内难以纳入国家能源统计体系的小规模项目和户用系统。

根据现有的情况看，非电可再生能源年度报告可包括以下内容：

（1）太阳能热利用：包括全国太阳能热利用年新增集热器面积、年保有集热器面积等指标。数据来源是中国太阳能热利用产业联盟/中国农村能源行业协会太阳能热利用专委会。

（2）生物质热电联产供热：包括规模以上生物质热电联产的分品种（农林、城市垃圾、沼气等）、分地区的供热量和生物质能消耗量等指标。数据来源是国家统计局的能源统计平台，以及规模以上工业企业的填报数据。

（3）生物质锅炉规模：包括分地区生物质锅炉的保有数量、规模合计。数据来源是国家市场监督管理总局。

（4）沼气：包括户用沼气规模、户数和产气量，以及沼气工程规模、项目数量和产气量。数据来源是农业农村部。

（5）生物质交通燃料：包括分地区生物燃料乙醇的产量和原料（陈化粮、玉米、秸秆等）消费量以及分地区生物柴油的产量和原料消费量。数

据来源是国家统计局的能源统计平台，以及规模以上工业企业的填报数据。同时，国家能源局也有企业上报的相关统计数据，可与国家能源统计平台上的数据进行比对核验。

（6）地热水供热：包括分地区已核准的地热水开采情况（开采井数量和开采量），含浅层地热水、中深层地热水；分地区地热水的开采利用量；分地区地热水开采限额和要求。数据来源是自然资源部。

（7）我国非电可再生能源利用总量：统计核算太阳能、生物质能、地热能等各种可再生能源资源提供的能源消费总量，包括供热（含炊事）和交通燃料。

（8）重点企业供热情况：包括大型养殖场沼气工程生产情况，如德青源等；生物质颗粒燃料生产和锅炉供热情况（锅炉容量、供热量、消耗燃料量等），如广东迪森等；中深层地热能供暖情况（城市分布、井数、供暖换热站、供暖能力），如中石化绿能等。

（二）完善非电可再生能源年度报告

建立更为完善的非电可再生能源统计制度和体系，包括数据收集、整理和发布；研究细化各种可再生能源技术的能源量核算方法和参数取值；建立较为完善的非电可再生能源年度报告制度。

与第一阶段的年度报告相比，第二阶段的年度报告将增加以下内容：

（1）发布规模以上可再生能源供热利用规模及其能源消费总量。在调整细分热力品种，增加太阳能热力、生物质能热力、地热能热力之后，可通过国家统计局的能源统计平台，获得规模以上企业的分品种可再生能源供热量和可再生能源消费量，包括太阳能供热、生物质（农林、城市垃圾、沼气）热电联产供热、生物质锅炉供热、地热能供热等。数据来源是国家统计局的能源统计平台，以及规模以上工业企业的填报数据。

（2）研究设计地热能热泵供热的数据收集和统计渠道。

（3）发布分布式非电可再生能源利用规模并核算其能源消费总量。根据研究发布的分布式非电可再生能源统计方法和核算参数取值，核算分布式可再生能源利用总量。

（4）将非电可再生能源品种纳入能源平衡表。可纳入的能源消费品种包括可再生能源热力、沼气、燃料乙醇、生物柴油等。

（三）组织实施

为保证可再生能源统计工作的统一和协调，建议在政府层面成立一个由国家能源局、国家统计局、农业农村部、住房和城乡建设部、自然资源部、国家市场监督管理总局组成的专家委员会并设立联系秘书处，同时由专家委员会推荐可再生能源统计、技术等方面专家形成联合专家组。

第九章

国际非电可再生能源统计研究

International Non-electricity Renewable Energy Statistics Research

本章的研究重点是，收集整理和研究分析非电可再生能源数据收集和统计的国际经验，明确国际非电可再生能源的种类和统计范围，如何收集、处理和填报数据，以及其可再生能源量的计量和核算方法；对比研究国际经验和中国实际，提出将各种非电可再生能源纳入国家能源统计制度的建议。

第一节　非电可再生能源的种类

本节先介绍能源统计的一般范围以及可作为可再生能源的能源类型，然后介绍国际统计中包含的不同类型的可再生能源，包括国际可再生能源署的可再生能源分类中包含的不同类型的非电可再生能源。随后概述了中国非电可再生能源统计数据的现状和未来研究重点，并评估了目前在数据统计方面与目标的差距。

一、能源统计的范围

能源的形式多种多样，通常只有符合一定标准，才能被纳入能源统计。虽然各国可自行决定其能源统计的范围，但以下标准通常决定了哪些能源可以被纳入国家能源统计的范围。

（一）提供有用的能源服务

太阳和风等天然能源存在于地球表面，且几乎所有物质都含有化学能。只有当天然能量和物质用于提供有用的能源服务（例如热量、电力或动力）时，才被视为能源产品。

例如，只有风被用作风能提供社会效益时（例如用风力涡轮机发电），才被纳入能源统计中。同样，木材和农作物等生物资源中的化学能被有效利用时才算作能源产品。这就是为什么生物液体燃料如乙醇被计为能源产品，而用于制造这些燃料的糖或玉米通常不包括在能源统计中（即在被转换为专用能源产品之前，它们只是粮食作物）。

（二）主动生产性

大自然的能源无处不在，只有捕获、收集或使用这些自然力，如阳光、风、水的运动或地热，来生产热力、电力或动力（能源服务）时，才能计入能源统计数据。区别主动生产和被动生产对可再生能源统计非常重要，因为自然力在可再生能源生产中占很大一部分。

虽然对主动生产和被动生产之间的差异尚没有明确的界定，但对于大多数种类的能源而言通常是显而易见的。一个例外是太阳光产生的热量，有许多方法可以有效地捕获或放大太阳光热。一般而言，只有使用专用设备来收集、放大或将热量输送到利用地点，这样的太阳热能才被纳入能源统计中。因此，温室内产生的热，或由设计的特殊建筑物获得的热通常不会被认为是可再生能源，但热泵或太阳能集热器用来在冬季加热温室的热能则被纳入能源统计中，因为这些热泵是专门设计用于捕获和传递热量的设备。

（三）可测量性

要计算能源统计中的能源量，必须相对容易地准确测量。国际标准化的能源计量单位是焦耳或其倍数（兆焦耳、千兆焦耳等），而各国也可采用与此相关的办法，通过一些固定系数，转换成吨油当量或吨标准煤等。

某些种类的可再生能源难以测量，这也是温室中捕获的能量通常不计入能源统计数据的另一个原因；另外，也是因为难以测量，直接将可再生能源用于机械动力（例如风车、家畜动力）通常也不被纳入能源统计。

（四）制冷

有许多方法可以利用自然环境来提供冷却服务（例如，用水泵将冷水或深水送到地面，并在空调系统中使用这些冷水）。虽然这些技术提供了有用的服务，但它们并不被算作可再生能源的生产。来自自然环境的热能仅在把它们从环境中提取出来并进入能源系统时，才将其纳入能源统计。制冷以相反的方向移动热能，因此也不计算在内。

然而，在制冷装置由可再生能源供电的情况下，使其工作的能源将被视为可再生能源产量。因此，假如吸收式制冷机由太阳能热能驱动，则收集并用于为制冷机提供动力的热能将被视为用于制冷的可再生能源①。

① 这与用太阳能电池板供电的冰箱完全一样。在能源统计中不会测量冰箱中产生的冷却量，但用于为冰箱供电的太阳能 PV 发电量将被视为用于冷却的可再生能源。

（五）可再生能源及其能效

如上所述，能源统计包括主动生产的可测量的能源，例如燃料、电力和热量。无法测量或非主动生产的来自自然环境的能源，则不被纳入能源统计。然而，利用这些未测量的可再生能源（例如使用自然冷却）所得到的好处，仍将间接地出现在国家级能源统计中，因为它们减少了其他种类能源的消耗。

例如，在建筑物中将冷水或深井水用于天然制冷，这意味着比起不用这项技术减少了空调的用电量。同样地，通过建筑设计的被动式集热系统减少了其他用来采暖的能源使用量。

可再生能源带来的这些效益不会凭空消失，而是通过国家级的能效统计数据反映出来，这些统计数据通常用单位能源消耗的经济产出来衡量。

二、可再生能源技术（可再生能源产品）

（一）可再生能源的定义

可再生能源是具有可再生性而不会枯竭的能源，包括：自然动力，例如移动的空气和水产生的动能；来自太阳的辐射和热量；其他天然热源（地热和环境热）；来自生物质的化学能。生物质属于可再生能源资源，因为它可以在一定时间内再生。

动能可转换为电能（水电：海洋能发电和风电），太阳辐射可通过光伏效应（太阳光伏能）直接转换为电能。这些类型的可再生能源不属于本研究的范围，因为它们仅以发电量来衡量（中国已经有很完善的可再生能源发电统计数据）。

其他种类的可再生能源包括天然存在的热源（一次可再生热能）和生物质（或生物燃料）中携带的化学能①，可以转换为电力或商业性热能（例如用于区域供热），或者可以直接燃烧用于加热或作为一种交通运输燃料。这些种类的可再生能源是本书的研究范围。这些可再生能源生产的电力已被计入中国的能源统计数据中，但用于生产这种电力的一次能源也应

① 来自生物质的能源被称为生物燃料，通过这种方法，反映生物质中的能源仅在生物质被用作燃料时被纳入能源统计。生物燃料可以是固体（生物质固体燃料和可再生废物）、气体（沼气）或液体（生物液体燃料）。这遵循了国际能源统计工作建议 IRES（联合国，2016 年版）采用的术语。应该指出的是，一些国家和机构以固体生物质这一术语表示生物质固体燃料。将生物液体燃料简称为生物燃料。

属于非电可再生能源研究的范围。

（二）主要非电可再生能源产品

如前所述，两种主要类型的非电可再生能源指一次可再生热能和生物燃料，可进一步细分为不同的能源，且对于生物燃料，还有不同形式的能源产品（如固体、气体和液体）。

IRENA 将这些能源产品分为 4 种不同种类的一次可再生热能（给出了最详细的分级）和 23 种生物燃料或生物能源。这些产品按照能源类型、形式和来源分为 4 个不同的级别（见表 9-1）。

表 9-1 IRENA 可再生能源产品分类

一次可再生热能	生物质能/生物燃料
太阳能	**生物质能**
太阳热能	***生物质固体燃料和可再生废弃物***
聚光太阳能发电（CSP）	可再生城市垃圾
其他太阳热能	一次生物质固体燃料
聚光式太阳热能（CST）*	木柴燃料
太阳能热水器*	能源作物
其他太阳集热器*	木质废弃物
地热能	黑液
其他可再生能源	秸秆
地源热泵*	蔗渣
空气源热泵*	稻壳
水源热泵*	其他植物和农业废物
	其他一次固体生物燃料（动物粪便）
	生物质颗粒和压块
	木炭
	地区性固体生物燃料
	生物液体燃料
	常规生物汽油
	先进生物汽油
	常规生物柴油
	先进生物柴油
	生物航空煤油
	其他生物液体燃料
	沼气
	垃圾填埋气
	污泥燃气
	其他厌氧发酵沼气
	热工艺产生的沼气

表 9-1 中显示的可再生能源产品不包括仅用于发电的可再生能源（即水能、海洋能、风能和太阳光伏），并且以粗体显示的大类是从细分产品收集的数据计算出来的。IRENA 没有对“其他太阳热能”和“其他可再生能源”（带有 * 的产品）提供更详细的数据，但必要时可以收集或测量细化类别的数据，或通过估算填补这些数据的空白。

表 9-1 中列出的产品比 IEA、欧盟统计局和联合国统计司收集的数据更详细，数据量更多，他们只收集有关六种不同类型的生物质固体燃料和四种生物液体燃料的数据。但是，该表与国际能源统计工作建议 IRES（联合国，2016 年版）中提出的标准国际能源产品分类（SIEC）中的大类产品分组相一致①。

在国家层面，各国基于各种因素决定如何对不同的能源产品进行分类，主要有如下三个因素：

一是供需格局的差异。许多国家对木材燃料和木质成型燃料分开收集和计算数据，因为这两种产品的市场差别很大，例如，木质成型燃料的国际贸易量远远大于木材燃料的贸易。另外，最终用途也可能差异很大（如木材燃料通常用于家庭住宅取暖，而木质成型燃料可用于区域供热或发电）。如果要了解这些燃料的国际贸易或最终用途的信息，就需要分别收集和统计这两种燃料产品的能源流。

二是统计数据的准确性。不同生物燃料可能有差异较大的净热值或能源含量，因此分别收集有关这些燃料的数据将提高统计数据的准确性。对于固体和生物液体燃料的大多数数据都以吨或立方米为单位收集，然后利用转换系数（如兆焦/吨）转换成能量单位。如果产品组包含具有不同热值的产品，则这些计算可能非常不准确。比如木材燃料和木质成型燃料（它们具有非常不同的热值），以及各种生物液体燃料，这也是 IRENA 分别统计两种不同类型的生物汽油和生物柴油的原因。

测量热泵的热量也会出现同样的问题。热泵是地源热泵、水源热泵还是空气源热泵，以及它们是用来加热空气还是用来加热水，所提供的热量差别很大。此外，如果热泵使用的热源是余热，则不应算作可再生能源。

---

① 例如，这些其他分类中的薪材包括木质颗粒和废木材，并且稻草和稻壳等产品被包括在其他植物和农业废弃物中。

因此，欧盟国家开始收集10种不同类型热泵的数据，以便可以准确地测量或估算可再生和不可再生热能的产量。

三是为了监测能源使用的其他方面。将产品细分为更详细的类别也可用于监测可再生能源生产的社会或环境影响。例如，许多国家在其能源统计中将木材燃料和木质废弃物分开，或者将来自动物粪便和来自特定作物生产的沼气分开。在这两个例子中，其目的是将用废弃物生产的可再生能源与使用自然资源生产的可再生能源区分开来。

中国可再生能源产品的分类因地制宜，但建议对表9-1中所列的所有热源分别收集和分析数据。对于生物燃料，建议至少按以下可再生能源品种分别收集并统计数据：①城市可再生废弃物，木材燃料，生物质颗粒燃料，甘蔗渣，黑液和其他固体生物燃料；②垃圾填埋气，污水污泥气体和其他生物沼气；③生物汽油和生物柴油。

三、中国现行和规划的数据采集范围

作为现有统计制度的有机组成部分，中国将逐步实施非电可再生能源统计数据采集系统。因此，建议从当前报表系统已涵盖的企业收集数据。根据非电可再生能源统计研讨会（2017年5月15日，北京）的讨论结果，表9-2概述了对中国非电可再生能源数据收集的建议。

表9-2 中国非电可再生能源数据收集建议

产品	能源加工转换企业			直接利用量（终端用户）		
	电力	热电联产	热力	大型企业	中小型企业	家庭
太阳热能						
聚光太阳能发电	?	?				
聚光太阳能热利用			?	?	?	
太阳能热水器						
其他太阳能供热						
地热能						
中深层地热能	?	?			?	?
浅层地热能	?	?			?	?

续表

产品	能源加工转换企业			直接利用量（终端用户）		
	电力	热电联产	热力	大型企业	中小型企业	家庭
环境热能（热泵）						
空气/水/地源热泵		?	?	?		
生物质能						
城市可再生性废弃物	?	?	?	?		
固体生物燃料	?					
垃圾填埋气	?	?				
污水污泥燃气	?	?	?	?	?	?
其他沼气	?	?				
生物乙醇（生物汽油）				用于交通运输		
生物柴油				用于交通运输		

图例：近期采集　应包含　难以实施　不适用　未讨论 ?

资料来源：国家发展改革委能源研究所（2017）

表 9-2 反映了对如何收集数据的讨论结果，可以看出，不同的最终用户按企业规模（小、中、大）而不是按最终使用行业（工业、商业、公共服务等）进行划分，但通常来讲，所收集的任何数据都可以相对容易地重新排列到最终使用行业。此外，大多数讨论没有涉及如何收集一次可再生能源供应的数据，但是，如后面将要说明的，这通常可以很容易地计算出来。

目前，中国的可再生能源生产规模差异很大，既有大型商业化能源工厂（直接在工业中利用可再生能源发电和供热），也有在商业、公共和住宅建筑中直接使用可再生能源的小规模应用。

目前要求规模以上企业①定期上报统计数据，并通过行业协会或直接联系企业，在不同的行政级别实施月度和年度报表。因此，对于大规模生产企业和消费单位来说，收集数据相对容易，现有系统可以从 2018 年开始收集一些数据，但将来可能还需要扩大数据收集范围，以收集更多关于某

① 规模以上企业的标准是固定资产规模达到 2 000 万元（约 300 万美元）以上。

些类型的自备型企业生产和消费可再生能源的信息①。

对于其他应用，收集准确数据将更加困难，因为这些企业都低于纳入现有调查的门槛。因此，统计系统将通过设计新的调查方法，并推出关于非电可再生能源使用的年度报表，逐步涵盖这些领域。

正如表 9-2 中的肤色单元格所示，近期数据收集旨在收集中深层地热供暖项目、热电联产（CHP）电厂的热产量数据，以及生物液体燃料（即生物乙醇和生物柴油）的产量数据。国家地热中心将开始编制关于地热应用的年度报告，生产其他种类可再生能源的企业已经被纳入了现有的统计系统。

很快将要添加到企业调查中的其他非电可再生能源以深绿色显示，包括太阳能热水器、在锅炉中使用的固体生物燃料，以及在大中型沼气项目中生产和消费沼气（包括垃圾填埋气）。该数据收集将包括调查所涵盖的大中型企业中提供区域供热的热力公司。

人们认为非电可再生能源还有很多其他的用途，但收集有关这些应用的数据会更困难（如表 9-2 中黄色单元格所示），包括家庭和小企业的消费量，但这些不属于当前统计的范围，还包括热泵生产的热能，对此还没有建立明确的数据收集和计算方法。除上述内容外，表 9-2 还显示了研讨会上未讨论的一些内容。

本节以下部分将根据这些讨论以及其他国家在可再生能源数据收集方面的经验，对当前的数据收集计划进行分析。

四、对现有数据收集计划的评估

（一）太阳热能

1. 聚光式太阳能发电（CSP）

（1）现状。

尚未讨论过，且尚无收集这些数据的规划。

（2）评估。

用于聚光式太阳能发电的一次太阳热能应纳入中国的非电可再生能源统

---

① 自备型能源生产商是将能源生产作为次要生产活动的企业。以能源为主要业务的企业称为主业能源生产企业。

计数据。中国已建成一批 CSP 电厂，并正在继续投资建设。测量或估算这类能源量相对容易，因此应作为未来数据收集的重点，至少可进行估算。

2. 聚光式太阳能热利用（CST）

（1）现状。

尚未讨论过，且尚无收集这些数据的规划。

（2）评估。

中国在天津已建成一家 CST 供热厂[1]，如果从企业收集有关太阳能热水器的数据，数据报表中也应包含 CST 内容以避免混淆。同样，如果将 CST 用于区域供热系统，也应将其明确为单独的热源。CST 热力厂热量计算与太阳能热水器的热量计算不同，但应该可以测量或估算。

3. 太阳能热水系统（SWH）

（1）现状。

太阳能集热器面积的数据来自制造商（通过行业协会）上报的年度销售数据，太阳能集热器总面积根据过去 10 年安装面积进行估算。虽然这些数据总体上准确，但主要问题是应该计算多少年的销售量（假设太阳能热水系统有一定的使用年限）。考虑到新的设备寿命可能更长，目前 10 年的假设可能太短。

（2）评估。

中国采用的调查方法与许多其他国家相同（即收集有关设备销售的数据）。然而，与其他国家采用的假设相比，太阳能热水系统的 10 年寿命假设相对较短。例如，如果调查中没有统计指标，欧洲太阳能热利用工业联合会假定太阳能热水器的使用寿命为 20 年（ESTIF，2016），IEA 太阳能供热和制冷计划假设为 25 年（IEA－SHC，2017），EurObserv 的 ER Solar Thermal Barometer（太阳能热利用统计局）从 22 年前开始收集数据以来，一直把年安装量作为集热器总面积来进行统计（EurObserv'ER，2016）。根据这些机构所做的假设，在中国的估算程序中，太阳能热水系统的使用寿命似乎可以延长一些年限。

虽然企业调查只收集大型工业中太阳能热水系统热产量的数据，但太

---

① Procter & Gamble chemicals plant［EB/OL］. Source，http：//ship-plants. info/solar-thermal-plants/221-solar-steam-boiler-for-procter-gamble-tianjin-china? country=China.

阳能集热器面积数据也可用于估算其他行业的年产热量。有一种国际公认的方法可用来进行这些估算，而且中国可能的确有这方面的数据，因此我们建议将其纳入非电可再生能源统计系统的一部分。

如果企业本身就是太阳能供热公司，应将其算作商业供热产量，不属于太阳能热水系统的直接利用（参见第二节）。

4. 其他太阳能集热器

（1）现状。

中国还有许多其他种类的太阳能集热器，但太过多种多样，规模太小，因此可能也难以统计。也有人怀疑这些集热器是否应该统计在内。

（2）评估。

其他种类的太阳能集热器一般要么不属于能源统计范围（例如温室大棚），要么产热量太小（如太阳能炊具、太阳能空气加热设备），因此是否收集这些数据无关紧要。

（二）地热能

1. 现状

发展地热供暖是国家的重点任务，而且地热供暖在中国已经相当普遍，发展迅速。大型企业已经上报一些将纳入统计系统的数据，并对地热井进行了一些测量。然而，建设部对浅层地热供暖的监测难以持续，需要重新启动才能纳入统计系统。

2. 评估

由于地热供暖通常由大企业运作，所以大多数数据收集的问题似乎都与测量有关，而与企业调查的范围无关。但以下两点需要注意：一是地热发电。和太阳能热发电一样，用来发电的地热也应包括在中国非电可再生能源统计数据中。如果地热井没有一次热量生产数据，则有一个国际上公认的假设，可将发电量转换为一次热能消费量和生产量。二是地热供暖与地源热泵。在能源统计中，计算和上报这两种不同技术的能源产量差异很大。因此，在调查中必须要正确记录所使用的是哪种供热装置。

地热能热量测量将在第三节中详细讨论。作为参考，专栏 9-1 介绍了地热能与环境能之间的主要差异。

专栏 9-1　地热能与环境能的主要差异

地热是地球早期形成遗留下的热量，来自地下矿物的放射性衰变和地球表面吸收的太阳能。在 6 米左右的深度，地下温度大致恒定在 10~16℃。在更深的地方，每增加 1 000 米，地下温度增加 25~30℃。在地质活跃区域（如火山附近、温泉等）的较浅深度处，地下温度也可以很高。

地热厂通过往地下打深井，并以天然出水或往井下注入的方式提取热水或蒸汽来收集这些热量。在高温地热（超过 200℃）情况下，来自井下的蒸汽一般不需要泵送，通常用于发电（尽管在 CHP 电厂中也可以产生热量）。在温度较低的情况下，水或蒸汽通常从地下抽出，可用于发电（120~200℃）或供热（30~150℃）。在极低温度（10~30℃）下提取的地热不足以进行家庭取暖，因此仅用于加热温室或融雪（用于地面升温）等。从低温地热（即来自浅层土壤）中提取并用于其他目的的热量被认为是使用地源（地热）热泵提取的环境热。

环境能："环境"指"周边"，因此环境能即是周围的热量。如果某个集热器（地面环路）的地面相对集热器中的流体或蒸汽温暖，则使用该术语。地热与地源环境能之间的区别在于地热是天然"热"并且容易进入集热器，而环境能仅仅相对于集热器中的流体或蒸汽较热，而集热器需要通过人工冷却来让它工作。

热泵是使用机械能将热量从热源（地面、空气、水）传递到需要该热量的地方（例如用于水加热或空间加热）的装置。热泵与冰箱或空调的工作原理相同，除了它是将热量从环境移动到需要它的地方而不是相反的方向。这通常通过使用含有制冷剂的管道来完成。在回路的一侧（需要加热的地方），压缩机增加管内的压力，产生可以使用的热量。在回路的另一侧，减压阀降低压力，使得回路的介质（通常是蒸汽）变冷，从而从热源中提取环境热。

热泵使用土壤、水、空气或废气作为热源，通常用于加热建筑物内的空气或提供热水。热泵也可以是可逆的，在冬天用作热泵，在夏天用作冷却装置。这些不同类型的热泵使得测量它们收集和使用的一次可再生能源量（环境热热量）变得比较复杂。

（三）环境能（热泵技术）

1. 现状

据了解，目前中国家庭和中小企业使用的热泵很多，主要是地源热泵，其中许多是可逆的（即在夏季用于冷却）。由于数量多，调查这些最终用户的难度大，目前认为难以将它们纳入统计系统中①。

对于测量或估算热泵产量的难度也进行过一些讨论。热泵的运行数据非常少（只有一些在实验室条件下开展的技术研究），中国还没有开发出测量或估算热泵产量的方法。

2. 评估

首先要指出的是，中国测量热泵所遇到的困难是目前许多国家面临的普遍问题，只有少数国家使用热泵的年限较长。目前已有的热泵统计数据在采集方式、最终用途，以及最重要的如何计算热量等方面都有很大差异，在如何将它们分为可再生的和不可再生的产热量方面也不同。

目前，只有 2~3 个国家向国际机构上报热泵生产统计数据，而且仅限于商业性供热厂使用的热泵，例如区域供热系统。现有的能源调查通常只覆盖商业性供热厂，调查了解其电力消耗和热力产量，在这种情况下，很容易绘制项目能源流动图。

除此之外，有 10~15 个国家的国家级能源统计数据包含终端用户（自备供热厂）使用的热泵统计指标，包括安装的热泵数量和热容量（兆瓦热量），在某些情况下还包括热产量数据。但是，关于数据收集和核算方法的信息却非常少②。

许多欧洲国家现在鼓励安装热泵以完成可再生能源目标。作为这些方案的一部分，正在收集关于正在安装的热泵的数量和种类的数据，一些国家还采集安装热泵的建筑物的更详细数据（以便估算产热量）。在某些情况下，还安装了仪表，用来测量产热量，并计算补贴额。如果补贴政策覆盖整个市

---

① 研讨会上没有讨论大型企业和区域供热中的热泵使用，认为这些并不重要，或认为这是早期的浅层地热供暖（在这种情况下监测已经失效）。但是，在未来的热泵监测计划中也应考虑这些用途。

② 还需要注意的是，热泵产热量与可再生能源或非可再生能源产热量并不一致。大多数国家的统计将热泵产热量作为其可再生能源总产量的一部分，但并未明确热泵产热量是否是可再生能源，或仅其中的一部分（环境热）是可再生能源。同样，国际统计数据目前仅将热泵产量报表为总产热量，而未明确热泵是否是可再生能源，或哪些部分可视为可再生能源。

场的一大部分，利用这种行政数据也是收集热泵统计数据的一种方法。

另一种用来监测热泵开发的方法是计算和汇总热泵的年销售量。欧洲许多国家的热泵行业协会以这种方式从其成员企业那里收集数据，欧洲热泵协会每年制作一份市场报告，汇总过去20年的热泵销售情况，估算总装机容量和产热量，并将其分为可再生供热量和非可再生供热量（EHPA，2015）。这些数据，包括每个国家的调整信息，用于计算热泵系统的制冷量（不算作可再生能源的产热量），但计算产热量的确切方法尚不明确。

考虑到欧洲想要扩大热泵报表的范围，并要求将产热量分为可再生能源和非可再生能源产热量，欧盟统计局已制定了一种通用的计算方法（见第十章第五节）。这种计算方法包括总体计算方法以及各国可用来保证欧盟统一报表的默认假设和转换系数。但是，各国也可以计算自己的产热量数据，只要该方法符合欧盟统计局制定的总体框架。鉴于热泵对许多国家的重要性日益增加，很多欧洲国家将在未来很长一段时间内继续研究数据收集的方法和核算系数。

虽然中国目前收集热泵数据还有难度，但有人建议在不久的将来对此进行统计。第一步要考虑收集热泵容量数据的框架，应分类型分区域收集有关热泵数量和容量的数据。两个分类变量（类型和区域）很重要，因为它们对热量需求和所需的温度升高幅度都有影响，这会影响热泵的性能和热产出的计算。

表 9-3　记录热泵数量和容量的报表样表

热源	空气			废气		太阳能		地源/水源		
介质	空气	空气（双向）	水	空气	水	空气	水	空气	空气（双向）	水
北京										
天津										
河北										
山西										
……										
合计										

注：空气（双向）= 可逆热泵，应该单独记录，因为只有一部分年度运行小时用于产生热量（其余时间它们处于冷却模式）。废气是一个单独的类别，因为这种泵中使用的空气源通常比外部空气温度更热，并且这些装置产生的热量可能不是可再生能源供热。太阳能热泵的工作原理类似于太阳能热水器，但使用制冷剂作为传热介质以提高产热量。关于地源和水源热泵的数据可以一起收集（因为水源热泵不常见），尽管它们也可以按来源分开。

表 9-3 为此类数据报表的样表。近年累计销售量的估算可以作为热泵保有量的一个初始数字，并且可以通过适当减去一段时间后报废的热泵数量来更新保有量数据（如太阳能热水器已经这样做了）。

热泵可再生能源供热量的计算第二步是测量或估算/建模计算用电量和总的供热产量。可以通过以下三种方式解决这个问题：

一是对于商业化供热厂和工业（大型）用户，（必要时）安装热量表和电表，每月或每季度从仪表读数中收集数据。

二是对于小规模用户，在某些类型的代表性建筑物安装仪表并监测仪表读数，对参与监测项目的用户给予配套小额奖励（如安装费用打折）①。这些信息可用于确定容量利用率系数，从而可以根据容量数据估算可再生能源产热量。

三是定量化研究。有三个关键指标用来计算热泵的可再生能源产热量：用电量、总产热量和性能（基本上等于总产热量除以用电量）②。测量前两个指标就可以计算出第三个指标。而通过对不同区域的热泵典型性能的研究，有可能减少数据需求，仅测量产热量或用电量（甚至只需测量热泵运行小时数）③ 即可。

测量热泵产热量可能是中国的长期目标，但鉴于该领域的快速增长，这将是非常重要的。由于热泵的复杂性和中国的气候差异大，建议尽快开展研究，因为可能需要一些时间来制定必要的程序、方法和转换系数，以便收集热泵生产的统计指标。

（四）固体生物燃料及城市可再生垃圾

1. 城市可再生垃圾（MRW）

（1）现状。

研讨会上没有讨论这个问题，虽然中国向 IRENA 提供了垃圾发电厂的

---

① 这是许多欧洲国家收集热泵运行详细数据的具体做法，为热泵的安装提供激励政策，热泵业主在申请这些奖励时必须报告用电量和/或产热量。

② 这里使用了通用术语“性能”，但更精确的术语应该是季节性能系数或 SPF，可以从对不同温度带的不同类型的热泵运行状况的研究中得到，并通常用于计算可再生能源产热量的变量。第四节将给出进一步的解释。

③ 这种简化是可能的，因为对于气候区内的某种类型（例如地面空气）的所有热泵，热泵的 SPF 应该非常相似。因此，如果可以获得平均 SPF 的估计值，则可以通过仅测量其他两个变量中的一个（即用电输入或热量输出）来进行能源流的所有计算。

装机容量和发电量数据。

(2) 评估。

按照中国已经收集的数据，至少应该可以计算或估算出 MRW 发电所使用的一次可再生能源。可以用两种方法进行测算：

一是垃圾量乘以热值。若已知进入垃圾发电厂的垃圾数量（重量），则可以用其乘以垃圾的热值得到一次能源使用量。如果不知道热值，则可以使用标准值①。

二是发电量除以电厂效率。如果不知道垃圾发电厂使用的垃圾量，可以通过用发电量除以发电厂的效率来估算废弃物的能源含量。若不知道电厂能效，可以使用标准值。

由于已有的数据可能涵盖进入这些电厂的所有废弃物，必须要将垃圾能源投入量和发电量分为可再生能源和不可再生能源两部分。如果没有这方面信息，通常假设是 50 : 50，这样有一半的能源被认为是可再生能源，而另一半是非可再生的。如果用于热电联产电厂运行，还要测量或估算这些电厂生产的热量。

2. 固体生物燃料

(1) 现状。

目前，中国统计两种固体生物燃料的数据。

一是生物质颗粒燃料。目前统计每年生产的生物质颗粒燃料产量。这些生物质颗粒燃料的最终用途尚不清楚，但可能主要用于生物质锅炉。

二是用于发电和供热的固体生物燃料。收集有关发电和供热的固体生物燃料量的信息，数据主要来自大多数电力和热力厂（包括大型工业自备电厂），但有些电厂可能因为规模不够大而没被纳入统计范围内。此外，目前热电联产项目的供热量尚未被纳入。

研讨会期间，大家同意所有用来发电和供热的固体生物燃料都应被纳入统计数据系统中（包括热电联产项目的燃料消费量和产热量）。虽然暂时还不能涵盖家庭和其他产业使用的固体生物燃料，但如果提出合适的方法，可以考虑这方面的统计。

---

① 《中国统计年鉴》（NBS，2016）给出了详细的垃圾处理统计数据，因此可以从现有的垃圾监测系统收集进入垃圾发电厂的垃圾量数据。

（2）评估。

现行的和建议的数据收集范围应包括预期能源平衡中的绝大部分固体生物燃料。缺失的部分是国际贸易数据（可以很容易地从贸易统计数据中获得，但数量相对较少），以及家庭和中小型企业使用的固体生物燃料。

当务之急是将所有数据纳入能源平衡表中，显示固体生物燃料的生产、贸易和供应中有多少用于发电和供热，有多少作为燃料直接由（自备）热电联产厂消费。为了计算这些能源流，需要用净热值（NCV）将物理量转换为能源量单位，并且，考虑到燃料的多样性，建议将固体生物燃料分为不同的种类（例如生物质颗粒、木材、甘蔗渣、黑液等），并确定各种燃料的热值。

固体生物燃料数据尚缺失家庭使用的固体生物燃料量（尤其是农村家庭，可能有大量的固体生物燃料用于烹饪和取暖）。2000 年中国人口普查显示，有 44%左右的家庭（1 500 万户家庭）使用生物质作为烹饪的主要燃料来源。到 2010 年，这一数字已降至 33%（1 300 万户家庭）。按照一个非常简单的 5 千克/(人·天）的假设，意味着由于缺乏这些数据，中国大约有 40%的固体生物燃料消费量可能未被记录。

随着即将到来的 2020 年人口普查，确保在人口普查问卷中包含有关烹饪燃料的问题非常重要。此外，要关注人口普查数据是否可以用作抽样框架，从小规模子样本中收集人均或户均生物燃料消费数据，这样可以将用户数量这一数字转换成消费量估算。毫无疑问，虽然近年来使用木材燃料的家庭数量将会下降，但目前仍然可能有大量固体生物质消费量尚未被统计。

3. 沼气

（1）现状。

研讨会上，有人提到现在对农村用沼气项目规模进行了统计，但未能监测沼气产量。此外，在一些城市统计了垃圾填埋气产量，也有城市数据缺失。数据中最缺的是最终用户消费量，这方面几乎没有任何数据。会议同意将沼气数据纳入统计，并尽可能填补填埋气的统计缺口。

（2）评估。

在 IRENA 关于生物能源数据收集和评估最佳实践（2015 年 9 月 28 日至 30 日，阿布扎比）的专家磋商会期间，中国专家做了有关沼气统计、抽样框架和覆盖范围的演讲。中国采用的方法与其他国家收集这些数据的方法一致。此外，中国拥有完整计算沼气能源流所需的大部分数据。除了填埋气数据不足外，还需要确定用于发电的沼气量，以及非用于发电的沼气量。

4. 生物液体燃料

（1）现状。

中国已经从石油公司收集有关生物乙醇和生物柴油的数据，这些信息已经包含在国家统计系统（NEA 能源行业监测统计报表系统）中。由于生产企业数量不多，收集这些数据相对容易。

（2）评估。

应考虑以下三个因素：

一是国际贸易。对于生物液体燃料的全面核算，还应收集这些燃料的国际贸易的数据。国际贸易法协调制度（HS2017）中有乙醇和生物柴油的代码，因此中国的国际贸易统计可以作为起点。乙醇统计可能存在一些问题（因为用途很多），但可以从石油公司的统计中知道生物液体燃料的进口和出口量①。

二是添加剂的使用。为提高燃料性能，有时在生产过程中会将其他化学品添加到生物燃料中（特别是乙醇，通常以 MTBE 或 ETBE 生产）②。如果在中国也是这种情况，那么生物液体燃料只是最终产品的一部分，在统计时应该考虑到这一点。

三是热值。应根据生物燃料的热值，将生产量和消费量的物理量（以吨或升为单位）换算成能源量。如果中国没有自己的热值数据，可采用国际统计中的默认值。

五、有关数据收集方法的其他建议

鉴于中国能源系统的规模和复杂性，建议采用逐步扩大数据收集的方法。通过估算的方法，可以相对容易地向前推进（例如，用发电量往回推算出一次热量或燃料使用量，或者根据相关太阳辐射数据估算太阳能热产量）。虽然通过计量方式获得的能源量总是更准确，但应该指出的是，估

---

① 如果石油公司只是上报生物燃料消耗量（用于混合），那么可以询问它们是否进口了其他生物燃料，但它们可能无法提供任何有关出口的信息。如果它们既是生物燃料的生产者又是消费者，那么应该有可能获得双向国际贸易的信息。

② ETBE 是由生物乙醇制备的乙基叔丁基醚，MTBE 是由生物甲醇制备的甲基叔丁基醚。这两种产品中生物燃料的份额（按体积计）分别为 47%和 36%。

算计算方法在许多国家非常普遍，并且有许多国际认可的估算和换算系数（见第四节）。

将中国的非电可再生能源统计数据汇编和整理成能源平衡表（见下一节）也将有助于澄清数据差距，了解将来的数据需求。基于有数据缺失，特别是缺乏家庭和小型企业能源利用数据，制作能源平衡表将有助于显示不同数据源如何组合在一起，并可用于检查数据源之间的一致性。

现有的能源数据收集和填报制度准确性高，使中国能够生成全面的可再生能源统计数据。若要统计更多的非电可再生能源的数据，可能有必要扩大某些领域的数据收集。但大多数情况下，每年收集一次数据即可。

此外，多机构的数据收集方法（如本项目所展示）符合收集能源数据的体制安排的国际最佳实践。大多数国家通过各种形式的行政数据、年度能源和企业调查以及国家能源部门和/或统计机构实施的一些临时调查，或与其他政府机构和/或私营部门组织合作，收集其能源数据。关于制度安排，可以探讨未来合作的三个方面：

一是人口普查。如上所述，人口普查已经收集了一些家庭用能的基本信息。虽然在人口普查中添加详细的能源问题并不合适①，但这些基本数据可用于设计有效的后续调查样本，以收集家庭能源消费数据。其他有关中国住房保有量特征的人口普查数据也可用于模拟住宅能源消耗（例如，计算不同建筑类型的供热负荷）。

二是国际贸易统计。中国的国际贸易数据可用于提供更完整的生物能源量评估数据，以便将生产量数据转换为供应量数据（供应=生产+进口-出口）。

三是农业农村部与国家林业和草原局数据。农业农村部已在统计中国的沼气数据。木材和农业加工可能是生物质供热的两大主要用户，因此需要尝试将能源问题添加到现有的调查或国家林业和草原局实施的数据调查中。例如，在奥地利，一个农业行业协会与国家统计机构合作收集区域供热数据。在英国，森林管理局从锯木厂收集信息，包括使用锯木厂废弃物（木屑）生产能源（见专栏 9-2、专栏 9-3）。

---

① 可以适当地尝试在关于烹饪、取暖和照明用能等问题的问卷中加入可再生能源内容。例如，2010 年的人口普查使用以下烹饪燃料问题的可能答案：燃气、电力、煤、木材燃料、其他。尝试在可能的答案列表中加入沼气（用于烹饪）和太阳能（用于电气照明），这会对可再生能源统计工作很有帮助。

专栏 9-2 奥地利对区域供热厂使用固体生物燃料的数据调查

奥地利是向 IRENA 上报非常详细的生物能源统计数据的国家之一。2012 年，他们发布了一份关于生物质供热厂调查的国家案例研究报告（联合国，2012）。

每年，下奥地利农业商会都会对生物质区域供热厂的数量和装机容量进行调查，每五年进行一次额外的自愿调查，收集有关这些供热厂使用的固体生物燃料（按燃料类型）及其产热量的更详细信息。调查结果用于建模，估算这些供热厂的总供热量和不同固体生物燃料的使用量。这些信息有助于奥地利制定年度能源平衡表。

自愿调查的响应率非常高，2005 年 971 个生物质区域供热厂中有 406 个（42%）、2009 年 1 453 个供热厂中有 631 个（43%）自愿参与数据采集。

专栏 9-3 英国从锯木厂收集的能源数据

锯木厂调查是由英国林业委员会（林业委员会，2016）开展的年度数据调查，收集内容包括使用本土圆木、锯木产量、工厂就业、认证木材使用（环境认证）以及使用其他锯木厂产品的数据。调查结果发布在林业委员会编制的统计报告中，供许多其他组织和政府机构使用。

该调查包括两部分：一是详细的问卷，发放至约 30 家年产超过 25 000 立方米锯木的大型锯木厂；二是简短的问卷，只询问要点数据，发送给所有其他锯木厂（2016 年约 140 家）。2016 年的回复率为 41%，如按产量加权，覆盖总产量的 83%的受访者参与了这项调查。

调查问卷询问了锯木厂加工剩余物（即未转换为锯木的圆木）的使用情况。在简化问卷中，询问这些加工剩余物的使用量占比情况（%），分为：①出售给木板生产商；②出售给生物质能源生产商（包括生物颗粒燃料生产商）；③作为薪柴出售；④出售给其他用户；⑤工厂内部用于加热/能源（包括用于木材干燥）。然后再将这些数据分为硬木和软木木屑两部分。

在详细问卷中，统计数据同样再划分为硬木和软木两部分，并且在每个类别中，再细分为树皮、木屑和锯末。

第二节　非电可再生能源的数据填报

可再生能源发电的报表通常比较简单，因为大部分可再生能源（水力发电、风力发电、太阳能发电和海洋能发电）直接转换为电能，不需要考虑加工转换损失，可直接统计为发电量①。非电可再生能源的能源流相对复杂，统计报表也较复杂，因为一次能源（可再生热能和生物燃料）可直接应用，也可转换为其他类型的能源（例如加工后生成的二次生物燃料，包括木炭、电力和商业化供热等）。

能源平衡表是能源核算普遍采用的框架，它显示了一个经济体有多少能源可供使用，加工生产了多少其他类型的能源产品，最后消费了多少能源。本节简要概述了能量平衡表法，然后介绍如何将其应用于中国的各种非电可再生能源统计。

一、能源平衡表

表 9-4 显示了一份简化的能源平衡表范例。它的基本结构是以能源品种为列，每列显示各行每种能源的流量（即生产、加工转换、消耗等）②。

能源平衡表中，能源流被排列成三大部分。上部显示可供使用的能源量。中部显示能源加工转换量，即每种能源被加工转换为多少其他类型的能源产品，既显示了加工转换的输入量，也显示了加工转换的输出量。下部按照不同的最终用途（经济部门），显示每种能源/品种的最终消费量。

---

① 这是 IRES 推荐的物理能量含量法。有关替代方法的进一步说明，请参阅 UN（2016）和 IRENA（2013）。

② 这里显示的行排列是国际上认可的能源平衡表布局，上部为一次能源量，中部为加工转换量，下部为能源消费量。中国国家统计局公布的能源平衡表（NBS，2016）包含大部分与此处相同的信息，但将加工转换部分放在平衡表的底部，并将统计差异置于最后一行。加工转换中使用的总能量加上消费的能量在中国也被称为“一次能源消费总量”，这与一次能源供应总量非常相似，并且也在表 9-4 中得以显示。

表 9-4　简化的能源平衡表

能源流	品种 1	……	品种 X	电力	热力	合计
生产量						
进口量						
出口量						
库存差额						
国际燃料						
一次能源供应总量（TPES）						
统计差异						
一次能源消费总量（TPEC）						
能源加工转换：发电厂						
能源加工转换：热电联产电厂						
能源加工转换：供热厂						
其他能源加工转换						
能源行业消费量						
输送和其他损失量						
终端能源消费总量（TFEC）						
工业						
交通						
公共和商务服务业						
生活（居民消费）						
其他/未指定						

例如，一次地热能产量将显示在地热对应列的上部。用于发电的地热能将在地热列的加工转换行中显示为负值（热输入），并且由该热能生产的电力将作为正电量（电力输出）添加到电力列①。地热的任何直接用途都将显示在下部的消费量中（例如，用于加热室温的地热将显示为其他消费量）。

每部分能源流的细分如下所示：

① 由于能源会在转换过程中损耗，所以使用的地热能热量应大于电力列相应的发电量。

（一）上部：可供消费的能源量

一次能源供应总量（TPES）的计算公式：

生产量+进口量-出口量+/-库存差额①-国际燃料

在中国，一次能源量是反映经济活动的一个重要指标，因此表的上部也显示为一次能源消费总量（TPEC），TPES 和 TPEC 两项指标之间存在统计差异②。

可再生热能（太阳能和地热能）供热只在中国境内生产使用，因此不存在进口或出口，同样热能不涉及国际运输，也不能存放很长一段时间，因此不会有库存变化或转移出境的情况。

生物能源产品可以跨境交易，在库存中累积并用于国际运输，因此能源平衡表的上部中的所有行都与计算生物燃料的 TPES 和 TPEC 相关。

（二）中部：能量转换

中部记录从一种能源产品转换为另一种能源产品的能源流，以及能源产业内部发生的任何能源消费和损耗。

如上所述，加工转换投入产出量是成对出现的（原来的能源投入量和转换后的产出量），尽管这些流量可以在一列中汇总（例如，如果太阳能和地热都用于发电，则生产的电力总和显示在电力列中）。二次能源产品也可以转换为其他二次产品，例如电能在热泵中转换为热能。

我们还应注意到，热力在能源平衡中具有特定的含义，这会影响到报表的内容。能源平衡表中的热力一列中，对于专门能源工厂（主要用来供热的热电联产电厂或供热厂），应包括生产的所有热量；对于其他企业（自备电厂），只包括外售的热量。在能源平衡表中，自备电厂内部使用的热量计入其所在行业原能源品种的直接消耗量（见专栏 9-4）。

---

① 如果库存增加，应从供应中减去增加量，同时减少库存量将增加供应量。

② 当从能源供应商和贸易商收集的数据与从能源消费者（最终消费者和将一种能源转换为另一种能源的企业）收集的数据不匹配时，就会出现统计差异。虽然 TPES 是最常用的能源供应指标，但中国使用的 TPEC 指标与国际惯例基本一致，可以通过减去 TPEC 的统计差异轻松转换为 TPES。

专栏 9-4 能源平衡表中热量核算案例

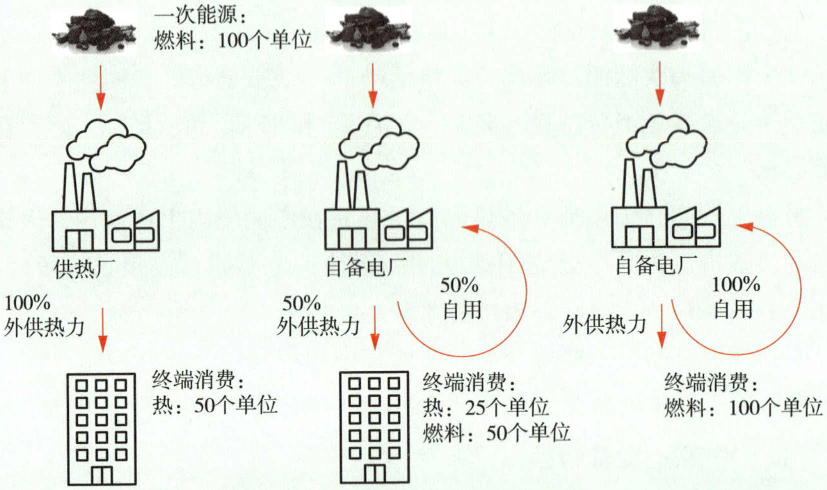

图 9-1 国际推荐的能源平衡表法

图 9-1 显示了国际推荐的能源平衡表法，在能源平衡表中记录锅炉产热的三种不同的方式。三个例子都假设，锅炉使用 100 个单位的一次能源生产 50 个单位的有用热能（即锅炉效率为 50%）。

在第一个例子中，区域供热厂（以供热为主业）用 100 个单位的燃料向公寓楼提供 50 个单位的热量。这 100 个单位燃料在供热厂的能源平衡表燃料列上应显示为负值（用于转换），在供热列的同一行里，这 50 个单位的热量作为转换输出（正量）。同样地，50 个单位（减去运输损耗）也将显示为生活消费的最终热消费量。

第二个例子显示了一个具有相同燃料输入量和锅炉效率的自备电厂，但该自备电厂自用一半热量，出售一半热量。在这种情况下，50 个单位的燃料用于转换以产生 25 个单位的热量（记录方法如上），自用 50 个单位的燃料将被记录在能源平衡表燃料列中作为自备电厂所在行业的最终消费量。

在第三个例子中，自备电厂自用了所生产的全部热量，因此转换部分没有记录，所有燃料消费量都记录在能源平衡表燃料列中作为自备电厂所在行业的最终消费量。

如上面的三个例子所示，根据产生热量的设备类型及其使用方式，同样原始数量的燃料在能源平衡表中的记录有很大差别。

当能源用于发电时，也采用类似的方法，只是所有电力生产总是显示在能量平衡的电力列中（包括行业内部使用）。因此，电力转换中使用的所有能源均应显示为主业发电厂和自备发电厂的能源平衡表加工转换部分的加工转换投入量。

对于自备热电联产厂来说，这种计算变得更加复杂，其中原始燃料量可以转换为电力、（商业）热量和内部使用的热量。发电量和外输热量对应的能源量应显示为热电联产电厂的加工转换投入量，自用热量对应的能源量应显示为原始能源品种的终端消费量。

另一点需要注意的是，商用供热厂消耗的一次可再生热能应始终记录为加工转换的投入量，相应的产出量显示在能源平衡表的热力列中。如果是自备电厂生产和自用的热量，一次可再生热能应记录为最终能源消费量。例如，用于区域供热的太阳能热水器产生的热量应记录为加工转换中投入的太阳能热量，相应的产出量应记录为加工转换的产出热力量和居民的终端消费量。屋顶太阳能热水器产生的热量应记录为居民生活消费行业的直接消耗量。

其他能源转换流记录了从一种燃料转换成另一种燃料的情况，在表9-4中有专门一行，但实际上，各国经常在其能源平衡表中记录许多不同的燃料转换流。对于可再生能源产品的加工转换，IRES 只认可木质燃料转换为木炭，但 IRENA 也认可从固体生物燃料转换为生物质颗粒燃料或生物液体燃料。有的国家还在其能源平衡表中专门设有生物质颗粒燃料转换一行（因为这些国家颗粒燃料生产很重要），但目前在中国可能不需要这样做。

在能源平衡表的加工转换部分，最后两行记录能源行业内的能源使用量和损失量。

能源行业内部的能源消耗与能源转换不同，因为这里记录的能源是消耗量而不是转换量。例如，木材转换成木炭是一种能源转换活动，但在木炭工厂的食堂用于加热的木材将被记录为能源行业内部的木材消费。同样，在糖厂燃烧用于发电的甘蔗渣应记录为转换量（甘蔗渣转换为电力），但在附加的生物乙醇燃料工厂燃烧产生的蒸馏所用的甘蔗渣应记录为能源行业的消耗量。

能源行业内部的消费量也不仅限于自用，因此用于发电站食堂供暖的木材也应算作能源行业自己消耗的木材。相反，木炭工厂使用的电力应记录为能源平衡表中电力能源部门的电力消耗①。

运输损耗主要出现在能量平衡表的热力和电力列中，但也可能出现在其他列中（例如，燃料在泄漏和火灾等事故中的损失）。直接消费的可再生能源热量通常记录入某行业，没有任何运输损耗，但当集热器与最终使用的热量之间存在损耗时，则这些损耗要作为其他损耗记录在能源平衡表的能源转换中。

（三）下部：终端能源消费量

下部显示终端能源消费量，按终端应用行业划分。表 9-4 中显示了最终应用行业的简化列表，但实际能源平衡表通常使用更详细的清单（例如工业可细分为各种工业行业，运输分为公路、铁路、海运和空运等）。

终端消费量包括直接使用的可再生能源供热（例如太阳能热水器），以及任何直接用作燃料的生物能源产品。非能源用途的能源产品（例如用作塑料和肥料的润滑剂或原料的石油）也可以在能量平衡表的下部填报为非能源最终用途，在这种情况下，最终使用总量是终端消费量，而不是终端能源消费量。由于除了用于能源系统外，生物质并不算作生物能源，生物能源产品的非能源使用通常被排除在能源平衡表之外②。

---

① 应该指出的是，中国将能源部门的消费视为工业消费的一部分，而不是能源平衡表中转换/损耗的一部分。因此，中国的最终能源消耗包括能源部门的消费量，与国际上的消费情况略有不同。

② 尽管情况通常如此，但欧洲的一些国家也想要统计生物液体燃料作为润滑剂的使用量，在那里它们替代化石燃料衍生的油。

二、非电可再生能源流

能源平衡表主要有两个作用：一是显示了从能源生产到最终消费的整个生产链中，各种能源品种的供应量和使用量。二是当消费量、加工转换量与可供使用量不匹配时，可发现能源数据的不一致性导致的统计差异。

本部分将介绍各种非电可再生能源如何在能源平衡表中填报。当然，例子并不全，只是说明如何从所有相关能源厂家和最终用户收集数据，并汇总为全国统计数据，生成能源流。

（一）太阳热能

太阳热能可以出现在能量平衡表的三个不同列中（太阳热能、电力和热力），具体取决于它的生产和使用方式。下面针对每种主要技术解释这种可再生能源产热的记录方法。

1. 太阳能热发电（CSP）

中国太阳能热发电量已包括在中国的可再生电力统计数据中，但并没有在能源平衡表中完整填报。这里我们通过一个简单的例子来说明，如何将两个太阳能热发电厂（一个纯发电和一个热电联产）的数据记录在能量平衡表中。

对于纯发电的太阳能热电厂，要收集的数据包括：总发电量、上网电量（或自用电量）、电厂使用的其他类型的能源量、冷凝器回收的热量。如果在太阳能集热器端未计量太阳能热量，可按照太阳能发电量的 3 倍估算。

对于热电联产的太阳能热电厂，应收集相同的信息，加上供给每个客户的热量（最终用户，如果有出口包括出口量）。

对太阳能热发电厂，有些数据如表 9-5 中灰蓝色单元格所示（库存变化等）。构建一个完整的能源平衡表还需要其他数据，但不由太阳能热发电厂提供，如深绿色单元格所示（电力进出口等）。两个电厂的格则表示应从每个太阳能热发电电厂收集的数据[①]。

我们以此为例，说明如何填报太阳能热发电厂的年度能源流，并做出以下假设：

- **太阳能热电厂**：电厂每年生产 100 个单位的电力（总量），每年并入电网 95 个单位的电量（即每年有 5 个单位的自用消费和损耗）[②]。虽然集热器产生的热量未知，但太阳能热发电厂的储热装置每年损耗 8 个单位的热量。
- **热电联产电厂**：热电联产电厂每年生产 50 个单位的电力（总量），每年并入电网 45 个单位。同时，每年生产 30 个单位的热力，每年售出 15 个单位、配送损失 15 个单位。售出的 15 个单位热力用于供应终端用户，其中炼油厂 3 个单位、化工厂 7 个单位、政府办公室 2 个单位、公寓 3 个单位。同样，集热器产生的热量未知。

基于上述信息，太阳能热发电厂的能源流量可以填报在能源平衡表中，如表 9-5 所示：

- **发电和供热**：应在相应的能源转换行中显示总发电量和供热量（发电厂行中为 100 个单位电力，热电联产电厂行中为 50 个单位电力和 30 个单位热量）。这些转换输出都是正的，并且将被添加到来自所有其他能源的发电量和供热量中。
- **热消费量及损耗**：热输送损耗（15）显示在运输损耗行、热力列中，带负号。其他热量的销售被放置在热力列及其各自的最终用途行，记住向炼油厂出售 3 个单位是能源行业内部使用量，这应该出现在加工转换部分，并带负号。
- **其他自用能部分**：这两个电厂使用的电力和太阳热量将显示在自用消费量行中——8 个单位太阳能热量和 10（5×2）个单位电力，并带有负号。总发电量减去自用量等于 140 个单位的电力，这将与最终能源平衡表中的所有其他发电量汇总在一起。

---

① 发电和供热列中的所有数据都将添加到所有能源的全国统计数据中，因此发电量总量显示在方括号中（因为最终用途的细分未显示）。此外，如果 CSP 电厂是自备电厂并使用其产生的电力，则应收集该信息并与所有其他电力消耗统计数据结合使用。

② 请注意，发电厂的电力消耗包括变压器损耗，因此它是总发电量与发送到电网的电力之间的差额（净发电量）。

- **太阳热能生产量（太阳能热）**：若不能测量到集热器获得的太阳能热量，可以按发电量的 3 倍估算，并且在太阳热能列中显示为 300 个单位和 150 个单位。这些数字是用于产生热力和电力的太阳能热量（加工转换投入量），因此它们带有负号。然后即可计算一次太阳热能的总生产量，其等于加工转换中投入的所有热量，再加上发电厂消耗的其他热量（即 300+150+8=458）。

表 9-5 能源平衡表实例：太阳能热发电项目

能源流	太阳能	电力	热力
生产量	458		
进口量			
出口量			0
库存变化			
国际燃料库			
统计差异			
一次能源消费总量	**458**		
转换：发电厂	-300	100	
转换：热电联产电厂	-150	50	30
转换：热力厂			
其他转换量			
自用消费量	-8	-10	-3
运输损耗			-15
终端能源消费总量		**[140]**	**12**
工业			7
交通运输			
公共+商务服务			2
居民（家庭）			3
其他			

计算、测量或估算量　　不涉及　　其他地方测量量

2. 聚光太阳能热力厂（CST）

太阳能热力厂使用的太阳热能的统计与上面显示的非常类似，填报能源平衡表所需的数据包括（所有厂）集热器生产的热量、商业供热厂内部使用的能源数量、商业供热厂（按最终用途）的销售量和运输损耗。

若没有集热器热产量数据，通常假设与消费热量相同（若已知运输损耗量，可加上）。

表 9-6 显示了如何计算太阳能热力厂的太阳热能产量。

表 9-6　能源平衡表实例：聚光太阳能热力厂

能源流	太阳能热	电力	热力
生产量	67		
进口量			
出口量			0
库存变化			
国际燃料库			
统计差异			
一次能源消费总量	**67**		
转换：发电厂			
转换：热电联产电厂			
转换：热力厂	-50		35
其他转换量			
自用消费量		-2	
运输损耗			-9
终端能源消费总量	**17**		**26**
工业	17		
交通运输			
公共+商务服务			6
居民（家庭）			20
其他			

计算、测量或估算量　　不涉及　　其他地方测量量

为了举例，我们对两个供热厂做了以下假设：

- **用于区域供热的太阳能热力厂**：测量该太阳能热力厂集热器产生的

热量，为每年50单位的热量。这些（一次能源）热量转换为每年35单位的热力（热水），分配给最终用户。终端用户的年消费量为：家庭用20个单位，医院用3个单位，学校用3个单位。在热力输送过程中损耗了9个单位。该厂每年还使用2个单位的电（主要用于泵送集热器中的工作流体和配送系统中的热水）。

- **纺织厂屋顶太阳能热力系统**：某纺织厂建了一座太阳能热力厂，每年提供17个单位热能以满足工艺总热需求。没有太阳能热力的其他信息。

这两个供热厂的能源流按以下方式填报：

- **区域供热量**：集热器产生的热量以及配送给客户的热量填写在热力厂一行，分别为-50个单位和35个单位。
- **损耗量和消费量**：热力厂的配送损耗（-9）填写在热力列，最终消费量则填写在相应各行。热力厂用电量（-2）应记录为能源行业用电量。
- **直接用于加热工艺**：纺织厂CST供热厂的热量直接用于加热工艺的，会出现在能源平衡表的太阳能热列下部的行业内部用能中。
- **太阳热能产量**：是太阳热能产量的直接使用与热电厂加工转换投入量的总和，显示在太阳热能列的顶行（对于这两个CST供热厂，其数量为50+17=67）。

3. 太阳能热水系统

在能源平衡表中，太阳能热水系统收集和使用的太阳热能的记录方法与太阳能热力厂相同。用于区域供热（热力厂）的太阳能热水系统将被记录为热力厂能源生产转换（从太阳能热到商业热），最终消费量和运输损耗记录在热力列中。直接使用的（例如房屋屋顶上的太阳能热水系统）将出现在终端能源消费中太阳热能列相对应的行业，总的太阳热能产量会显示在该列上部，是太阳热能直接消费量与区域供热系统的加工转换投入量之和。

（二）地热能

地热能的应用主要有三种方式：作为地热发电厂的投入、作为商用供热生产（例如区域供热）的投入，作为终端用能直接使用（例如温室、游泳池、家庭等）。

地热能能源流的记录方式与太阳能供热基本相同。对于地热能，如果没有井口热量的计量，国际上推荐的一次热能生产量估算方法如下：

- **地热能发电**：地热能加工转换投入量等于发电量的10倍。
- **地热能供热（热电厂）**：地热能加工转换投入量等于产热量的2倍。
- **直接使用**：地热产量等于最终消费量（假设没有损耗）。

地热能的生产用电（或其他能源）（如抽取井中热水/蒸汽的电力）将被记录为能源产业的内部消费量。这与热泵（电力转换为部分热量输出）不同，因此确保地热产量不包括热泵产量（电力使用的记录方式不同）非常重要。

作为地热能统计的一个例子，将介绍如何将4个地热能项目的能源流记录在能源平衡表中。

表9-7 能源平衡表实例：地热能项目

能源流	地热能	电力	热力
生产量	430		
进口量			
出口量			0
库存变化			
国际燃料库			
统计差异			
一次能源消费总量	**430**		
转换：发电厂	-250	25	
转换：热电联产电厂	-20	10	
转换：热力厂	-60		25
其他转换量			
自用消费量		-10	
运输损耗			-10
终端能源消费总量	**100**	**25**	**15**
工业	80	[10]	
交通运输		…	
公共+商务服务		…	
居民（家庭）		…	15
其他	20	…	

计算、测量或估算量　　不涉及　　其他地方测量量

• **地热发电厂**：某发电厂产生 25 个单位的电力，其中 5 个单位用于本厂，20 个单位发送到电网。没有测量过一次地热能产量，因此假设为 10×25 个单位 = 250 个单位。

• **地热热电联产厂**：某铜矿的一个自备热电联产电厂生产 10 个单位的电力（内部使用）和 40 个单位热量，用于精炼过程。尚未测量一次地热能源的用量，因此假设为 10×10 个单位 = 100 个单位[①]。

• **地热热力厂**：热力厂生产 25 个单位的热量，向住宅公寓出售 15 个单位，在配热网中损耗 10 个单位。在井口测量了一次地热热量，为 60 个单位。此外，有 5 个单位的电力用于泵送配热管网中的热水并将水重新注入地热井。

• **地热直接使用**：当地的温室在冬季也使用地热，每年使用 20 个单位。

这些地热厂的地热能源流将填入能源平衡表（见表 9-7）并记录如下：

• **发电**：发电厂和热电联产电厂共生产 35 个单位的能源，两个电厂的发电量数字（25 和 10）记录在电力列中。

• **供热**：热力厂生产的 25 个单位热量显示在热力列、热力厂行。

• **发电和供热所用的地热量**：发电厂使用的热量（250）填写在地热能列、发电厂行。热力厂使用的热量（60）填写在热力厂行。这两个数字都是负的。

• **热电联产电厂所用的地热量**：热电联产电厂使用的热量假定为 100 个单位，但其中有些为内部使用，必须记录为工业中的直接使用。在热电联产电厂中，能源投入分为电力和热力，按产出水平比例（10∶40 或 20%∶80%）进行分配，因此 20 个单位记录在热电联产电厂行并带负号，80 个单位记录在工业内部消费行。

• **自用与运输损耗**：电厂和热力厂各使用 5 个单位的电力，因此 10 个单位输入在电力列、能源行业内部消费量行并带负号。供热厂的配送中也损耗了 10 个单位，显示在热力列、运输损耗行并带负号。如前所述，电力的最终使用量应记录为国家级电力统计数据的一部分，但

---

① 这是估算发电所需的一次地热能。还假设热力厂生产热量从用于发电的一次热量中回收，而不是从单独的地热能源获得。

这些应包括自备 CHP 电厂生产的以及铜矿（工业）使用的 10 个单位电力。

- **最终消费量：** 除了自备 CHP 电厂使用的地热外，热力厂还向居民消费者出售 15 个单位的热量，温室直接使用 20 个单位的地热。因此，15 个单位记录在热力列、居民消费行，20 个单位记录在地热能列、其他消费量行。
- **地热产量：** 是直接使用的所有地热量（100 个单位）与用作热力和发电厂的加工转换投入量（330 个单位）之和。地热产量（100+330=430）记录在地热能列的顶行。

（三）环境能（热泵技术）

热泵用电驱动制冷（蒸汽—压缩）循环来提供热量，该循环吸收来自热源（地面、水、空气）的环境热量。因此，用于为该循环供电的电力在能量平衡中被处理为转换输入，其与环境（可再生能源）热量组合以产生最终热量输出。

热泵系统的基本能源流如图 9-2 所示。对于使用 2 个单位电力生产 7 个单位热量的热泵，可以推导出热泵收集和使用的环境热量为 5（7-2）个单位。

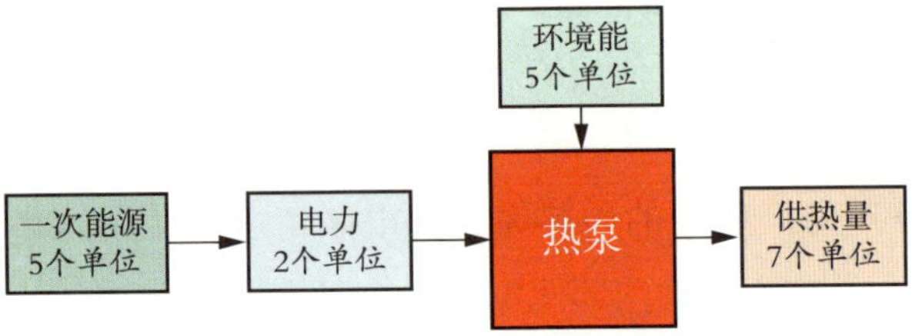

图 9-2　热泵系统的基本能源流

热泵的性能（季节性能系数 SPF）可计算为 7/2=3.5。换句话说，通过热泵系统，单位电力可生产出 3.5 个单位的热量输出。

能源统计中应填报的总热量产出为 7 个单位，由泵收集的一次可再生能源热量（环境热）为 5 个单位。在总热量产出中，有多少可以计入可再生能源取决于热泵所消耗的电力品种（一次能源品种）。

造成热泵能源流核算复杂化有三个主要因素，具体如下：

- **一次能源使用量：** 图 9-2 显示热泵热产量中有 5 个单位热量是可再生能源。但实际上，终端热消费量如何划分为可再生能源和非可再生能源，需要考虑热泵消耗电力的一次能源种类。如果用 5 个单位的煤来发电，那么热泵供热的一次能源投入是 5 个单位的煤加上 5 个单位的环境热。因此，7 个单位的热量产出应记录为 50%非可再生能源和 50%可再生能源（即 3.5 个单位的非可再生能源热消费量和 3.5 个单位的可再生能源热消费量，而不是分别为 2 个单位和 5 个单位）。如果用于发电的一次能源是可再生能源和非可再生能源的混合物，这种计算就会更加复杂①。

- **自备电厂**：记录商用热力厂（主业供热厂）的能源流时，热泵用电力将从电力列中减去（即记录为加工转换投入的电力），热量产出将记录在能源平衡表的热力列。对于使用热泵的自备电厂（如家用或小型企业），热泵的用电量将被记录为其总电力消耗的一部分，热产出量应被记录为直接使用的可再生能源供热量。因此，为避免重复计算热泵用电量，正确记录热产量，只有部分热泵产出需要记录在能源平衡表中，并在环境热列记录为相应终端用能行业的环境热消费量（直接使用）。
- **可逆双向热泵**：双向热泵既可供热也可制冷，能源平衡表中只包括热力生产流。如果计量了热泵产热量，能源流量的计算应该非常简单。然而，在很多情况下，热泵的测量值只有用电量或热泵运行小时数（即容量利用率）。在这种情况下，需要估算用于制冷的运行时间或用电量，以确保制冷不被包括在内。

生产单位电力消耗的一次能源量被称为一次能源系数（PEF）。在上面的例子中，有 5 个单位的一次能源用于生产 2 个单位热泵用电，因此 PEF 将是 5/2=2.5。一次能源系数也可以分为可再生能源系数和非可再生能源系数，例如，如果每单位电力生产耗用 2 个单位的化石燃料和 0.5 个单位的可再生能源（平均），那么热量输出可以按以下比例划分为可再生能源和不可再生能源：

---

① 这里给出的分析仅讨论了由电力驱动的热泵。还有由燃气发动机驱动的热泵以及其他种类的热泵，例如吸收式热泵，其使用化石燃料作为驱动热泵的能源。在这种情况下，这种向一次能源的转换可能不是使能源流计算复杂化的问题，并且可再生能源热量的最终消耗可以用与一次热量相同的方式计算（即作为总热量输出减去用于驱动泵的化石燃料量）。或者，如果吸收式热泵完全由太阳能驱动，那么所有的热量输出都将被记录为可再生能源热量输出，用于驱动泵的太阳能热量输入将被记录为能源平衡表中太阳能热列中的转换输入。

$$\text{热产出中的可再生能源占比}=\frac{\text{环境热}+(\text{电力}\times PEF_{ren})}{\text{环境热}+(\text{电力}\times PEF)}=\frac{5+(2\times0.5)}{5+(2\times2.5)}=\frac{6}{10}=60\%$$

该比例（60%）略高于使用总 PEF 计算的比例（50%），因为它还考虑了热泵用电量中的可再生能源份额。

1. 在能源平衡表中记录热泵产量

作为热力厂主要业务（即商业化）所用的热泵，能源流的记录相对简单：

- **环境热（生产和加工转换）：**在能源平衡表的上部各行，由热泵采集的环境热量填报为可再生能源供热量。相同的量也显示为该列中热电厂行中的转换投入量（负数）。
- **用电量（加工转换）：**热泵用电量记入电力列、供热行作为加工转换投入量（负数）。
- **产热量（加工转换和消费）：**热泵生产的热量将显示在热力列、供热厂行，作为能源转换的产出量。该值显示为正数，等于热泵的用电量和环境热量之和。产热量也记录为热力列中的终端消费量（减去运输损耗），根据向不同客户的热力销售量分别计入相应的终端用户行业。

为填报可再生能源消费量，供热产出中的可再生能源比例将用来计算并添加到其他可再生能源的消费量。如上所述，这个比例的计算应考虑环境热量以及供热所用的可再生能源电量（按上面的数字，这个比例应该为60%）①。

对于自备热力厂，有几种不同的方法可以记录能源流：

- **采用与商用供热厂相同的方法：**通过将用电量转换输入并将其从相关最终使用行业的电力消费量中减去，就可以采用与商业电厂的能源流相同的方法填报自备热力厂的热泵能源流。然而，计算起来可能非常复杂，每个最终使用行业的最终电力消费量可能与观察到的数字不

① 在能源平衡表中，热量通常不会分为可再生能源和不可再生能源生产的热量，因此可再生能源消耗的计算通常单独计算，可以累计所有可再生能源的直接使用加上一定比例的最终热量消耗，根据可再生能源在其供热量中的比例而定。用同样的方法将电力添加到可再生能源总消费量中。

一样。因此，不建议采用这种方法。

- **将热力产出中的可再生能源部分记录为终端消费量**：热力产出中的可再生能源部分（按照上述方法计算），可以作为最终消费量记录在使用自备热泵的行业中。然而，这往往会导致环境热这一列不平衡，例如，如果用上述示例中的数字，环境热产量为 5 个单位，但最终消费量为 60%×7 个单位=4.2 个单位。此外，环境热量的使用与热量输出中的可再生能源比例之间的差异（少了 0.8 个单位）反映了电力生产中的转换损耗，这些损耗已经反映在能源平衡表的其他地方，因此不应重复计算。
- **将所有环境热产量记录为最终消费量**：为保证可再生能源（环境能）热力列始终保持平衡，必须要将所有环境热生产量记录为相应终端利用行业的最终消费量。这通常会超过真正来自可再生能源的热量（在考虑到发电用的一次能源之后），但只有这种方法能让这一列平衡，并避免重复计算发电量有关的其他能源流。
- **欧盟统计局的方法**：欧盟统计局采用的方法是将所有环境热产量记录为最终消费量，但仅适用于 SPF>PEF 的热泵。这背后的逻辑是，如果 SPF<PEF，那么热泵的产热量小于为生产驱动泵的电力所耗用的一次能源量，因此称利用热泵会产生净能源增益肯定是不对的。因此，如果上例中的热泵位于 PEF=4 的国家，那么将使用 8 个单位的一次能源生产 2 个单位的电力来驱动热泵，然后仅提供了 7 个单位的热能（即小于发电用的一次能源量）。但是，如果 PEF=3.4，小于热泵的 SPF（3.5），那么所有 5 个单位的一次环境热量将被计为环境热的最终消费量（即直接使用量）①。

虽然上述几种方法都不尽如人意，我们还是建议自备电厂热泵的能源流的填报采用欧盟统计局的方法，在对原始数据做调整，去除 SPF<PEF 的热泵后，将所有环境热产量都作为使用热泵的最终消费（直接使用）行业

① 根据欧洲的平均 PEF，欧盟统计局的方法排除了所有能源统计数据中 SPF<2.5 的热泵（即这些热泵被视为只是其他电器，其能源使用被记录为用电量的一部分）。欧盟统计局也注意到，用于提供热水的空气源热泵可能 SPF<2.5，并且用于采暖的一部分空气源热泵也可能不会越过这个上限，特别是在寒冷地区。

的最终消费量。

使用上例给出的数字，在能源平衡表中填报这些数字的两种方法（用于商用热力厂和自备热力厂）如表 9-8、表 9-9 所示。

表 9-8　能源平衡表实例：用于商用热力的热泵项目

能源流	环境热	发电	供热
生产量	5		
进口量			
出口量			
库存变化			
国际燃料库			
统计差异			
一次能源消费总量	**5**		
转换：发电厂			
转换：热电联产电厂			
转换：热力厂	-5	-2	7
其他转换量			
能源行业消费总量			
运输损耗			
终端能源消费总量			**7**
工业			…
交通运输			
公共+商务服务			…
居民（家庭）			…
其他			…

计算、测量或估算量　　不涉及　　其他地方测量量

表 9-9　能源平衡表实例：自用的热泵项目

能源流	环境热	发电	供热
生产量	5		
进口量			
出口量			
库存变化			
国际燃料库			
统计差异			
一次能源消费总量	**5**		
转换：发电厂			
转换：热电联产电厂			
转换：热力厂			
其他转换量			
能源行业消费总量			
运输损耗			
终端能源消费总量	**5**		
工业	…		
交通运输			
公共+商务服务	…		
居民（家庭）	…		
其他	…		

计算、测量或估算量　　不涉及

需要注意的是，在所有上述计算中，环境热产量都是相同的（5 个单位）。由于中国的国家可再生能源目标以一次能源为核算基准，如何将终端消费量分为可再生能源和非可再生能源并不那么重要。但由于可再生能源在终端能源消费量中的占比是国际认可的能源可持续发展目标中的可再生能源指标（联合国，2017），在中国的能源统计体系中，将热泵的终端能源消费量分为可再生能源和非可再生能源两部分也是有用的。

2. 统计热泵可再生能源产量和消费量所需的数据

热泵能源流量的填报需要以下三个信息中的至少两个：一是热泵用电量；二是热泵的总产热量；三是季节性能系数（SPF）。

利用这些信息中的任何两个，都可以计算出第三个信息，并且，利用这三个信息，可以导出环境热生产量（作为总热量输出减去用电量）。对于中国的PEF，热泵的最终热量消耗也可以分为可再生能源和非可再生能源，计算出各自占比，并且可以算出最小的SPF来确定自备电、热厂有多少热泵容量/产量应该包含在能量平衡中（见专栏9-5）。

专栏9-5　中国一次能源系数（PEF）和可再生能源供热比例的计算公式

中国最新的能源统计数据显示，2014年的电力生产效率为43.55%（国家统计局，2016），因此中国的PEF为1/0.4355=2.3。中国还宣布，可再生能源（风电和水电）占发电量的21.6%。因此，考虑到风电和水电的效率为100%，可再生能源的PEF_{ren}为0.2（四舍五入到小数点后一位），非可再生能源的PEF为2.3-0.2=2.1。

基于这些数字，商用热力厂可再生能源热量输出的可再生能源比例公式可以修改为基于SPF和PEF的更通用形式，即

$$\text{供热量中的可再生能源比例}=\frac{\text{环境热产量}+(\text{用电量}\times PEF_{ren})}{\text{环境热产量}+(\text{用电量}\times PEF)}$$

$$=\frac{(SPF-1)+PEF_{ren}}{(SPF-1)+PEF}$$

$$=\frac{(SPF-1)+0.2}{(SPF-1)+2.3}$$

例如，在中国SPF为3.5的商用热泵产热量中可再生能源的比例为2.7/4.8=56%。

注意：此处显示的PEF_{ren}计算仅考虑了国家统计局报告的统计数据中的风电和水电发电量。如考虑到其他可再生能源产生的电力，可以计算出更准确的可再生能源PEF。

对商业性供热厂，建议收集这些供热厂的用电量数据以及产热量数据或SPF估算值。如果无法做到这一点，那么能源流的计算方法与自备供热厂相同。

对自备供热厂，建议收集热泵容量和利用小时数（容量利用率）的统计数据以及SPF估算值。这些数据应按热泵类型分类，理想情况下应按省分类，因为气候条件不同，SPF和利用小时数可能相差很大。双向可逆热泵在供热模式下的运行小时数也会因省而异，如前所述，在能源平衡表中

只填报热泵供热量数据。①

用容量、利用小时数、SPF 三个变量，就可以按照以下公式计算出环境热产量（和消费量），即

环境热产量=容量×利用小时数×(1-1/SPF)

利用小时数应该是热泵的满负荷运行小时数，可以通过热泵样本的用电量除以其功率输入来估算（参见第三节“三、估算方法”）。热泵的容量应该是它们的额定热输出容量（因此，容量×小时=总热量输出）。

表 9-10 显示了如何计算各种热泵的环境热产量（AHP）。对每种类型的热泵，容量乘以估计的利用小时数和 SPF，调整去掉制冷模式中的利用小时数（双向可逆热泵），并去掉 SPF<PEF 的情况（如空气—水热泵），然后将最后一列底部的合计总数记入能源平衡表的环境热列。

表 9-10 各种热泵系统的能源量计算

热泵类型	容量（吉瓦）	利用小时数（小时）	SPF	产热量（吉瓦时）
空气源	100	840	2.7	52 889
空气源（可逆）	25	600	2.7	9 444
水源	10	500	2.1	0
地源	240	1 200	3.5	205 714
地源（可逆）	120	1 000	3.5	85 714
地源—水源	60	500	3.1	20 323
合计	555			377 084

（四）生物质能

生物能源流在能源平衡表中的填报和上述大致相同，但有以下三个主要差别：

- **列数**：通常分几个不同的列来记录各种生物燃料的能源流，这是因为生物燃料通常以物理单位（吨、立方米等）来衡量，并使用各种转换系数转换为能量单位。至少应分为垃圾、固体生物燃料、沼气和生物液体燃料等品种。
- **一种生物燃料转换为另一种生物燃料**：与其他类型的可再生能源不

① 根据容量数据和使用小时数计算自备供热厂热泵输出是欧盟统计局建议的方法。他们的方法还提供了一系列 SPF 和使用小时数的默认值，这些默认值因气候带和热泵类型而异（EC，2013）。中国也可能希望考虑制定这样的估算方法，以便通过相对简单的关于不同省份安装的热泵容量的统计数据得出环境热量的产量和消耗量。

同，生物燃料可以从一种类型加工转换为另一种类型。最常见的加工转换是将木质燃料转换为木炭，这通常记录在能源平衡表中部的单独一行。除此之外，IRENA 的能源平衡表还包括由固体生物燃料转换为生物质颗粒燃料、先进生物液体燃料。

- **国际贸易与库存**：与可再生能源供热不同，生物燃料还可以进行交易和作为库存储存。因此，能源平衡表的上部可用于记录这些产品的国际贸易和库存变化。

除此之外，各种生物燃料列可显示出一些生物燃料转换为热力、电力（在用到生物燃料的地方），在能源平衡表下部可显示各种生物燃料在各终端应用行业的直接使用量。

1. 沼气

表 9-11 是以中国 2015 年为例说明如何在能源平衡表中填写沼气数据。该表是国家可再生能源中心（CNREC）收集的详细沼气数据，包括沼气产能和产量（燃气和发电量），以及居民沼气池的户数，或工业和农业企业经营的大型沼气厂数量。

表 9-11　中国 2015 年沼气统计数据

实物量	沼气厂类型			
	居民	工业	农业	合计
总产量（亿立方米）	123.4	2.8	22.5	148.7
发电装机容量（兆瓦）	0	11.17	208.06	219.23
发电量（吉瓦时）	0	23.61	548.77	572.38
用气户数（百万户）	33.81	0.13	1.96	35.90
每户供气量（立方米）	365	365	365	—
居民消费量（亿立方米）	123.4	0.46	7.17	131.04
标准量	**沼气厂类型**			
	居民	**工业**	**农业**	**合计**
总产量（太焦）	271 493	6 078	49 482	327 053
发电量（太焦）	0	85	1 976	2 061
用气户数（百万户）	33.81	0.13	1.96	35.90
每户供气量（兆焦）	8 030	8 030	8 030	—
居民消费量（太焦）	271 493	1 020	15 777	288 289

注：沼气折标系数 22 兆焦/立方米，电力折标系数 3.6 兆焦/千瓦时。

资料来源：Break-down of China's biogas statistics provided to IRENA by Wang Wei on 26th Sept 2017

除非有更详细的信息，否则有必要做一些假设来完成能源平衡表上所有能源流的填报，因此这里使用了以下假设：

- **居民消费量**。工业和农业沼气厂供应的居民户数已知，但供应的燃气量尚不清楚。因此，这里假设供气量（每户）与家庭沼气池供应的量相同。
- **用于发电的沼气量**。若不知道用于发电的沼气量，则可以从发电量估算。在全球范围内，用于发电的沼气量大约是沼气发电量的 3 倍，也就是 3 个单位沼气产生 1 个单位电力（两者都是按通用能源单位测量的）。这里使用相同的转换效率（33%）①。还假设这些电厂是普通电厂（不是热电联产），所有电力都出售给电网，用于电力生产的沼气尚未从工业和农业沼气产量中减去。
- **其他最终用途的沼气消耗量**。如果没有其他信息，就无法准确说明工业和农业沼气的使用去向，因此这里假设它们是自备电厂（即工业和农业）内部使用，除了居民使用外，用于发电。

表 9-12 显示了表 9-11 下半部分中的数字如何填报在能源平衡表中。第一行显示沼气产量，沼气的总发电量填报在发电量列、发电厂行作为转换输出。用于发电的沼气量估计为每种燃料发电量的 3 倍，显示为发电厂行中的负数（如工业为 85×3＝255）。居民消费量显示在平衡表下部的相应行中，其他最终用途的所有数据均按产量减去转换量和居民使用量计算。

CNREC 提供的沼气数据包括农业和工业沼气厂的发电量，但 CNREC 的电力装机容量数据显示，与表 9-11 中所示的 219 兆瓦相比，总装机容量为 331 兆瓦。这表明还有其他沼气来源用于发电（如垃圾填埋气和/或污水污泥），应进一步调查用于发电的沼气的类型和数量，并以与上述相同的方式添加到能源平衡表中，以全面反映全国的沼气生产和消费情况②。

---

① 应指出的是，用发电量估算沼气使用量司空见惯，特别是在某些类型的设施中，尝试测量产量要么不可行，要么成本效益不高。用于发电的垃圾填埋气就是这样一个例子，许多国家根据发电量估算了转换为电能的燃气量。

② 即使不测量这种发电的燃气量（这对于填埋气体而言是很常见的），仍然可以将其估算为发电量的 3 倍，并将其作为（负）变换输入添加到平衡表中，在该列上部有相应的产量数字。

表 9-12 能源平衡表实例：中国 2015 年沼气 单位：太焦

能源流	沼气厂类型			沼气合计	发电量
	户用	工业	农业		
产量	271 493	6 078	49 482	327 053	
进口量					
出口量					
库存变化					
国际燃料库					
统计差异					
一次能源消费总量	**271 493**	**6 078**	**49 482**	**327 053**	
转换：发电厂		−255	−5 927	−6 182	2 061
转换：热电联产电厂					
转换：热力厂					
其他转换量					
能源行业消费总量					
运输损耗					
终端能源消费总量	**271 493**	**5 823**	**43 555**	**320 871**	[2 061]
工业		4 804		4 804	…
交通运输					…
公共+商务服务					…
民用	271 493	1 020	15 777	288 289	…
其他			27 778	27 778	…

计算、测量或估算量　　不涉及　　其他地方测量量

2. **生物液体燃料**

生物液体燃料生产的能源通常很容易填报在能源平衡表中。生物汽油（生物燃料乙醇）和生物柴油需要分为两列，每列在表的上部记录产量和贸易量，在下部输入最终消费量。

生物液体燃料很少用作能源转换原料，因此它们通常不会出现在能源平衡表的中部。大多数燃料仅用于交通运输，因此它们通常仅出现在能源

平衡表下部的运输行中。但如果它们用于其他机械行业（例如工业中使用的固定式柴油发动机），则也可能出现在别处。

CNREC 在 2015 年汇总了 210 万吨生物乙醇燃料产量，加上 80 万吨生物柴油。按照 IRENA 的净热值取值（分别为 26 800 兆焦/吨和 30 800 兆焦/吨），折算为 56 280 太焦的生物乙醇和 24 640 太焦的生物柴油，然后将其填报在能源平衡表的顶行，如表 9-13 所示。

表 9-13　能源平衡表实例：生物液体燃料　　单位：太焦

能源流	生物汽油	生物柴油
产量	56 280	24 640
进口量		906
出口量		-538
库存变化		
国际燃料库		
统计差异		
一次能源消费总量	**56 280**	**25 008**
转换：发电厂		
转换：热电联产电厂		
转换：热力厂		
其他转换量		
能源行业消费总量		
运输损耗		
终端能源消费总量	**56 280**	**25 008**
工业		
交通运输	56 280	25 008
公共+商务服务		
居民（家庭）		
其他		

计算、测量或估算量

除生产外，2015 年中国还进口了 29 413 吨、出口了 17 640 吨生物柴油。这些数量（太焦）也列于表中。生物乙醇贸易也应填写在能源平衡表中①，但必须要从燃料生产商和分销商处获取这些数据，因为国际贸易数

① 大多数生物柴油在国际贸易统计中使用协调系统（HS）代码：382600，上述数据来自 ITC 贸易数据库（ITC，2017）。

据中还包括非燃料用途的生物乙醇。

还应该指出的是，中国使用“生物乙醇”一词而不是国际通用的术语“生物汽油”。如果不将其与其他化学品混合使用，则可将其标记为生物乙醇。如果生物乙醇以混合形式使用（如 ETBE 或 MTBE），则应将其标记为生物汽油，并且任何可再生生物液体燃料生产和消费的计算都应考虑到生物燃料的可再生能源（乙醇）含量低于 100%①。

3. 固体生物燃料和可再生城市垃圾

固体生物燃料和垃圾的数据可以采用与上述沼气相同的方式转换成能源平衡形式。中国利用许多不同类型的固体生物燃料供热和发电。此外，固体生物燃料也可能有许多直接用途，例如家庭木材燃料消耗和在各加工工业中用于加热（干燥）的木材和农业废弃物的消耗。

这些燃料的产量和消费量的统计数据可以物理单位（如吨和/或立方米）来衡量，因此应使用适当的热值将它们转换成能量单位（如兆焦/吨等）。

如果没有数据，也可以估算出用于发电的固体生物燃料量。虽然没有标准化的转换因子，但可以按照火电厂转换效率为 33%（燃料转换为电力）进行估算。因此，中国的生物质发电量数据可以转换为加工转换的投入量（等于发电量的 3 倍的负数），每种生物燃料列的上部都有相应的发电量数据。

另外需要注意的是，发电量（以及相应的生物燃料使用量）还应包括自备电厂生产的和自用的能源量。目前尚不清楚中国的可再生能源电力数据是包括自备电厂的还是只有输送到电网的电力，但自备电厂自用电量应计入发电量（以及相关终端利用行业的消费量），用于发电的固体生物燃料消费量应基于总发电量计算。

对于使用固体生物燃料作为能源的企业，应收集如下数据：生物燃料的消费量和类型，包括用于热力和电力生产的；热力和电力的生产量；热力和电力的销售量（按最终用途）；配送损耗量（商业热电厂）。

为了说明如何计算固体生物质的能源流并填报在能源平衡表中，表 9-14 列出了五种不同类型能源工厂的数据示例。

---

① 通常的转换因子为：ETBE 的 47%或 MTBE 的 36%（按体积计）是可再生的。如果在与普通汽油（例如 E5、E10、E20 等）的混合物中测量生物液体燃料，可能需要做些调整。

表 9-14 固体生物燃料的供热量和发电量计算

企业	燃料消耗量（吨）		供热量和发电量			
			发电量（兆瓦时）		产热量（太焦）	
			自用	销售	自用	销售
发电厂	废木材	620 000	55 550	1 000 000		
	秸秆	180 000				
糖厂	甘蔗渣	230 000	19 200	30 000	—	
锯木厂	废木材	80 000			—	
区域供热厂	废木材	80 000				750
垃圾焚烧发电厂	垃圾	120 000	10 000	33 350		
企业	**燃料消耗量（太焦）**		**供热量和发电量**			
			发电量（太焦）		**产热量（太焦）**	
			自用	**销售**	**自用**	**销售**
发电厂	废木材	9 374	200	3 600		
	秸秆	2 722				
糖厂	甘蔗渣	1 760	70	108	655	
锯木厂	废木材	1 210			—	
区域供热厂	废木材	1 210				750
垃圾焚烧发电厂	垃圾	516	36	120		

注：废木材和秸秆的净热值为 15 120 兆焦/吨，甘蔗渣为 7 650 兆焦/吨，垃圾为 4 300 兆焦/吨，电力按 3.6 太焦/吉瓦时的比率转换。

- **发电厂**：一个发电厂用废木材和秸秆生产 1 055 550 兆瓦时的电力，净发电量（电网销售量）为 1 000 000 兆瓦时。
- **糖厂**：一家糖厂（CHP 电厂）生产 49 200 兆瓦时的电力，向电网出售 30 000 兆瓦时，并在厂内使用未知的热量用于生产过程加热。
- **锯木厂**：某锯木厂燃烧其木屑用来干燥锯好的木材。
- **区域供热厂**：某区域供热厂燃烧废木材向公寓楼销售 750 太焦热量，输热损耗率为 40%。
- **垃圾焚烧发电厂**：某垃圾焚烧发电厂发电 43 350 兆瓦时，内部使用 10 000 千瓦时，其余销售给电网。

表 9-14 的下半部分用每种生物燃料的热值将所有来自物理单位的能

源流量转换为通用能源单位（太焦）。此外，糖厂使用的工艺热量估算如下：

加工甘蔗量=蔗渣量÷0.3=770 000(吨)

加工1吨甘蔗所需热量=850(兆焦)

加工过程热量总需求=770 000×850=654 500 000(兆焦)≈655(太焦)

锯木厂内部使用的工艺用热量不需要知道，因为这些能源将作为生物燃料的直接使用量。

根据表9-14下半部分显示的数据，将这些工厂的能源流量填入能源平衡表，如表9-15所示。

表9-15　能源平衡表实例：固体生物燃料　　单位：太焦

能源流	垃圾	废木材	甘蔗渣	秸秆	电力	热力
产量	516	11 794	1 760	2 722		
进口量						
出口量						
库存变化						
国际燃料库						
统计差异						
一次能源消费总量	**516**	**11 794**	**1 760**	**2 722**		
转换：发电厂	-516	-9 374		-2 722	3 956	
转换：热电联产电厂			-376		178	
转换：热力厂		-1 210				750
其他转换量						
能源行业消费总量					-200	
运输损耗						-300
终端能源消费总量		**1 210**	**1 384**		**3 934**	**450**
工业		1 210	1 384		[70]	
交通运输					…	
公共+商务服务					[36]	
居民（家庭）					…	450
其他					…	

计算、测量或估算量　　不涉及　　其他地方测量量

- **发电量和使用量**：发电厂和垃圾焚烧电站的总发电量将填报在电力列、发电厂行，为 3956 太焦（200+3 600+36+120）。糖厂的发电量记入热电联产电厂行，为 178 太焦（70+108）。发电厂使用的电量将记录为能源行业的消费量，但焚烧发电厂和糖厂使用的电力将记录为这些最终用途的总电力消耗的一部分。
- **产热量（商业供热）**：区域供热生产的热量将显示在热力列、热力厂行。配热损耗（750 太焦×40%＝300 太焦）将显示在配热损耗行，其余电力（450 太焦）计入终端能源消费中的居民行。糖厂和锯木厂的自用热量在热力列没有显示，但是记录为在工业中直接使用的生物燃料量。
- **垃圾**：焚烧炉中燃烧的 516 太焦的垃圾将在垃圾列、发电厂行中显示为（负）转换输入。垃圾没有燃料用途，因此产量记录相同。请注意，对于可再生能源的计算，只计算其可再生能源部分（通常假设为 50%）。
- **甘蔗渣**：甘蔗渣用于发电和供热，但糖厂是自备供热厂，因此用于供热的甘蔗渣被记录为甘蔗渣的直接使用。根据它们的相对输出，甘蔗渣总消耗量分为两部分。甘蔗渣的总供热量和发电量为 70＋108＋655＝833（太焦）。发电量占 178/833＝21%，因此用于发电的甘蔗渣为 1 760×0. 21＝376（太焦），该数记为甘蔗渣列、热电联产行中的转换投入量（负）。甘蔗渣的能源生产量与消耗量相同，记入表格第一行，剩余部分记入工业领域的直接使用量（最终消费量）。
- **秸秆**：秸秆的能源流与垃圾相同，填写在秸秆列。
- **废木材**：木材加工废料用于三种不同的工厂。在区域供热厂消耗的木材记为供热厂行的加工转换投入量，在发电站厂消耗的木材记入发电厂行，在锯木厂消耗的木材记为工业领域的直接使用量。生产总量是这三个量之和，填报在第一行。

第三节　非电可再生能源的测量核算

本节将概述如何对各种类型的非电可再生能源进行测量和估算。由于一些可再生能源难以准确测量，估算是普遍采用的方法。中国近期可以采用其他国家已有的估算方法，未来可针对一些未涉及的特殊情况，制定自己的转换系数和核算方法。

第一和第二部分将介绍生物燃料和一次可再生能源热能（太阳能和地热能）的数据收集和测算，第三部分介绍如何估算各种可再生能源的一次能源消费量。

一、生物燃料的测算

生物燃料通常使用物理单位（吨、立方米等）来衡量，因此生物燃料数据的收集涉及两个主要步骤：一是收集能源的实物量，二是将其转换为能源的标准量。

（一）数据收集

首先需要收集每种类型燃料的使用量、用途以及生产的二次能源产品（例如电力和商用热力）的数据。各种燃料都需要收集这类信息，在现有的能源问卷或数据收集系统中，添加相关生物燃料的数据采集即可。

根据采集的数据，可以在能源平衡表中填报加工转换和消费量行的数据。例如，如果锯木厂在消费能源类型采集表中的填报数据包含了工艺用量、产蒸汽外卖量和发电量三列数据，则第一列中的使用量将被记录为工业中的直接使用量，第二列填作热电厂加工转换的输入量，第三列中的使用量作为电力转换的输入。这些数据还将记录电力和商业供热产量，按燃料来源分别统计（如果使用了多种燃料）。如果采集表中有热电联产，则该信息将用于记录部分或全部能源流作为热电联产转换的输入，而不是单独的电力和热力产量。

这些表中的信息可用于填写能源平衡表的加工转换量和非家用终端能

源消费量。除了每种燃料的能源流向（即能源平衡表的每一列）之外，所需要的只是生活消费量和产能量，以及能源平衡表上部的贸易数据（一次能源供应）。

家庭消费量超出了本研究的范围，但建议将人口普查数据（显示使用不同燃料的家庭数量）结合人均消费估计值，用以估算家庭总消费量。如果没有人均消费量，则建议开展小规模研究以获得此类数据①。

在能源平衡表的顶端，生物燃料产量数据可以从其他相关政府机构（例如林业和农业管理部门）获得，许多生物燃料的贸易数据可以从中国的国际贸易统计数据中获得②。或者，如果很难得到产量数据，可以从能源平衡表中减去进口量、加上出口量，从而估算国内产量。

（二）能源单位的换算

用这些能源量乘以每种燃料的净热值（NCV），把以物理单位测量的能源量转换为能量单位。各种燃料的净热值是生物质能统计中不确定性的主要来源之一，因为它们在不同国家之间差异很大。净热值取决于生物燃料的详细组成和湿度，特别是当燃料用于能源时的湿度。湿度是影响净热值的最重要因素，因此使用的任何值都反映了所使用的生物燃料的典型水分含量。IRES 和 IRENA 推荐的各种能源产品的标准净热值如表 9－16 所示。

建议各国使用自己的专业值，用相关科学研究的结果来推导出适合的净热值。

除此之外，国际可再生能源署采用的沼气标准转换系数为 22 兆焦/立方米（假设沼气有 65%的甲烷含量），并且生物液体燃料的核算必须考虑与不可再生燃料或其他化学品的混合。

---

① 粮农组织和 IRENA 目前正在合作开发一个简单的调查模块，可用于收集此类数据，以便大规模住户调查的结果可用于估算家庭木材燃料消耗量。详情请见：http：//gsars. org/en/tag/forestry/。

② 有木材燃料、木炭、木屑、生物柴油和生物乙醇的国际贸易法规（HS 编码）（总计，包括非燃料用途）；还有可用作生物燃料的各种生物质废弃物产品的代码，尽管在这些贸易流中常常难以分清燃料和非燃料用途。IRES 列出了不同类型生物燃料的贸易代码。

表 9-16 IRES 和 IRENA 推荐的各种能源产品的标准净热值

产品	IRENA 净热值（吉焦/吨）	IRES 净热值（吉焦/吨）		
		平均值	范围	
			最低	最高
非可再生城市垃圾		10.0	7.0	18.0
可再生城市垃圾	4.32	11.6	6.8	18.0
薪柴	15.12	15.6	7.9	31.0
能源作物	15.12			
木材废料	15.12	13.9		
黑液	12.24	11.8	5.9	23.0
秸秆	15.12			
甘蔗渣	7.72			
稻壳	12.30			
其他农业废弃物	12.50			
其他固体生物燃料（动物粪便）	15.12			
木质成型燃料		17.3		
生物质成型燃料	16.92			
木炭	30.80	29.5	14.9	58.0
生物汽油	26.80	26.8	13.6	54.0
生物柴油	30.80	36.8	13.6	54.0
生物航空煤油	42.80			
其他生物液体燃料	27.40	27.4	13.8	54.0

注：在应用净热值将吨转换为能源单位之前，应将城市垃圾分为可再生和不可再生两部分。
资料来源：IRES（联合国，2016）和 IRENA 可再生能源统计调查表

二、一次可再生能源热能的测量

来自太阳能和地热能的一次可再生能源热能以气态或液态的热流体的形式产生，该热流体被太阳（在太阳能集热器中）加热或直接从生产井（地热）里获得。得到的可再生能源的热量可通过测量蒸汽/流体的流量以及井/集热器的出口与入口之间的温度差这两个参数计算，将这两个参数相乘，再乘以蒸汽/流体的温度升高 1℃所需的能量。

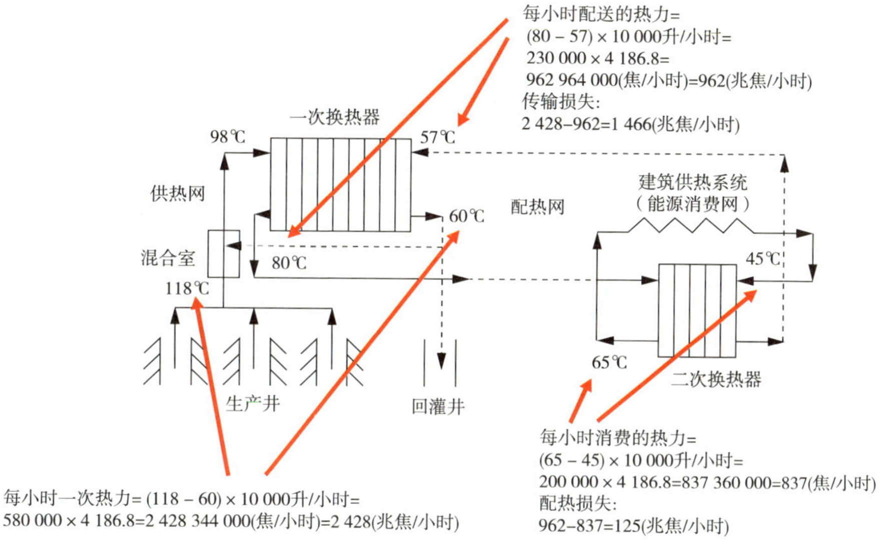

图 9-3 地热能生产和消费量的计算案例

图 9-3 是某地热能供热厂的计算案例。

一次热能的产量（转换输入）的计算公式为井口记录的温差乘以流量和将 1 升水提升 1℃所需的热能，具体如下：

(118℃-60℃)×10 000 升/小时×4 186.8 焦耳=580 000×4 186.8 焦耳

=2 428 兆焦/小时

商业供热产热量（转换输出）可以用同样的方法测量，用供给最终用户的供水温度和回水温度来计算。同样地，如果在配热管网与最终消费者之间存在二次热交换器，可用相同的方式测量终端用热量，终端用热量与离开供热站的热量之间的差异就是配网热损耗。

如果生产率全年保持不变，则图 9-3 中显示的数字可乘以一年的小时数（8 760）来计算年产量，具体如下：

一次热产量=2 428 兆焦/小时×8 760 小时/年=21 269 280 兆焦/年=21.3 太焦/年

热产量=962 兆焦/小时×8 760 小时/年=8 427 120 兆焦/年=8.4 太焦/年

热消费量=837 兆焦/小时×8 760 小时/年=7 332 120 兆焦/年=7.3 太焦/年

配网热损耗=8.4 太焦/年-7.3 太焦/年=1.1 太焦/年

这些数字可以按如表 9-17 所示的方式填入能源平衡表。

表 9-17　地热能产热量数据　　单位：太焦

能源流	地热	发电	供热
产量	21.3		
进口量			
出口量			
库存变化			
国际燃料库			
统计差异			
一次能源消费量	**21.3**		
转换：发电厂			
转换：热电联产电厂			
转换：热力厂	-21.3		8.4
其他转换量			
能源行业消费量			
运输损耗			-1.1
终端能源消费量			**7.3**
工业			…
交通运输			
公共+商务服务			…
居民（家庭）			…
其他			…

计算、测量或估算量　　不涉及

采集数据时，可以安装简单的热量表来测量温度差和流量，这就是欧洲国家收集大量热量数据的方法。为建立数据采集统计系统，中国应要求供热站采集这些数据，如果热量表很少，则应将投资热量表作为收集热量统计数据的一种选择。

三、估算方法

能源统计核算常常会用到估算方法，以填补数据空白，或是通过少量观测数据估算全国能源量。此外，测量某些可再生能源量（特别是一次可再生热能产量）是不切实际的，各国通常采用一些程序来估算。下面介绍一些估算方法。

（一）用作加工转换投入的可再生能源量

最常见和最简单的一个估算方法是按照设定的转换效率将电力和热力产出量转换为能源投入量。如前几节所述，国际能源统计中使用的标准假设如下：

电厂加工转换投入的地热一次能源量＝发电量的能源量的 10 倍

供热厂加工转换投入的地热一次能源量＝供热厂外供热量的能源量的 2 倍

电厂加工转换投入的太阳能一次能源量＝发电量的能源量的 3 倍

供热厂加工转换投入的太阳能一次能源量＝供热厂外供热量的能源量

假设作为终端利用的一次地热能和太阳能热等于记录的热力消费量。

对于生物燃料发电或商业供热，如果不知道生物燃料的一次能源量，可使用转换效率将电厂输出量转换为一次能源量。对于发电，通常假设其效率为 33%（即生物燃料一次能源量等于 3 倍的发电量）。对于供热，取决于中国通常使用的供暖锅炉的平均效率。

利用上述假设，可根据中国所有可再生能源发电量，转换测算其一次可再生能源消耗量。

（二）用太阳辐射量数据估算一次太阳能热量

可以用太阳辐射数据估算一次太阳能热量。实际上，对于太阳能热水器系统，这是唯一实用的方法。如果没有热计量，集热器或反射镜收集的一次太阳能热量通常按照上述方法进行测算，但是如果需要，也可以估算出这些热量（至少作为替代方法）。

1. 太阳能热水器

太阳能热水器获得的一次太阳能热能是集热器面积、当地太阳辐射量以及集热器将捕获辐照量转换为有用热力的效率（因集热器的类型而异）的函数。

2011 年，主要的国际太阳能热水器贸易机构和 IEA 太阳能供热和制冷工作组（IEA-SHC）共同认可了一种计算方法，并在国际统计中采用了这种计算方法。由于这些机构覆盖了全球太阳能热水器市场的主要部分（并且是这些设备的国际统计数据的主要来源），该方法可被视为国际认可的方法。

IEA-SHC（2011）规定的算法如下：

无盖板集热器：$PSH=0.29H0\cdot Aa$。

家用热水系统中的有盖板集热器：$PSH=0.44H0\cdot Aa$。

多用途系统（供热水和供暖）中的有盖板集热器：$PSH=0.33H0\cdot Aa$。

其中：*PSH* 为一次太阳能热量，单位千瓦时/年；H0 为当地水平面的全年太阳辐射量，单位千瓦时/平方米；*Aa* 为表面积，单位平方米。

中国已有了太阳能集热器面积的统计数据，因此所需的只是太阳辐射数据。如果各地没有这方面信息，可以从几个网站获得，如 http：//globalsolaratlas. info。

例如，在北京有 150 000 平方米太阳能热水系统用于生活热水供应，该系统每年捕获的一次太阳能热量计算如下：

一次太阳能热量＝0. 44×1 398 千瓦时/平方米×150 000 平方米
＝92 268 000 千瓦时
＝332 太焦

在能源平衡表中，以上数据可填入太阳能热力列、使用该设备的相关行业行，同时也记为该列顶部的产量数字。

采用同样的方法可以估算太阳能热水器领域收集的一次太阳能热量，用作热电厂的转换输入，如果没有商业供热输出的测量，则默认没有转换损耗（即供热厂的转换输出与能源平衡表的供热列的量相同）。

2. 聚光式太阳能供热

对聚光装置捕获的一次太阳能热没有类似的计算方法。然而，Lovegrove 和 Stein（2012）的报告指出，聚光太阳能发电（CSP）系统中使用的聚光抛物面集热器的热转换效率为 70%，用于聚光太阳能供热（CST）系统的集热器效率稍低，为 50%~65%。

将这些热效率数据代入太阳能集热系统热量计算公式（替换第一项），即可计算其产热量。中国大多数聚光型太阳能热发电系统是塔式系统，不是抛物面反射器（槽式）系统，因此上述效率估算可能不适用于这些 CSP 技术①。但是，它们可用于估算热电厂采集的一次太阳能热量（较常使用槽式集热器）。

有一家太阳能供热厂是 2016 年由天津宝洁公司安装的太阳能蒸汽锅炉②。该供热厂的太阳能集热器面积为 2 330 平方米，年水平太阳能辐照量为 1412 千瓦时/平方米，假设效率为 57%（Lovegrove 和 Stein 建议的范围的中点），该供热厂一次太阳能热量的估算如下：

一次太阳能热量＝0. 57×1 412 千瓦时/平方米×2 330 平方米

＝1 875 277 千瓦时

＝6. 75 太焦

然后将其作为工业行业的终端使用量记到太阳能热力列，并且将相同的量记为该列顶部的产量。

（三）估算各行业使用的生物燃料量

收集工业生物燃料消费量数据的一个主要问题是使用的大多数燃料来自制造过程的废弃物。因此，工厂有监测这些燃料消耗量的积极性。假如无法获得工业中使用的生物燃料量的测量值，则可以根据已知使用生物能源的行业的原材料投入或产出进行估算。

例如，糖厂用作能源的蔗渣量，国际能源统计中经常根据糖产量统计数据来进行估算。所有加工甘蔗的工厂都会燃烧蔗渣以获得工艺热量，同时生产一些电力。每吨甘蔗会产生约 0. 3 吨甘蔗渣，其能源量为 2 300 兆焦耳（相当于每吨甘蔗渣约 7 700 兆焦耳）。因此，这些工厂使用的一次能源消费量可以计算为甘蔗投入量（以吨计）乘以 2 300 兆焦/吨（或甘蔗投入量×0. 3×7 700 兆焦/吨，如果有甘蔗渣重量记录）。此外，如果没有计量，自用发电量可按加工每吨甘蔗发电 25 千瓦时来估算③。

---

① 目前中国正在开发 20 个左右的 CSP 发电厂，因此确保这些电厂如上所述监测一次太阳能热量是有用的。当然，也可以推导出一个公式来估算现有电厂太阳辐射所产生的热量数据，例如中国科学院电工研究所运营的延庆太阳能电站。

② http：//ship-plants. info/solar-thermal-plants/221-solar-steam-boiler-for-procter-gamble-tianjin-china.

③ 如果没有记录自用电量（例如来自不上网电厂的电量）或者当前的电力统计数据仅包括出售给电网的糖厂的电力，那么估算自用发电量也可能有助于完成中国的电力统计。

总的一次能源产量将显示在能源平衡表的甘蔗渣列，发电量将显示在CHP 转换行中（作为负数，相应的电量在电力列的同一行），剩余部分将显示为行业最终使用量行中的直接消费量（假设不出售热量）。如果糖厂自发自用这些电力，相当于工厂使用的所有热量和电力的 15%（每吨甘蔗150 兆焦，总计 1 000 兆焦），所以这个数字显示在转换行将计算为一次能源产量×（-0. 15）。如果这些电也出售给电网，那么转换中使用的电量必须相应调整，以便使该比例等于所有电力的能量含量除以总能量输出（发电量加工艺用热量）。

图 9-4 是糖厂不同工艺中典型能源利用量的一个例子，图 9-5 显示了化学纸浆厂的类似数据。通过与相关的森林和农业行业协会和专家合作，可以得出这些内部能源使用的平均估计值，用于中国使用生物能源很普遍的一些主要行业。当然最好有这些能源流的测量值，但诸如此类的估计可用于填补数据中的空白或帮助解释如何收集这些数据。它们还可用于检查收集的各种数据的合理性，以便找出和改正数据的错误和误解。

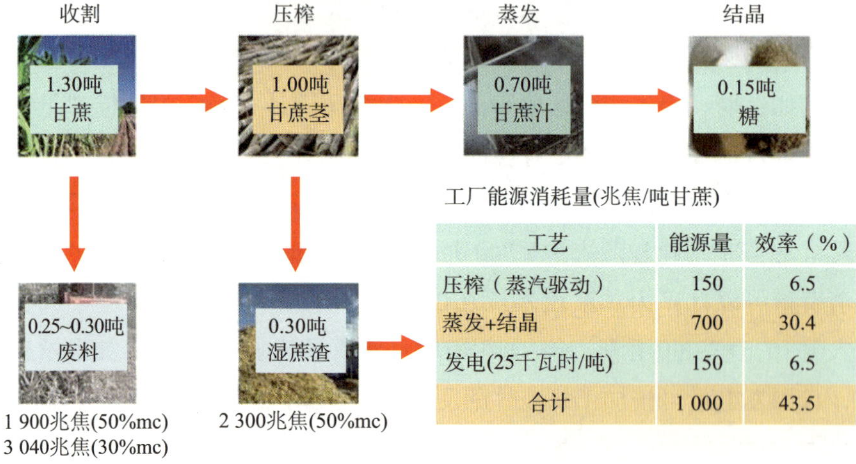

工艺	能源量	效率（%）
压榨（蒸汽驱动）	150	6.5
蒸发+结晶	700	30.4
发电(25千瓦时/吨)	150	6.5
合计	1 000	43.5

图 9-4　糖厂甘蔗渣能源利用（能源转换）量的估算

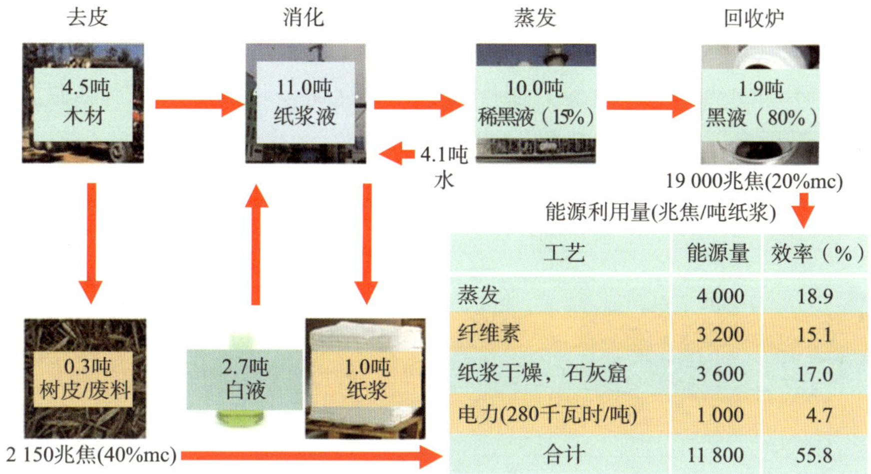

工艺	能源量	效率（%）
蒸发	4 000	18.9
纤维素	3 200	15.1
纸浆干燥，石灰窟	3 600	17.0
电力(280千瓦时/吨)	1 000	4.7
合计	11 800	55.8

图 9-5　化学纸浆厂黑液能源利用量的估算

（四）估算热泵产热能量

由于热泵应用的小规模性和分布式特性，收集全国所有热泵的产热量详细统计数据不大可行，因此大多数国家都使用估算方法，然后应用于不同的地区、工厂类型和热泵类型。这些方法通常基于热泵容量数据、平均使用小时数（产能利用率）和平均效率估算值（SPF），将它们相乘，以估算年度总产热量。

如前所述，热泵应用数据可以在一个国家非常容易地收集，因此只有明确了平均效率和使用小时数的估算值，这些公式才能起作用。下面的内容描述了不同国家怎样收集数据来得到这两个变量的估计值。

1. 估算热泵平均效率（COP 和 SPF）

热泵的性能系数（COP）是用热泵产生的热能除以消耗的电能。其值取决于三个主要因素。

- **输出温度：**指所需的输出（冷凝器）温度，取决于相对于热泵出口的尺寸所需的空间加热量和待加热空间所需的温度。
- **升温幅度：**指热源温度（空气、地面、水等）与所需输出温度之间的差值，随时间变化。
- **技术性损耗：**技术性损耗决定了对于给定的输出温度和升温幅度，热泵的性能与理论最大 COP（卡诺效率）的接近程度。

例如，图 9-6 左边的图显示了通过 65%的卡诺效率运行的热泵可以实现的 COP（即技术性损耗 35%）。不同的（冷凝器）输出温度由不同的线显示，不同的热源（蒸发器）温度显示在 X 轴上。可以看出，当热源温度升高、升温幅度下降时，热泵 COP 增加。

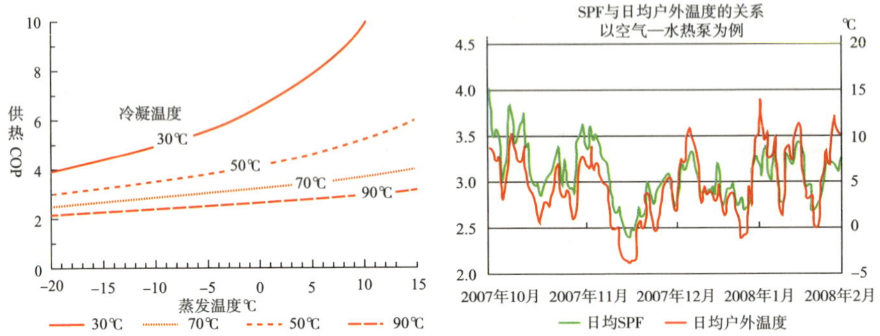

图 9-6　热泵效率（COP 和 SPF）、外界温度和升温幅度

图 9-6 右边的图还显示了热泵的效率如何随着不同日期室外温度的变化而变化，这时热泵的效率称为季节性能系数或 SPF。SPF 是指定时间区间的"平均"COP。它考虑了在这段时间内热源温度和所需输出温度的变化，这两个因素都会影响热泵的升温幅度，也影响给定时间区间的 COP，因此，在计算平均效率估算值，即 SPF 时必须考虑这两个因素。SPF 可用于计算热泵产生的总热量。

近年来，欧洲已开展了许多热泵效率测算的研究工作，包括：

- **SEPEMO 项目**：SEPEMO 项目已对 7 个欧洲国家的 40 多个热泵测试场（供热厂）进行了地源和空气源热泵性能的现场测量。使用通用且可比较的方法，实测时间至少一年。该项目于 2012 年完成，结果和分析可在以下网址找到：http：//sepemo. ehpa. org。
- **英国热泵试验项目**：英国商业、能源和工业战略部近年来在英国实施了多项热泵研究，并取得了成果，相关信息可在以下网址查询：https：//www. gov. uk/government/collections/heat-pump-research。
- **Fraunhofer ISE 热泵研究**：这项研究（Fraunhofer ISE，2011）从 2005 年 10 月开始，监测了德国 110 台热泵的性能。该项研究涵盖了三种热源（地源、空气源和水源）以及各种不同的内部加热技术。

- **芬兰的热泵分析**：芬兰最近的一项研究（VTT，2014）采用了略微不同的方法。他们不是采用热泵的现场实测研究，而是将欧盟统计局的方法应用于芬兰使用热泵的不同类型建筑。该研究根据测量到的当地温度、不同建筑类型的供热负荷以及已有建筑物的年限（影响供热损耗），调整了欧盟统计局的 SPF 和使用小时数的默认值。虽然这项研究不是对热泵性能的详细现场测量，但它是一个很好的例子，表明了如何在一个国家调整和应用默认估算值来反映当地国情。

以上只是选了几个比较著名的热泵研究。此外，还有一些国家正在进行热泵的测量和监测工作。

例如，在德国，Wärmepumpenverbrauchs Datenbank（热泵产量数据库）是一个独立的自愿监测项目，监测 864 个热泵的使用情况和性能数据，热泵规模为 1.5~26 千瓦。该数据库的注册用户可以提交他们的月度运营数据（产热量和耗电量），并与其他类似家庭的性能数据进行比较。虽然这不是一个有代表性的样本，但其供热面积、地点和月使用量等额外信息可用于模拟该国热泵的平均性能，具有一定程度的准确性。

在英国，热泵的拥有者可以根据每年热泵生产的热量获得可再生能源供热补贴。在最简单的情况下，热泵安装人员根据泵的大小和建筑物的预期热负荷估算出年产热量；对于更大或更复杂的热泵，可以安装热量表或电表，根据上报这些仪表的读数来获得补贴付款，这些仪表的数据可以准确测量这些热泵的年产热量（产能利用率）和 SPF，这些数据还可用于估算尚未安装计量表的热泵的产热量。

在上述所有研究中，都进行了两个同样的基本测量：热泵的用电量测量（见专栏 9-6）和热泵的产热量测量。

这些测量在很长一段时间内在不同时间点进行，因此可以计算出这些样品中每个热泵的年平均效率（SPF）。

此外，大多数研究还采用各种其他测量值，例如，热泵输入和输出温度、外部地面或空气温度、供热地区、建筑物类型，甚至是业主对舒适度的评价等。收集这些数据，是为了调整样本结果以反映当地、区域或全国的气候变化，并为不同类型的热泵做出适当的 SPF 全国性估算（如芬兰所做的工作）。

专栏 9-6　热泵系统的边界及 SPF 的测量

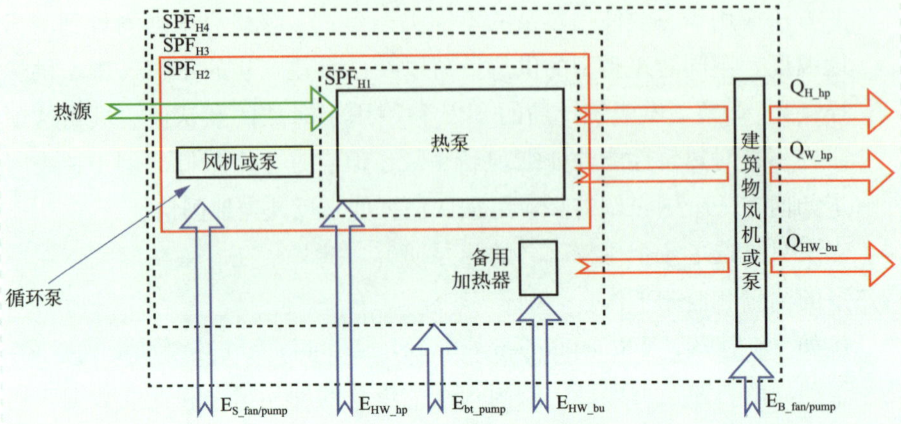

图 9-7　热泵供热系统示意图

热泵供热系统中有多个环节需要用电，包括热源侧的风机或水泵用电、热泵压缩机用电、缓冲罐的水泵用电、建筑物内热量循环泵或风机用电、当热泵无法满足需求时所提供的备用电加热热量（来自感应加热）。

为达到测量的一致性，需要在计算 SPF 时确定将哪些用途计算为耗电量。

在欧洲，人们一致认为，计算 SPF 时的用电量只包括压缩机耗电量以及热源侧的泵和风机的耗电量。这在图 9-7 中显示为 SPF_{H2} 标记的系统边界。

同样，热泵输出量的测量，只计算热泵产生的热量，不计算备用电加热器产生的任何热量。

资料来源：欧盟（2013）

2. 估算平均使用小时数

这些研究项目的数据也可用于计算平均使用小时数，可以简单地表达为热泵的输出量除以额定容量。应注意的是，其与总运行时间（即泵打开的时间）不同，是热泵满负荷运行的时间。

监测数据（如英国收集的数据）可以提供有关不同地区产热量和装机容量的更多信息，与采暖度日数等当地气候数据结合，可用来模拟不同地区的热泵年使用小时数。还可以通过热泵用电量除以其额定功率（即以千瓦为单位测量的热泵最大功率），估计满负荷运行小时数。这些信息都可以从安装在热泵上的电表中获得，也可以通过每月电费来估算①。

3. 中国收集的数据

目前，关于中国热泵使用方面的信息很少，因此建议开展监测项目。首先，可以从收集有关不同省份安装的不同类型热泵的装机容量信息开始（如收集最新的销售数据）。其次，应通过安装热量表和电表来收集选定热泵的运行数据，建议从商业热电厂（即区域供热厂）开始，再推广到自用的热泵系统。

有了各地的用电量和产热量的数据后，就可以计算出相应的热泵 SPF 和满负荷运行小时数，并测算出全国热泵总体情况。在芬兰，这种计算是利用当地温度、建筑能耗标准和供暖负荷等数据来完成的，但似乎热消耗量远高于中国的最低标准（由于定价机制不同，中国热价按单位建筑面积收取固定的采暖费）。因此，在中国，应根据热泵系统的用电量的样本数据，推算全国热泵供热量，不能采用供热需求的技术标准。

第四节　结论和建议

中国国家可再生能源发展目标的指标是可再生能源在一次能源消费量（TPEC）中的比例，可持续发展能源目标中的可再生能源指标（SDG 7）是可再生能源在终端能源消费量（TFEC）中的比例。因此，完善中国可再生能源统计工作的主要目的是完成两个指标的计算。

目前，中国可再生能源发电量以及自然力（风能、海洋能、水能、太阳能光伏）发电量的统计数据较完善，这些数据可用于计算这些可再生能源在一次能源消费量中的比例及其在最终消费量中的比例，因为一次能源产量等于发电量。但是，用于生物燃料发电和可再生能源热力发电的一次能源量没有统计，也没有这些可再生能源的直接利用量。因此，本项目主要目的是制

① 英国国家电网和国家能源行动的一项研究利用每月的电费，结合天气温度日数信息，来估算每个月为热泵供电的电量。用其除以热泵的额定功率，可以估算出使用小时数（NEA，2013）。

定监测和记录可再生能源热能及生物燃料的生产量和消费量的方法。

这里提出的能源平衡表方法是记录中国非电可再生能源统计数据及计算一次能源消费量（TPEC）和终端能源消费量（TFEC）的框架。国际上大多数国家采用该框架记录和展示其能源数据。中国现有的能源统计数据也可以采用相似的形式呈现，并与该框架广泛兼容。

表 9-18 显示了在能源平衡表中，与可再生能源供热量和生物燃料数据相关的单元格。表格后的内容则总结了如何收集可再生能源供热量和生物燃料数据，并按这种格式进行填报。粗体显示的单元格通常都有数据，而其他单元格可能有数据（但更可能目前还没有）。

表 9-18　能源平衡表中非电可再生能源可填入的位置

能源流	可再生能源热能			生物燃料			电力	热力
	太阳能	地热能	环境能	固体	气体	液体		
产量	**SH1**	**GH1**	**AH1**	**SB1**	**GB1**	**LB1**		
进口量				**SB2**	GB2	**LB2**		
出口量				**SB3**	GB3	**LB3**		
库存变化				**SB4**	GB4	**LB4**		
国际燃料库				SB5	GB5	LB5		
统计差异				SB6	GB6	LB6		
一次能源消费总量	**SH7**	**GH7**	**AH7**	**SB7**	**GB7**	**LB7**		
加工转换：发电厂	**SH8**	**GH8**		**SB8**	**GB8**	LB8	**EL8**	
加工转换：热电联产电厂	**SH9**	**GH9**		**SB9**	**GB9**	LB9	**EL9**	**HE9**
加工转换：热力厂	**SH10**	**GH10**	**AH10**	**SB10**	**GB10**	LB10	**EL10**	**HE10**
其他转换量				**SB11**	GB11	LB11		
能源行业消费总量	SH12	GH12	AH12	SB12	GB12	LB12	EL12	HE12
运输损耗				SB13	GB13	LB13		HE13
终端能源消费总量	**SH14**	**GH14**	**AH14**	**SB14**	**GB14**	**LB14**	**EL14**	**HE14**
工业	**SH15**	**GH15**	**AH15**	**SB15**	**GB15**	LB15	EL15	HE15
交通运输				SB16	GB16	**LB16**	EL16	HE16
公共+商务服务	**SH17**	**GH17**	**AH17**	**SB17**	**GB17**	LB17	EL17	HE17
居民（家庭）	**SH18**	**GH18**	**AH18**	**SB18**	**GB18**	LB18	EL18	HE18
其他	**SH19**	**GH19**	**AH19**	**SB19**	**GB19**	LB19	EL19	HE19

计算、测量或估算量　　不涉及　　其他地方测量量

一、太阳能

太阳能热水器（外部供热厂）收集的太阳能热量可以根据集热器面积来估算，并应在 SH15~SH19 单元格中显示（如果这些热水器用在被归类为能源产业的企业，外加 SH12）。同样，在聚光太阳能热（CST）装置中产生的热量可以根据太阳辐射数据和集热器面积估计，如果直接利用，也应填报在这些单元格中。如果不知道最终用途或无法估算，则预计的总产热量可全部放入 SH19 单元格中。单元格 SH14 显示所有直接使用量总和（即单元格 SH15~SH19 的总和）。

应测量供热厂所用的太阳能热水器和聚光太阳能加热设备收集的热量，如果不能测量，也要用相同的方法估算。这些产热量和使用量应记录在单元格 SH10 中作为负数（即加热设备的转换输入），热力列（HE10）中显示等量的热量输出，且这一商业供热产出的最终使用量和配热损耗应加到下面的一个单元格中。

还应测量收集到的用于太阳能热发电的太阳热能，如果不测量，可以按发电量的 3 倍估算。估算的数应显示为单元格 SH8~SH9 中的负值（转换输入），对应于 EL8~EL9 和 HE9 中显示的（来自热电联产电厂）的发电量和产热量。

太阳能总产热量（单元格 SH1 和单元格 SH7）等于直接使用总量（单元格 SH14）加上加工转换使用的热量（单元格 SH8~SH12 之和并转换回正数）。IRENA 认为，中国拥有填报能源平衡表这一列所需的几乎所有数据，并可基于此计算出太阳能供热的一次能源消费量（TPEC）和终端能源消费量（TFEC）。

二、地热能

可以用以上类似的方法填报地热能这一列。

首先，有关地热直接使用的所有数据都可以放在 GH15~GH19 单元格中，总数显示在 GH14 中。

对于由供热厂收集和销售的地热（如在区域供热中），供热厂的输出（即输入配热网的热量）应显示在单元格（HE13 和 HE14）HE10 中，配热损耗量和最终使用量应显示在它下面的单元格中。应测量这些供热厂用作转换输入的一次地热能热量，并在 GH10 单元格中显示为负数。如果不知道供热厂收集的热量，则可以估计为输入到配热管网的热量的 2 倍。

对于用地热发电，应测量并显示作为转换输入的热量（GH8～GH9），如果不能测量，也可以估算为发电量的 10 倍。

如前所述，地热的总产量计算为直接使用热量和作为转换输入的量的总和，并显示在 GH1 和 GH7 单元格中。

IRENA 已经了解到，许多最终使用量的数据可能无法获得，并且可能需要大量估算才能完成转换输入单元格（GH8～GH10）的填写。但是，中国最好能够开始填报这一列（至少能估算转换量和一部分最终使用量数据），从而计算地热总产量的一部分测量值。

三、环境能（来自热泵的）

热泵可再生能源供热量的计算与太阳能热水器供热量计算非常相似。各国的商业供热厂可能有详细的测量数据，但大多数都是自备电厂，采用五花八门的设备来测量其产热量，因此大多数国家都会根据供热需求、当地气候以及所使用的不同技术，因地制宜地估算产热量。

收集热泵数据在中国尚处于初期阶段，因此建议重点采取以下两项措施：

一是收集各省不同热泵类型的销售数据（以便通过汇总这些数据来估算产能量）。

二是测量区域供热厂的热泵用电量和供热量，以便获得有关使用小时数（满负荷运行）的信息，并计算出 SPF。

计算热泵的可再生能源供热量和总供热量基于两个主要数据：各地点的供热需求量（可得出热泵运行小时数）和所需的温度升幅（影响 SPF）。由于中国几乎没有数据可以用来计算或估算这两个因素中的任何一个，建议从商业供热厂开始收集数据，将这些数据填入能源平衡表中环境热列的能源转换部分。

为了在能源平衡表中填报这些数据，应记住热泵用电量应作为电力列（EL10）的转换输入（负数），HE10 中的总热量输出显示为正值，并且，AH10 中的环境热量（两者之间的差异）显示为转换输入（负数）。这时，总的环境产热量（在单元格 AH1 和 AH7 中显示）只是等于 AH10 中所示的（负）转换输入的正量。

除此之外，还建议开展另外两项工作：一是根据已监测的商业热力厂收集的数据，对不同地点不同类型热泵的SPF进行统一估算；二是按地点和热泵类型开始收集自备供热厂容量利用率（满负荷运行小时数）的数据。

基于上述信息，应该可以估算环境热量的直接利用量，以便能填报环境热一列下部单元格（AH12～AH19），完成对总产热量更完整的估算（AH1和AH7）。

四、生物质能

（一）生物液体燃料

应从生产厂商处收集生物液体燃料产量数据并输入单元格LB1。可以从中国的贸易统计数据中获得进出口数字（LB2和LB3），如果可能的话，还应该从生产企业收集库存数据，以便可以将库存改变量放在LB4单元格中。生物液体燃料目前还不用于国际运输，因此单元格LB5可以空白。然后计算生物液体燃料的一次能源消费量（TPEC）。供应的总量通常全部用于交通运输，因此相同的数字也可以放在单元格LB14和LB16中①。如前所述，物理量（吨、升等）应转换为能源单位，并特别注意生物液体燃料中的添加剂。

（二）沼气

中国已经在收集沼气生产数据，可以放在GB1单元格中。不涉及国际储存量、库存变化和贸易，因此可以将相同的数字放在GB7单元格中，得出沼气的一次能源消费量（TPEC）。用于发电和供热的沼气应在GB8～GB10单元格中显示为负数（转换输入），相应的发电量和供热量应加到电力和供热列（EL8～EL9和HE9～HE10）。如果不知道沼气的使用量，可以根据中国的电厂和供热厂的平均效率估算（例如，用于发电的沼气量等于发电量的3倍）。其余的沼气应该显示为最终的消耗量（GB14），按最终用途细分（如果最终用途未知可填写在GB19）。

上述计算假定沼气产量数据包括用于发电和供热的沼气。假如不包括用

① 请注意，此处假定已经收集了生物液体燃料的产量数据。若该数据是与其他燃料混合的，则应使用贸易和库存数据来估算产量（即从TPES计算回来）。

于发电和供热的沼气量，那么沼气“产量”数据实际上只是记录了沼气的直接消费量（GB19），应该加上沼气用于能源加工转换的估算量（GB8～GB10）来计算真实总产量数据（GB1）。

（三）固体生物燃料

应测量或估算用于发电和供热的固体生物燃料的量，并将其填报在单元格 SB8～SB10 中（相应的发电量和供热量显示在单元格 EL8～EL9 和 HE9～HE10 中）。如果没有更多这方面信息，至少产量（SB1）和终端能源消费量（SB7）显示这些加工转换输入的总和。如果有关于固体生物燃料直接使用的其他数据，应在最终消费量单元格（SB15～SB19）中显示，其总和应记入 SB14，SB14 与加工转换量加总可得出产量和 TPEC。同样，如果贸易数据有固体生物燃料的交易量，应纳入终端能源消费量（TPEC）计算中（即在固体生物燃料列的上部）。

第十章

欧盟可再生能源统计指标和计算方法

EU Renewable Energy Statistics Index and Methodology

第一节　可再生能源的考核指标

一、发展目标指标

欧盟2007年发布了《可再生能源发展路线图》，2009年发布了《可再生能源法令》（*Directive* 2009/28/EC），2011年发布了《2020能源发展战略》和“2050能源发展路线图”，设定了欧盟能源和可再生能源发展的近中远期发展目标和措施。

根据欧盟《2020能源发展战略》，到2020年欧盟要实现“三个20”，即可再生能源在终端能源消费总量中的占比达到20%，在1990年的基础上能源效率提高20%，碳排放量再减少20%。

根据欧盟的《可再生能源法令》，到2020年可再生能源要求实现两个目标，一是可再生能源在终端能源消费总量中的占比达到20%，二是可再生能源在交通领域的占比达到10%。

为保证欧盟可再生能源发展目标的实现，欧盟将可再生能源发展目标分解至各个成员国。各个成员国的可再生能源在终端能源消费总量中的占比各不相同，见表10-1。各成员国可再生能源在交通领域的占比目标都与欧盟保持一致，都为10%。欧盟要求各国制定相应的国家行动方案、政策和措施，保证可再生能源目标的实现。

表10-1　2020年欧盟各国可再生能源在终端能源消费总量中的占比目标（%）

国家	2015年	2020年
比利时	2.2	13
保加利亚	9.4	16
捷克	6.1	13
丹麦	17.0	30
德国	5.8	18

续表

国家	2015 年	2020 年
爱沙尼亚	18.0	25
爱尔兰	3.1	16
希腊	6.9	18
西班牙	8.7	20
法国	10.3	23
意大利	5.2	17
塞浦路斯	2.9	13
拉脱维亚	32.6	40
立陶宛	15.0	23
卢森堡	0.9	11
匈牙利	4.3	13
马耳他	0	10
荷兰	2.4	14
奥地利	23.3	34
波兰	7.2	15
葡萄牙	20.5	31
罗马尼亚	18.8	24
斯洛文尼亚	16.0	25
斯洛伐克	6.7	14
芬兰	28.5	38
瑞典	39.8	49
英国	1.3	15

资料来源：欧盟《可再生能源法令》（*Directive* 2009/28/EC 号）

二、定期公布的考核指标

为监测报告各个成员国可再生能源的发展情况，从 2004 年开始，欧盟统计局每两年公开发布可再生能源统计报告，公布欧盟及其成员国的进展情况，评估实现欧盟目标的可能性。为此，欧盟统计局公布了可再生能源统计范围和计算方法，并开发了可再生能源统计软件及软件使用手册，供各成员国使用。

根据欧盟统计局的规定，欧盟可再生能源统计年报考核报告的指标主要包括：①可再生能源提供的一次能源生产量；②可再生能源提供的能源消费总量；③可再生能源占比；④可再生能源发电占比；⑤可再生能源供热制冷占比；⑥可再生能源交通用能占比。

第二节　可再生能源的统计方法和制度

到 2020 年可再生能源在终端能源消费总量中的比重达到 20%是欧盟的重要发展目标之一。欧盟公布了一系列的法令文件来规范可再生能源统计工作，包括促进可再生能源应用的欧盟 2009/28 号法令（*Directive* 2009/28/EC）、关于能源统计的欧盟 1009/2008 号文件（*Regulation* 1009/2008）和 2017 年 11 月修订的欧盟 2017/2010 号文件（*Regulation* 2017/2010）。

根据欧盟的规定，可再生能源包括风电、太阳能（热利用、光伏发电、热发电）、水电、潮汐能、地热能、生物质燃料和用作能源的垃圾。可再生能源量按照电力、供热制冷和交通用能三大类进行统计。可再生能源供热制冷包括终端热力消费、外售热力、热泵供能三大类。欧盟明确通过热泵技术从空气、土壤和水中捕获的热能应计入可再生能源供热量。

为监测报告各个成员国可再生能源的发展情况，从 2004 年开始，欧盟统计局每年公开发布可再生能源统计报告，公布欧盟及其成员国的进展情况，评估实现欧盟目标的可能性。同时，欧盟统计局开发了可再生能源统计软件及软件使用手册，供各成员国使用，规范可再生能源统计和计算方法。

第三节　可再生能源的指标和计算方法

一、可再生能源发电占比（RES-E Share）

可再生能源发电占比是指可再生能源电力消费总量在终端电力消费总量中的比例。

$$可再生能源发电占比=\frac{可再生能源发电量}{终端电力消费总量}$$

可再生能源发电量（Gross Final Consumption of Electricity from Renewable Energy），是指各种可再生能源所发的电力。其统计范围包括：水电（不含抽水蓄能电站发电量）、风电、光伏发电、太阳能热发电、纯生物液体燃料发电、掺混生物液体燃料发电、沼气发电、沼气与天然气混合燃烧发电、生物质固体燃料发电、城市生活垃圾发电、地热能发电、海洋能发电。从 2011 年开始，只计入满足可持续标准的生物液体燃料所发的电量；与常规能源混合燃料发电，只计入可再生能源所发的电量。

水电发电量和风电发电量采用标准化发电量计算方法，不是简单采用当年的发电量核算能源量。采用标准化发电量计算方法是为了避免其年发电量受到当年水力和风力资源条件变化的影响。

可再生能源与化石能源混合燃烧发电只计入可再生能源部分的发电量。

终端电力消费总量（Gross Final Consumption of Electricity）是指所有能源品种的实际发电总量，加上进口电量，减去出口电量。在实际发电总量的计算中，水电和风电按照实际发电量计入，不按照标准化发电量计算；抽水蓄能电站的发电量不纳入统计。

二、可再生能源供热制冷占比（RES-H&C Share）

可再生能源供热制冷占比是指可再生能源终端供热制冷量在供热制冷领域终端消费总量中的比例。

$$可再生能源供热制冷占比=\frac{可再生能源终端供热制冷量}{供热制冷领域的终端能源消费总量}$$

可再生能源终端供热制冷量（Gross Final Consumption of Energy from Renewable Energy Source for Heating and Cooling）指可再生能源提供的，除了电力、交通用能以外的所有终端能源消费量。其统计范围包括：①加工领域（不含高炉）、工业领域和其他领域消耗的纯生物液体燃料量；②地热能、太阳能、生活垃圾（用作能源）、生物质固体燃料和生物沼气的供热量；③纯生物液体燃料的供热量；④在能源加工领域（不含高炉）、工业领域和其他领域消耗的管网燃气中的沼气量；⑤用于供热的管网燃气中的沼气量；⑥热泵系统提供的可再生能源供热量。

供热制冷领域的终端能源消费总量（Gross Final Consumption of Energy for Heating and Cooling）指除电力和交通用能以外的所有终端能源消费总量。其统计范围包括：①工业领域和其他领域的所有终端能源消费量；②能源加工环节（不含高炉）消耗的所有能源量；③在能源加工环节（不含高炉）、工业领域和其他领域的全部热力消耗量；④热泵系统提供的可再生能源供热量。

三、可再生能源交通占比（RES-T Share）

欧盟要求各成员国 2020 年可再生能源交通占比要到 10%以上。可再生能源交通占比是指用于交通领域的可再生能源量在交通领域终端能源消费总量中的比例。欧盟规定，交通领域包括国际航空、国内航空、公路、铁路、国内水路交通、管路交通等，不包括国际海运。

$$可再生能源交通占比=\frac{用于交通领域的可再生能源量}{交通领域的终端能源消费总量}$$

用于交通领域的可再生能源量，是指用于交通领域的生物质气体燃料、生物液体燃料、氢能、绿色可再生能源电力等。

为鼓励一些新型技术的推广应用，欧盟规定了倍数计算法，即一些技术按照其应用的倍数计入交通领域的可再生能源利用量。包括：①各种交通方式消耗的纯生物质液体和气体燃料，2 倍计入统计量；②公路交通消耗的可再生能源电力，5 倍计入统计量；③轨道交通消耗的可再生能源电力，2.5 倍计入统计量。

交通领域的终端能源消费总量包括：各种交通方式消耗的汽油、柴油和电力，公路和铁路消耗的生物液体燃料和生物质气体燃料，例如航空汽油、火车和内陆水路消费的柴油、管路输送消耗的电力等。不包括液化石油气（LPG）、航空煤油以及跨国海运消耗的任何燃料。

四、可再生能源占比（Overall RES Share）

可再生能源占比是欧盟设定的最核心的可再生能源发展目标，是指可再生能源利用总量在终端能源消费总量中的占比。

$$可再生能源占比=\frac{可再生能源利用总量}{终端能源消费总量}$$

可再生能源利用总量（Overall Renewable Energy Sources，Overall RES），是可再生能源发电、可再生能源供热制冷、可再生能源交通三个部分之和。在交通领域可再生能源利用量计算中使用的倍数计算法，在和总计算可再生能源利用总量时不再使用。

终端能源消费总量（Gross Final Consumption of Energy）是指工业、交通运输、农业、林业、渔业、服务业等行业以及居民消费的用作能源的各种能源的总和，包括电力和热力等能源生产过程中消耗的能源量，以及在能源输送和分配过程中的损失量。

针对一些容易混淆的指标，欧盟统计局给出了明确的定义和区分：

终端能源消费总量（Gross Final Consumption of Energy）包括终端用户的能源消费量、加工转换和损失量，不包括用作原料的能源消费量。

可供终端消费的能源量（Energy Available for Final Consumption），指可供消费者（民用、商用和工业）使用的各种能源总量。不包括能源加工转换过程中消耗的能源，如发电厂、炼油厂、高炉等，但包括不用作能源的能源产品，如化工生产消耗的能源。

国内能源消费总量（Gross Inland Energy Consumption），指各种用途的能源消费总量。

第四节　水电和风电标准化发电量的计算方法

一、水电标准化发电量的计算方法

水电标准化发电量按照过去 15 年的年均满负荷发电小时数计算，其公式为：

$$Q_N = C_N\left[\sum_{i=N-14}^{N}\frac{Q_i}{C_i}\right]/15$$

其中：N 是基准年；Q_N 是欧盟成员国纳入统计的当年标准化水力发电量，单位为吉瓦时；C_N 是欧盟成员国所有水电机组当年底的累计水电装机总量；Q_i 是欧盟成员国所有水电机组在 i 年的实际发电总量，不包括储水蓄能电站的发电量，单位为吉瓦时；C_i 是欧盟成员国所有水电机组在 i 年底的累计水电装机总量。

二、风电标准化发电量的计算方法

风电标准化发电量按照过去 5 年的标准化年均满负荷发电小时数计算，其计算公式为：

$$Q_{N(norm)} = \frac{C_N + C_{N-1}}{2} \times \frac{\sum_{i=N-n}^{N} Q_i}{\sum_{j=N-n}^{N} \left(\frac{C_j + C_{j-1}}{2} \right)}$$

其中：N 是基准年；Q_N 是欧盟成员国纳入统计的当年风电标准化发电量，单位为吉瓦时；C_N 是欧盟成员国所有风电机组当年底的累计水电装机总量；Q_i 是欧盟成员国所有风电机组在 i 年的实际发电总量，单位为吉瓦时；C_j 是欧盟成员国所有风电机组在 j 年底的累计装机总量，单位为兆瓦。N 取值 4；如果风电装机容量和发电量数据少于 4 个，其取值可小于 4。

第五节　热泵可再生能源供热量的计算方法

一、欧盟法令的规定和要求

热泵是可再生能源统计中的难点问题，欧盟制定了专项法令规范热泵可再生能源供热量计算。

早在 2009 年颁布的欧盟 2009/28 号法令中，欧盟统计局就明确了通过热泵技术从空气、土壤和水中捕获的热能应计入可再生能源供热量，同时要求热泵系统的系统效率要高于 45%。

2013 年 3 月，欧盟发布了欧盟 2013/114 号法令《各种热泵技术的可再生能源量计算方法指南》，指导各成员国完成热泵系统可再生能源量的计算、统计和上报。该项法令确定了计算热泵可再生能源量的基本方法、指标定义、计算公式、参数取值以及计算中的注意事项等。欧盟要求按照科学、保守的原则计算热泵系统对可再生能源的贡献量，指标参数的取值按照保守的原则设定，避免高估热泵系统对可再生能源供热量的贡献。同时，欧盟鼓励各国开展深入的统计、计量研究工作，开发更精确的计算方法，修订当地的参数取值。

二、计算方法

（一）技术公式

根据欧盟 2013/114 号法令《各种热泵技术的可再生能源量计算方法指南》的规定，热泵系统可再生能源量（$ERES$）的计算公式为：

$$ERES = Q_{usable}(1-1/SPF) = H_{HP}P_{rated}(1-1/SPF)$$

$$Q_{usable} = H_{HP}P_{rated}$$

其中：热泵可用能源量（Q_{usable}）是指热泵系统产生的全部可用能源量，可由系统的额定装机容量（P_{rated}）和年满负荷运行小时数（H_{HP}）计算而得，单位为吉瓦时；年等效满负荷运行小时数（H_{HP}）是指年额定设备容量在满负荷运行条件下的运行小时数，单位为小时；额定装机容量（P_{rated}）是指热泵的额定装机容量，考虑了各种热泵技术的寿命，单位为吉瓦；季节性能系数（Seasonal Performance Factor，SPF）是指热泵系统的平均季节性能系数，电力驱动热泵系统在运行模式下的净季节性能系数（$SCOP_{net}$），或是热力驱动热泵系统在运行模式下的净季节一次能源输出比（$SPER_{net}$）。

（二）热泵系统边界设定

欧盟要求热泵系统的边界设定不仅包括热泵机组，还包括相关的循环系统，这就意味着在计算系统可再生能源量和系统效率时要考虑运行过程中消耗的电力或者燃料。

$$ERES = Q_{usable} - E_{S\text{-}fan/pump} - E_{HW\_hp} = Q_{usable}(1-1/SPF)$$

其中：$E_{S\text{-}fan/pump}$是制冷循环系统的风扇、泵的能耗；E_{HW_hp}是热泵机组的自耗能。

（三）各国填报内容和指标取值

欧盟各成员国只需填报不同气候区、各种热泵技术的装机容量（Prated），热泵系统的可再生能源供热量即可由统计软件自行计算得出。

欧盟已给定不同气候区、各种热泵技术的 H_{HP}和 SPF 两个指标的取值，见表 10-2 和表 10-3。

表 10-2　欧盟电力驱动热泵系统的关键指标及其取值

热泵种类	载热介质	温暖气候区		温和气候区		寒冷气候区	
		H_{HP}	SPF ($SCOP_{net}$)	H_{HP}	SPF ($SCOP_{net}$)	H_{HP}	SPF ($SCOP_{net}$)
空气源	空气—空气	1 200	2. 7	1 770	2. 6	1 970	2. 5
	空气—水	1 170	2. 7	1 640	2. 6	1 710	2. 5
	空气—空气（双向）	480	2. 7	710	2. 6	1 970	2. 5
	空气—水（双向）	470	2. 7	660	2. 6	1 710	2. 5
	乏汽—空气	760	2. 7	660	2. 6	600	2. 5
	乏汽—水	760	2. 7	660	2. 6	600	2. 5
地源	土壤—空气	1 340	3. 2	2 070	3. 2	2 470	3. 2
	土壤—水	1 340	3. 5	2 070	3. 5	2 470	3. 5
水源	水—空气	1 340	3. 2	2 070	3. 2	2 470	3. 2
	水—水	1 340	3. 5	2 070	3. 5	2 470	3. 5

资料来源：欧盟 2013/114/EU 号法令《各种热泵技术的可再生能源量计算方法指南》

表 10-3　欧盟热能驱动热泵系统的关键指标及其取值

热泵种类	载热介质	温暖气候区		温和气候区		寒冷气候区	
		H_{HP}	SPF ($SPER_{net}$)	H_{HP}	SPF ($SPER_{net}$)	H_{HP}	SPF ($SPER_{net}$)
空气源	空气—空气	1 200	1. 2	1 770	1. 2	1 970	1. 15
	空气—水	1 170	1. 2	1 640	1. 2	1 710	1. 15
	空气—空气（双向）	480	1. 2	710	1. 2	1 970	1. 15
	空气—水（双向）	470	1. 2	660	1. 2	1 710	1. 15
	乏汽—空气	760	1. 2	660	1. 2	600	1. 15
	乏汽—水	760	1. 2	660	1. 2	600	1. 15
地源	土壤—空气	1 340	1. 4	2 070	1. 4	2 470	1. 4
	土壤—水	1 340	1. 6	2 070	1. 6	2 470	1. 6
水源	水—空气	1 340	1. 4	2 070	1. 4	2 470	1. 4
	水—水	1 340	1. 6	2 070	1. 6	2 470	1. 6

资料来源：欧盟 2013/114/EU 号法令《各种热泵技术的可再生能源量计算方法指南》

（四）气候区的划分

在不同气候条件和供暖需求下，空气源、地源、水源等各种热泵系统的年运行小时数和系统效率都有较大的差别。针对热泵可再生能源供热量计算方法的需求，根据各地1980—2009年采暖度日数（HDD）的统计数据，欧盟划分了寒冷气候区（HDD>3 000）、温和气候区（HDD 2 000~3 000）、温暖气候区（HDD≤2 000）三个气候区，并明确了欧盟28个国家各个省份的气候区分类。气候区的划分只考虑冬季的采暖需求，并未考虑夏季的空调制冷需求。

三、对热泵系统效率的最低要求

根据欧盟2009/28/EC号《可再生能源法令》的要求，只有系统效率高于45.5%的热泵系统才能被纳入可再生能源供热量的统计范畴。这也就意味着，电力驱动热泵系统的SPF要高于2.5，热力驱动热泵系统的SPF要高于1.15。

欧盟要求热泵系统的可再生能源供热量既可根据实测获得，亦可通过经验数据计算。由于缺乏实测数据，欧盟提供了各种条件下的主要指标的取值，供成员国使用。欧盟要求以保守的态度计算热泵系统的可再生能源供热量，特别是空气源热泵系统，要求各成员国必须认真核实有多少空气源热泵系统的SPF值高于1.15。

四、欧盟热泵系统可再生能源供热量的统计数据

2018年1月欧盟统计局发布了2016年《可再生能源统计报告》，同时公布了欧盟及各成员国的详细可再生能源统计数据。

（一）可再生能源在终端能源消费总量中的比重

过去十多年欧盟可再生能源保持快速增长，2016年可再生能源终端消费量为2.79亿吨标准煤，可再生能源在终端能源消费总量中的比重从2004年的8.5%上升至2016年的17.0%。其中，可再生能源供热制冷终端应用量最大，2016年达到14 189万吨标准煤；其次是可再生能源电力，为11 527万吨标准煤；可再生能源交通最少，为2 271万吨标准煤；可再生能源电力、供热制冷和交通的占比分别为41.2%、50.7%和8.1%。除法国等4个国家外，其他国家2015年和2016年的可再生能源发展速度高于欧盟设定的发展速度。

2016 年可再生能源一次能源生产量为 3.01 亿吨标准煤，与 2006 年相比增长了 66.6%，年均增长率为 5.3%。其中，木质和其他固体生物质燃料的贡献最大（49.4%），其次是水电（14.3%）、风电（12.4%）、太阳能发电（6.3%）、地热能（3.2%）。

2016 年欧盟可再生能源供热制冷量在总供热制冷能源消费量中的比重为 19.1%，与 2004 年的 10.3%相比有很大的提高。

（二）热泵系统可再生能源供热量及其占比

过去十多年，欧盟热泵系统可再生能源供热量保持快速稳定增长，2016 年供热量达到 1 404 万吨标准煤，是 2005 年的 4.3 倍；热泵系统可再生能源供热量的占比也保持增长态势，2016 年其在可再生能源供热量中的占比为 9.9%，是 2005 年 3.6%的 2.75 倍（见图 10-1）。

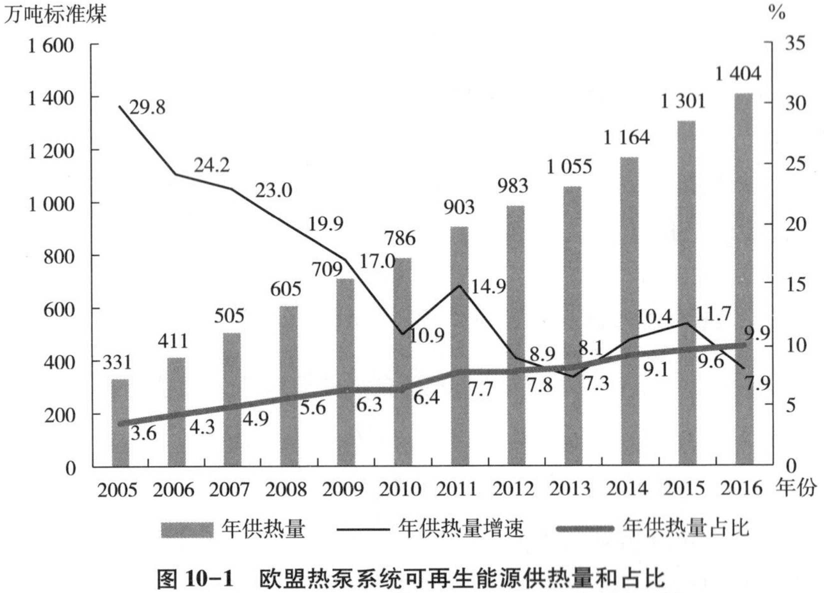

图 10-1　欧盟热泵系统可再生能源供热量和占比

从对能源的贡献量看，热泵系统的贡献仍很小。2016 年热泵系统可再生能源供热量仅占可再生能源终端消费量的 5%。

从热泵系统可再生能源供热量看，热泵应用量最高的是意大利（373 万吨标准煤），其次是法国（311 万吨标准煤）、瑞典（194 万吨标准煤）、德国（139 万吨标准煤），这 4 个国家的热泵系统可再生能源供热量占欧盟热泵系统可再生能源供热总量的 70%左右。

五、中国典型城市的测算和与欧盟计算方法的比较

（一）中国典型城市的测算（按照欧盟的方法）

根据我国《严寒和寒冷地区居住建筑节能设计标准》（JGJ 26—2010）的气候分区方法，我国严寒地区的 HDD 高于 3 800，寒冷地区的 HDD 在 2 000和 3 800 之间，其他地区的 HDD 均小于 2 000（见表 10-4）。在计算 HDD 时，各个国家设定的供暖温度不同。例如，我国的供暖温度为 18℃，采暖度日数为 HDD18。欧盟各个国家设定的供暖温度也不同，丹麦的冬季室内温度要求是 21℃、供暖温度是 17℃，采暖度日数为 HDD17。

表 10-4　欧盟和中国典型城市的采暖度日数

<table>
<tr><th colspan="2">欧盟</th><th colspan="2">中国</th></tr>
<tr><th>热泵气候分区</th><th>典型国家的 HDD</th><th>气候分区</th><th>典型城市的 HDD18</th></tr>
<tr><td rowspan="2">寒冷气候区
HDD>3 000</td><td rowspan="2">芬兰，5 774
挪威，5 590
爱沙尼亚，4 393
拉脱维亚，4 220
奥地利，3 540
丹麦，3 438
德国，3 199</td><td>严寒地区
HDD>3 800</td><td>锡林浩特，5 545
哈尔滨，5 032
长春，4 642
乌鲁木齐，4 329</td></tr>
<tr><td rowspan="2">寒冷地区
HDD：2 000~3 800</td><td rowspan="2">张家口，3 637
银川，3 472
拉萨，3 425
林芝，3 191
北京，2 699
石家庄，2 388
济南，2 211
西安，2 178</td></tr>
<tr><td>温和气候区
HDD：2 000~3 000</td><td>荷兰，2 854
爱尔兰，2 871
法国，2 459
土耳其，2 673</td></tr>
<tr><td>温暖气候区
HDD≤2 000</td><td>意大利，1 949
西班牙，1 831
希腊，1 642
葡萄牙，1 278
塞浦路斯，762</td><td>夏热冬冷地区
HDD<2 000</td><td>夏热冬冷地区的城市</td></tr>
</table>

选择长春（HDD 4 642）、北京（HDD 2 699）和武汉（HDD 小于 2 000）作为典型城市，这三个城市的气候条件和供暖需求分别与欧盟的寒冷地区、温和地区和温暖地区基本相当。

按照欧盟的计算方法，对各种热泵技术（额定热泵装机容量 1 兆瓦）在长春、北京、武汉三个城市的可再生能源供热量进行计算，计算结果见

图 10-2。从计算结果可以看出，在各种气候条件下，地源热泵和水源热泵技术的可再生能源供热量相同，且都比空气源热泵技术高，不同介质的空气源热泵系统的可再生能源供热量也有很大的差距。可再生能源供热量最高的是水源热泵技术（水—水），在长春、北京、武汉三个城市的可再生能源供热量可分别达到 217 吨标准煤/兆瓦、182 吨标准煤/兆瓦和 118 吨标准煤/兆瓦；最低的是乏汽空气源热泵系统，三个城市的可再生能源供热量仅为 44 吨标准煤/兆瓦、50 吨标准煤/兆瓦和 59 吨标准煤/兆瓦。各种热泵技术的可再生能源供热量差别较大，需按照当地条件谨慎选择热泵技术。

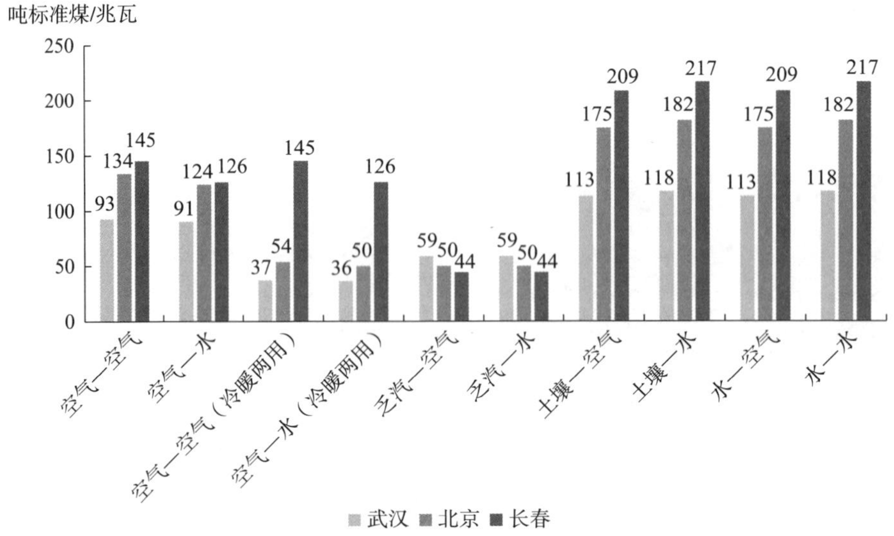

图 10-2　各种热泵技术的可再生能源供热量比较

（二）中国和欧盟计算方法的比较

目前，我国浅层地温能热泵系统的可再生能源量计算尚没有官方的规定，多按照热泵系统的建筑供暖面积乘以单位建筑面积的能源消费量计算。地源/水源热泵系统供暖单位建筑面积的能源消费量指标的取值，各方面的认识差别较大，其取值范围在 0. 005~0. 025 吨标准煤/平方米。按照该算法，1 兆瓦地源/水源热泵系统在北京的供暖建筑面积约为 30 000 平方米，其可再生能源消费量则为 150~750 吨标准煤。

可以看出，按照 0. 005 吨标准煤/平方米计算，与欧盟的热泵系统可再生能源供热量的计算结果更为接近。取值的认识差异主要缘于两方面：一是热泵系统的供热量是按照终端能源消费量还是一次能源生产量计算。如果按照一次能源生产量计算，则需要在终端能源消费量的基础上再加上能源系统的损失。二是计算中是否扣除了热泵系统运行过程中消耗的电力。

欧盟的可再生能源统计方法非常明确，其发展目标（2020年可再生能源占比达到20%）的计算分母是终端能源消费量，其热泵系统可再生能源供热量计算的是可再生能源终端能源消费量，且扣除了系统的自用能。而我国对可再生能源量的计算尚未有明确的规定。

六、思考和建议

（一）明确将热泵系统纳入可再生能源统计范畴

目前，热泵系统可再生能源量的统计和计算是我国可再生能源统计中最有争议、最困难的问题。我国通常将浅层地温能（地源、热源）热泵系统纳入可再生能源的统计范畴，其可再生能源量通常按照热泵系统的供暖建筑面积乘以建筑能耗计算，但是由于没有权威、明确的规定，对建筑能耗如何取值、是否需要扣除热泵系统的自用电量等问题尚有较大的争议。空气源热泵系统是否是可再生能源技术、是否应计入可再生能源供应量，则面临更多的问题和争议。特别是近年来空气源热泵市场规模快速增长，急需尽快明确此问题的解决方案。

欧盟是全球可再生能源发展的领头羊和先行者，制定了较为完整的可再生能源统计制度和计算方法，明确地源、水源、空气源热泵技术均可被纳入可再生能源的统计范畴。国际可再生能源署将土壤、水体、空气中蕴藏的能量统称为环境能（Ambient Energy），也明确将地源、水源、空气源热泵系统纳入可再生能源的统计范畴。建议我国根据欧盟和国际可再生能源署的经验和规定，尽快将热泵系统（包括地源、水源、空气源）纳入可再生能源统计范畴。

（二）热泵系统可再生能源量的统计难度大，需谨慎保守

热泵系统可再生能源量的统计难度大。欧盟2004年就开始发布可再生能源统计数据，2009年明确了将热泵系统纳入可再生能源统计的范畴，但直到2013年才发布了详细的计算方法和指标参数。根据欧盟的计算方法，各成员国需要按照气候区（温暖、温和、寒冷三个气候区）填报各种技术类型（20种）的热泵装机容量，整个统计表共有400多行。虽然多数国家

只有一种气候区、几种技术类型，但统计工作量依然很大。

需按照科学、保守的原则核算热泵可再生能源供热量。由于热泵系统的运行需消耗一定的电力，热泵系统（包括热泵机组及其泵、循环系统等）的效率将直接影响可再生能源供热量。欧盟强调按照科学、保守的原则核算热泵系统的可再生能源供热量，只有高效的热泵系统才能被纳入可再生能源的统计范畴，即电驱动热泵系统的 $SCOP_{net}$ 要高于 2.5，热力驱动热泵系统的 $SPER_{net}$ 要高于 1.15。特别是空气源热泵系统，欧盟要求各成员国必须认真核实有多少空气源热泵系统的 *SPF* 值高于 1.15。

我国也应采取谨慎的态度计算热泵系统的可再生能源供热量。一方面，要加强对热泵系统效率 *SPF*（不仅仅是热泵机组效率 *COP*）的要求和监测，明确可纳入可再生能源量统计的热泵系统条件，包括系统效率的计算方法和最小值要求。另一方面，要开展不同气候区的热泵系统可再生能源量计算参数的研究，按照我国的气候条件和技术条件确定相关的计算参数。

（三）尽快制定我国的热泵系统可再生能源统计方法

热泵系统可再生能源供热量的计算方法有两种，两种方法各有利弊，但都需做大量的基础研究工作，均需在计算方法明确的条件下，根据应用现状设定相关的计算指标及其参数取值。相比之下，热泵机组的装机容量更易统计和核查。

一是欧盟的方法，通过热泵机组装机容量计算其可再生能源供热量。该计算方法需给出不同气候条件、各种技术的系统效率（*SPF*）和年运行小时数取值。

二是通过热泵系统的建筑供暖面积计算其可再生能源供热量，这也是我国常用的计算方法。该计算方法需明确不同气候条件、不同地区的建筑标准下，建筑供热能耗该如何取值。同时，要特别关注热泵系统运行中的自用电该如何考虑。

我国应明确将热泵技术纳入可再生能源统计体系，尽快开展相关的基础研究工作，研究确定热泵系统可再生能源供热量的计算方法及相关的指标参数取值，制定我国的热泵系统可再生能源统计方法和制度，推动热泵系统的高效、健康发展。

参考文献

［1］胡润青，焦有梅．国家发展和改革委员会能源研究所，非电可再生能源统计工作方案研究与设计总报告［R］．2018-06.

［2］国际可再生能源署（IRENA）．International experiences with collecting non-electricity renewable energy statistics［R］．2018.

［3］焦有梅．能源统计与核算［M］．北京：中国统计出版社，2016.

［4］国家统计局能源司．能源统计工作手册［M］．北京：中国统计出版社，2010.

［5］国家统计局．2013 年能源统计报表制度［Z］．2013.

［6］北京市统计局，国家统计局北京调查大队．能源、水统计报表制度［Z］．2016.

［7］国家统计局能源统计司．中国能源统计年鉴（2016）［M］．北京：中国统计出版社，2016.

［8］EU. Directive 2009/28/EC Promotion of the use of energy from renewable sources［EB/OL］http：//eur-lex. europa. eu/legal-content/EN/TXT/？uri=LEGISSUM：en0009，2009-04-23.

［9］EU. Commission Decision 2013/114/EU Establishing the guidelines on calculating renewable energy from heat pumps from different heat pump technologies［EB/OL］．http：//eur-lex. europa. eu/legal-content/EN/ALL/？uri=CELEX：32013D0114，2013-03-01.

［10］Eurostat. Short assessment of renewable energy source tool manual（version 2016. 71130）［EB/OL］．http：//ec. europa. eu/eurostat/web/energy/data/sha-res，2016.

［11］住房和城乡建设部．严寒和寒冷地区居住建筑节能设计标准（JGJ 26—2010）［S］．2010-08-01.

［12］Eurostat. Renewable energy statistics［EB/OL］．http：//ec. europa. eu/

eurostat/statistics-explained/index. php/Renewable_ energy_ statistics，2018-02-02.

［13］ Eurostat. SHARES - 2016 - SUMMARY - RESULTS. xlsx ［EB/OL］. http：//ec. europa. eu/eurostat/web/energy/data/shares，2018-02.

［14］ Wolfgang，Bittermann. Collecting renewables non electricity data. ppt ［C］. 可再生能源与能源效率统计国际研讨会，北京，2018-05-23-25.

［15］ United Nations，International Recommendations for Energy Statistics (IRES) ［EB/OL］，United Nation Statistics Division，https：//unstats. un. org/unsd/energy/ires/IRES-web. pdf，2018.

［16］ 国家质量监督检验检疫总局，国家标准化管理委员会．国民经济行业分类（GB/T 4754—2017）［S］．2017-10-01.

［17］ 国家质量监督检验检疫总局，国家标准化管理委员会．综合能耗计算通则（GB/T 2589—2008）［S］．2008-06-01.

［18］ 国家质量监督检验检疫总局，国家标准化管理委员会．企业能量平衡表编制方法（GB/T 28751—2012）［S］．2013-01-01.

［19］ 住房和城乡建设部，国家质量监督检验检疫总局．民用建筑能耗标准（GB/T 51161—2016）［S］．2016-12-01.

［20］ 国家能源局．地热能术语（NB/T 10097—2018）［S］．2019-03-01.

［21］ 农业部．农村能源术语（NY/T 2449—2013）［S］．2014-01-01.

［22］ 国家市场监督管理总局，国家标准化管理委员会．太阳能资源评估方法（GB/T 36526—2019）［S］．2020-01-01.

［23］ 国家发展改革委，国家能源局．关于建立健全可再生能源电力消纳保障机制的通知（发改能源〔2019〕807 号）［Z］．2019-05-10.

［24］ 国家能源局．关于申报新能源示范城市和产业园区的通知（国能新能〔2012〕156 号）［Z］．2012-05-15.

［25］ 国家统计局，部门统计调查项目管理办法（国家统计局令 2017 年第 22 号）［Z］．2017-07-14.

［26］ 农业部．全国农村可再生能源建设统计报表制度［Z］．2009-07.

［27］ 农业农村部．全国农村可再生能源统计调查制度［Z］．2017-12.

［28］ 国家能源局．能源行业监测统计报表制度［Z］．2016-03.

［29］国家能源局．能源行业监测统计调查制度［Z］．2018-07.

［30］国家能源局．可再生能源发电利用统计调查制度［Z］．2018.

［31］国家能源局．可再生能源发电利用统计报表制度［Z］．2016-04.

［32］住房和城乡建设部．民用建筑能耗和节能信息统计报表制度［Z］．2012-03.

［33］住房和城乡建设部．民用建筑能耗统计调查制度［Z］．2018-08.

［34］中国热泵产业联盟，中国能够协会热泵专委会．2017 年中国空气能热泵供热产业发展报告［R］．2018.

［35］中国农村能源行业协会太阳能热利用专业委员会，中国节能协会太阳能专业委员会．2018 年中国太阳能热利用行业运行状况报告［R］．2019.

［36］谢欣，等．中国可再生能源统计的国际比较［J］．中国能源，2017（8）.

［37］高虎，等．我国与国际上非化石能源发电的能量折算方法比较分析［J］．中国能源，2011（11）.

［38］李志学，等．我国能源统计工作面临的问题及完善途径分析［J］．中国能源，2010（9）.

［39］尹伟华．我国能源统计存在的问题及对策［J］．宏观经济管理，2015（1）.

［40］张森．全社会能源消费量核算方案研究［A］//北京市第十六次统计科学讨论会获奖论文集［C］.

［41］江亿，等．能源统计中不同类型能源核算方法的探讨［J］．中国能源，2006（6）.

［42］许涤龙，等．能源统计的国际准则——IRES 及其启示［J］．北京理工大学学报（社会科学版），2014，4，16（2）.

［43］黄东风，等．国际可再生能源统计实践的启示［J］．中国能源，2015（4）.

［44］郭娟．对市县级全社会能源消费量核算方法的思索［J］．统计研究，2009（1）.

［45］江亿，等．对热电联产能耗分摊方式的一点建议［J］．中国能

源，2016（3）.

［46］王庆一．按国际准则计算的中国终端用能和能源效率［J］．中国能源，2006（12）.

［47］EHPA. European heat pump market and statistics report 2015：Executive summary，European Heat Pump Association［EB/OL］. http：//www. ehpa. org，2015.

［48］ERI. Investigation and initial design of work-plan for non-electricity renewable energy，presentation［Z］. Workshop on non-electricity renewable energy statistics（Beijing，15 May 2017），Energy Research Institute of NDRC，2017.

［49］ESTIF. Solar thermal markets in Europe-trends and market statistics 2015［EB/OL］. European Solar Thermal Industry Association（Brussels，Belgium），http：//solarheateurope. eu，2016.

［50］EurObserv'ER. Solar Thermal Barometer［EB/OL］. https：//www. eurobserv-er. org，2016.

［51］Fraunhofer ISE. Analysis and evaluation of heat pump efficiency in real-life conditionsz［Z］. Fraunhofer Institute for Solar Energy Systems ISE，Freiburg，Germany，2011.

［52］IEA-SHC. Converting installed solar collector area and power capacity into estimated annual solar collector energy output：The proposed method［EB/OL］. IEA Solar Heating and Cooling Programme，https：//www. iea-shc. org/Data/Sites/1/documents/statistics/Calculation_ Method. pdf，2011.

［53］IEA-SHC. Solar Heat Worldwide-2017 Edition［EB/OL］. IEA Solar Heating and Cooling Programmehttps：//www. iea-shc. org，2017.

［54］IRENA. Statistical issues：bioenergy and distributed renewable energy［EB/OL］. International Renewable Energy Agency（Abu Dhabi），http：//www. irena. org/Publications，2013.

［55］ITC. ITC Trade Map Database［EB/OL］. International Trade Centre，Geneva，Switzerland. http：//www. trademap. org，2017.

［56］Lovegrove，K and Stein，W. Concentrating solar power technology：principles，developments and applications［M］. Woodhead Publishing，2012.

[57] NBS. 2016 China statistical yearbook, National Bureau of Statistic of China (Beijing, China) [EB/OL]. http://www.stats.gov.cn/tjsj/ndsj/2016/indexeh.htm, 2016.

[58] NEA. Monitoring air source heat pumps in domestic properties [Z]. National Energy Action, Newcastle upon Tyne, UK. 2013.

[59] UN. Country practice in energy statistics: Fuel input and district heat output of biomass heating plants [EB/OL]. Paper prepared by Statistics Austria for the UN Statistics Division webpage on country practice examples, https://unstats.un.org/unsd/energy/default.htm, 2012.

[60] United Nations (New York). International Recommendations on Energy Statistics (IRES) [EB/OL]. Statistical Papers Series M No. 93 (ST/ESA/STAT/SER. M/93), https://unstats.un.org, 2016.

[61] United Nations (New York). Work of the Statistical Commission pertaining to the 2030 Agenda for Sustainable Development [EB/OL]. UNGA Resolution A/RES/71/313 Adopted on 6 July 2017, United Nations, New York. https://undocs.org/A/RES/71/313, 2017.

[62] VTT. Renewable energy production of Finnish heat pumps: Final report of the SPF-project, VTT Technology 164 [EB/OL]. VTT Technical Research Centre of Finland (Espoo, Finland), http://www.vtt.fi/publications/index.jsp, 2014.